Wenn die

Berge sich hinwegheben

Die außergewöhnlichen Wirkungen der Kommunikation nach der WINTERHELLER methode©

Manfred Winterheller

Verlag Dr. Manfred Winterheller

Autor

Manfred Winterheller befasst sich seit über 30 Jahren mit Fragen der Effizienz von Managementteams und Organisationen, ganz besonders mit der Frage, inwiefern die Persönlichkeit der Führungskräfte das Erfolgspotential der Unternehmen bestimmt. Seine Schwerpunkte liegen auf dem Gebiet des Mind-Managements, der bewussten Beeinflussung der eigenen Grenzen und der Erweiterung des persönlichen Handlungsspielraums. Als Forschungsreisender nimmt uns Manfred Winterheller mit auf den Weg der Entdeckung von uns selbst.

Verlag Dr. Manfred Winterheller
A-8010 Graz
www.start-living.com, office@start-living.com

4., neu überarbeitete Auflage, Graz 2015
Gestaltung: Christa Baresch
Grafiken im Innenteil: Alonso Jiménez Arboleda
Druck: Druckerei Theiss GmbH, St. Stefan im Lavanttal

ISBN 978-3-9021-4802-5

für Uli

INHALT

VORWORT

Dieses Buch beschreibt die Anwendung der WINTERHELLER methode© auf dem Gebiet der Kommunikation, einer Lernmethode, die Ihnen zeigt, wie Sie es angehen müssen, wenn Sie sich ändern wollen.

Es ist ein Buch über Beziehungen, denn Kommunikation ist ohne eine Beziehung zwischen einem Sender und einem Empfänger nicht möglich. Wenn es noch keine Beziehung zwischen zwei Individuen gibt, wird bereits durch den kleinsten Kommunikationsimpuls eine hergestellt. Für Sekunden oder sogar nur Bruchteile davon entsteht eine Beziehung durch jeden Blick, den Sie einem anderen Fahrgast in der U-Bahn zuwerfen, durch jedes Niederschlagen der Augen, durch jedes Lächeln, durch jedes missbilligende Herabziehen der Mundwinkel. Sie mögen diesen Menschen später vielleicht nie mehr treffen, sie mögen ihn oder sie vielleicht schon eine Stunde später nicht mehr wieder erkennen, wenn sie ihm oder ihr wieder begegnen sollten. Trotzdem hat etwas stattgefunden, haben sich ihre Gedanken berührt, so wie die Wellen zweier Steine, die man in einen Teich wirft, sich überlagern und ein Muster zeichnen, zu dem keiner der beiden Steine allein imstande gewesen wäre.

Wir neigen dazu, diese Wirkungen nicht wahrzunehmen. Aber das bedeutet keineswegs, dass sie nicht existieren und dass sie uns nicht beeinflussen. Es ist mehr eine Folge unserer ziemlich grob gestrickten Auffassungen über Kommunikation, die zu ebenso grob gestrickten Wahrnehmungen führen. Wenn wir einen schweren Stein aufheben, dann nehmen wir - weil der Stein so schwer ist - nicht wahr, ob an ihm eine Schnecke klebt. Wenn wir aber eine Schnecke aufheben, dann spüren wir - weil die Schnecke so leicht ist - ganz deutlich den Stein, an dem sie sich festhält und den wir dadurch mit heben. Wenn wir also den ganzen Tag von akustischem und visuellem Lärm umgeben sind, von lautstarken Durchsagen und permanenter Berieselungsmusik in Kaufhäusern, von balkendicken Schlagzeilen an Plakatwänden und auf Zeitungsständern, dann verschwinden feinere Töne leicht unter unserer Aufmerksamkeitsschwelle.

Sogar unsere inneren Gespräche, die nur in uns selbst stattfinden, sogar sie definieren eine Beziehung, nämlich die Beziehung zu uns selbst. Dieser intimsten Form der Kommunikation, die meist unter unserer Aufmerksamkeitsschwelle abläuft und die wir daher nur selten bewusst wahrnehmen, werden wir ein eigenes Kapitel widmen.

So durchdringt und prägt Kommunikation vierundzwanzig Stunden unseres Tages unser Wesen. Wenn wir unter Menschen sind, dann interpretieren wir ihre Mitteilungen ebenso wie ihre Schweigsamkeit. Wenn wir allein sind, dann sind wir unserem inneren Dialog ausgeliefert, den wir manchmal als belastender empfinden und der uns manchmal mehr zusetzt als das, was andere zu uns sagen.

Wegen dieser überragenden Bedeutung von Kommunikation für die Lebensqualität und den Lebenserfolg freue ich mich über Ihre Entscheidung, dieses Buch zu lesen. Es wird Sie nicht unberührt lassen. Es unternimmt den Versuch, Sie als Leser zu verstehen, Ihren Gedankengängen beim Lesen zu folgen und Sie damit einzubeziehen. Im Idealfall lesen Sie somit Ihr ganz individuelles Buch, voll mit Ihren eigenen Erlebnissen und Erfahrungen und Sie empfinden meine Worte wie Kommentare zu Ihren eigenen Gedanken.

Sie werden mit diesem Buch größere Erfolge in Ihrem Leben erzielen als Sie jetzt erwarten. Ich weiß das aus jahrzehntelanger Erfahrung mit den dargestellten Grundlagen und Techniken und mit tausenden Seminarteilnehmern. Vielleicht haben Sie Lust, mir dann zu schreiben und mich aus Ihren Erfahrungen mit der Methode lernen zu lassen. Schreiben Sie an office@start-living.com.

Genießen Sie dieses Buch und vor allem die vorgeschlagenen Experimente. Jedes einzelne wird Ihre Beziehungen verbessern, manche subtil und manche durchschlagend. Ich weiß, wie verblüfft Sie manchmal sein werden und wie froh, dass Sie nicht zufrieden waren mit Ihrem Leben so wie es bisher war, sondern dass Sie nach Neuem und Besserem gesucht haben.

Manfred Winterheller

KOMMUNIKATION NACH DER WINTERHELLER METHODE©

Die WINTERHELLER methode© ist eine Lernmethode. Sie zeigt Ihnen, wie Sie sich ändern können. Denn genau das ist der Inhalt des Wortes "Lernen". Aus der Schule haben wir einen anderen Begriffsinhalt im Kopf. Da heißt Lernen, sich Sachen einzuprägen und sie dann wiedergeben zu können. Aber wenn das Lernen wäre, dann wären Computerdatenbanken uns weit überlegen. Eine durchschnittliche Datenbank speichert mehr Informationen und findet sie schneller wieder als ein durchschnittlicher Mensch. Aber Gott sei Dank ist das nicht wirkliches Lernen. Wirkliches Lernen bedeutet, sich aufgrund eigener Entscheidungen zu ändern. Es bedeutet, neue Informationen dazu zu benutzen, alte Prägungen zu erkennen und mehr und tiefer man selbst zu werden.

Ohne einen solchen Lernschritt können wir unsere Lebensverhältnisse nicht zum Besseren wandeln. Wir sind ohne die Fähigkeit des uns selbst verändernden Lernens nicht imstande, wirklichen Fortschritt zu erzielen, weder beruflich und finanziell noch privat in unseren Beziehungen noch persönlich in unserem Glücksempfinden und unserer Gesundheit.

Sobald wir aber imstande sind, zu lernen, ist jeder Aspekt unseres Lebens gestaltbar. Denn wenn wir uns ändern, dann ändern wir unsere gesamte Welt. Aber auch erst dann. Es ist faszinierend wie viele Menschen ihre Welt ändern wollen ohne sich selbst von der Stelle zu rühren. Sie wollen, dass alles außer ihnen selbst anders wird. Das funktioniert nie! Aber wenn wir wirklich etwas Neues lernen und uns dadurch selber ändern, dann bleibt in und um uns kein Stein auf dem anderen und wir können jede beliebige Besserung in unserem Leben herbeiführen.

Lernen erfordert neue Informationen und das Wissen um neue Möglichkeiten. Erst wenn man andere Wege sieht, kann man den Trampelpfad verlassen, auf den uns die Sozialisation gestellt hat. Dieses "Sehen" ist mehr als intellektuelles Abspeichern. Wenn Sie die Adresse eines neuen Sportstudios in Ihrer Nähe sehen, dann heißt das noch lange nicht, dass Sie erkennen, dass das eine neue Chance für Sie ist. Es kann sein, dass Sie es überhaupt nicht für sich selbst erwägen, weil Sie überhaupt nie an sich selbst denken. Es kann sein, dass Sie, noch bevor Sie ernstlich darüber nachdenken, schon Gegenargumente suchen ... *ich hab ja keine Zeit für so was ... ich bin nicht fit genug für so was ... ich bin zu alt ... es ist zu teuer ....*

Zu erkennen, dass es für Sie in Frage kommt, dass es eine wirkliche und realistische Alternative für Sie wäre, das meine ich mit "einen anderen Weg sehen". Sie müssen deshalb nicht dorthin gehen, aber Sie sollten erkennen, dass es möglich wäre und - Hand aufs Herz - erst wenn Sie es getestet haben, werden Sie wirklich wissen, ob das etwas für Sie ist oder nicht. Wenn

Sie morgen in der Zeitung etwas entdecken, das Sie bisher als *"nicht für mich"* eingeordnet haben und das Sie morgen plötzlich als *"vielleicht ganz interessant für mich"* ansehen und wenn Sie dann sogar einen Test damit starten, dann haben Sie aus diesem Absatz etwas gelernt.

In diesem Sinn soll Ihnen dieses Buch die Augen öffnen. Es soll es Ihnen erleichtern, andere Möglichkeiten im Umgang mit sich selbst und Anderen zu erkennen. Manche Erkenntnisse sollen Sie mit solcher Macht treffen, dass Sie beschließen, ein paar Experimente zu starten. Schon allein dieser Schritt wird Sie verändern. Nicht mehr nur zu lesen ist dann das Ziel, sondern mehr zu wissen und zu können.

Werden Sie zum Wissenschafter, zu einem Forscher. Überprüfen Sie meine Thesen und Behauptungen. Es ist unwissenschaftlich, Neues einfach zu glauben. Es ist genauso unwissenschaftlich, es nicht zu glauben. Wissenschaftlich ist allein das Experiment. Was Sie dabei feststellen, das ist dann Ihr Ergebnis. Kein totes Bücherwissen, über das man ewig und einen Tag diskutieren kann ohne wirklich weiterzukommen, sondern Wissen, das Ihnen nicht nur im Kopf steckt sondern das von Ihrem ganzen Wesen Besitz ergreift. So haben Sie Radfahren gelernt und so haben Sie Jahre zuvor sprechen und stehen, laufen und mit Messer und Gabel essen gelernt. Sie haben probiert und dabei gelernt ... *so nicht ... so ist es besser ... so funktioniert es ....*

Die Hinweise und Regeln im Buch sind nicht das A und O um alles zu lösen und alles zu erreichen. Sie sind Wegweiser, die Sie befähigen sollen, Ihren eigenen Weg zu finden! Was Sie hier finden ist keine der zahlreichen am Markt erhältlichen "funktioniert-immer-löst-alles" Methoden. Auch mit dieser Methode werden Sie manchmal Widerstand spüren und wird nicht alles genau so laufen wie Sie es wünschen.

Denn gute Kommunikation hängt (mit der Ausnahme der inneren Kommunikation) immer von Zweien ab und wenn der Andere gar nicht will, dann helfen auch die intensivsten Bemühungen nichts. Sie werden sehen, dass Sie durch eine vertiefte Sensibilität und durch verbesserte Kommunikationstechniken mehr Verständnis aufbringen werden, mehr Freunde und dadurch viel mehr Unterstützung gewinnen werden als je zuvor. Darüber hinaus werden Sie mit dem Lichtschwert© über eine sehr mächtige Technik verfügen, um Ihre Position deutlicher zu machen als Sie es sich bisher erträumten.

Es ist eine Methode, mit der Sie zu innerer und äußerer Klarheit finden werden. Durch gute Kommunikation vermitteln Sie als Sprecher genau das, was Sie denken, was Sie fühlen und was Sie wollen nach außen. Gute Kommunikation erlaubt es Ihnen, das, was in Ihnen ist, genau und verständlich wiederzugeben. Schlechte Kommunikation lässt den Zuhörer im Ungewissen darüber, was Sie wirklich wollen.

Auf der Seite des Zuhörers bedeutet gute Kommunikation, dass Sie imstande sind, das, was Ihnen der Sprecher mitteilen will, ohne Ihre eigenen Interpretationen aufzunehmen. Sie müssen sich dieser fremden Meinung nicht anschließen, aber Sie sind imstande zu hören, was jemand sagt und nicht nur Ihre eigenen Echos aufzunehmen.

Wenn Sie nicht liebevoll sind, dann kommen Sie durch dieses Buch in die Lage, auszuprobieren, wie es wäre, wenn Sie netter mit Ihrer Umwelt umgingen. Sie erhalten ein Werkzeug, um neues Verhalten effizient zu testen, ohne erst die Tests selber erfinden zu müssen. Ob Sie das dann annehmen oder doch bei Ihrem gewohnten Verhalten bleiben, das ist eine andere Entscheidung. Aber bei Ihrem Verhalten zu bleiben, weil Sie gar kein anderes kennen und können, das ist keine Entscheidung, sondern entspricht der Wahl des eingesperrten Tigers, der in seinem Käfig bleibt, weil er ihn nicht öffnen kann.

Deshalb ist diese Methode erfolgreich: Weil Sie nichts vorschreibt, aber die Wahlmöglichkeiten erhöht.

KOMMUNIKATION IST DER LEIM, DER UNSERE WELT ZUSAMMENHÄLT

Kommunikation handelt von Beziehungen

Technisch gesprochen ist Kommunikation die schlichte Übermittlung von Daten. Nehmen wir als Beispiel einen Satz auf einem Anrufbeantworter. ... *ich komme heute leider nicht vor Mitternacht nach Hause* .... Das heißt im Wortsinne nichts Anderes, als dass jemand später nach Hause kommen wird. Aber welche Welten an unterschiedlichen Bedeutungen mögen sich darin für unterschiedliche Zuhörer verbergen?

Für einen Dieb, der sich gerade im Haus befindet während dieser Satz auf das Band gesprochen wird, ist das eine wunderbare Nachricht. Er gewinnt dadurch Zeit und Sicherheit. Für einen untreuen Ehepartner bedeutet das ebenfalls Gutes, nämlich die Chance auf einen freien Abend.

Aber wie geht es einem eifersüchtigen Zuhörer, der seine eigenen Vermutungen über den Grund des Ausbleibens hat? Wir können uns die inneren Höllen vorstellen, die er oder sie durchleidet während er oder sie die Uhr beobachtet, die mit quälender Langsamkeit Minute um Minute vorrückt. Seine oder ihre Fantasie wird immer wieder Bilder erzeugen, die den Schmerz maximieren, die das Herz zusammenschnüren und abwechselnd Hass und Angst produzieren.

Offensichtlich ist es für diese Ängste unerheblich, ob diese Befürchtungen berechtigt sind oder nicht. Die Annahmen des Zuhörers sind für ihn die einzige verfügbare Basis, auf der ein Verständnis der Botschaft möglich ist. Denn was wirklich dahinter steht, was also tatsächlich in diesen Stunden passiert, kann er oder sie nie mit Sicherheit wissen. Auch wenn später Freunde die Anwesenheit des Partners im Büro bezeugen mögen, wer sagt dem zu Hause Wartenden, ob diese nicht Teil eines lügnerischen Komplottes sind? Nur wenn jemand dabei ist, dem diese Person wirklich vertraut, nur dann wird sich die Eifersucht (vorübergehend und nur für diesen einen Fall) legen.

Es ist also vor allem die Beziehungsebene, auf der wir unsere Meinung konstruieren. Nur dann, wenn wir jemandem vertrauen, nehmen wir die Information als Wahrheit. Wenn wir jemandem nicht vertrauen, dann konstruieren wir uns eine ganz individuelle Welt, zu der wir niemandem Zugang gewähren.

Es kommt bei guter Kommunikation also weniger darauf an, gute Sätze zu drechseln, grammatikalisch richtig zu formulieren und laut und deutlich zu sprechen. Im Gegenteil, Kommunikation ist von diesen Voraussetzungen viel unabhängiger als man normalerweise glaubt.

Die Beziehung zwischen den miteinander Sprechenden ist die Grundlage, auf der jeder Satz und jedes Wort überprüft wird. Wir werden Ihnen daher im Laufe dieses Buches zwei Dinge zeigen:

→ Wie Sie die bestehende Beziehung bei Ihren Gesprächen berücksichtigen.

→ Wie Sie als Freund, als Partner, als Elternteil, als Arbeitskollege oder Chef die Beziehung so verändern können, dass Ihre Mitteilungen so ankommen wie sie gemeint sind.

Kommunikation schafft unsere Realität

Darüber hinaus ist Kommunikation aber noch viel mehr. Sie schafft nicht nur Beziehungen zwischen den beteiligten Partnern. Kommunikation schafft wörtlich und tatsächlich unsere gesamte Realität.

Das Johannes - Evangelium beginnt folgendermaßen: Am Anfang war das Wort ..... *Alles ist durch das Wort geworden und ohne das Wort wurde nichts, was geworden ist.*

Es ist üblich, das für Religion zu halten und als poetische Umschreibung zu interpretieren. Wir tun das hier nicht und interessieren uns ehrlich gesagt auch nicht besonders für amtliche Verlautbarungen zu diesem Thema. Wie wir Ihnen zeigen werden ist es schlichte Naturwissenschaft, die hier zum Ausdruck kommt.

Eine ähnliche Auffassung gibt es auch in anderen Kulturen. So berichtet beispielsweise Marlo Morgan in ihrem Buch

"Traumfänger" von australischen Eingeborenen, die mündliche Kommunikation nur zu Heilungszwecken benutzen und sich im Normalfall telepathisch unterhalten. Also kommt auch bei den Aborigines der Sprache eine unmittelbare Wirkung, hier eben vor allem "Heilung" zu. Für bloße Unterhaltung, also die Hauptaufgabe der Sprache in unseren Kulturen, scheint sie ihnen zu schade.

Beide zitierte Stellen deuten auf eine gänzlich andere Auffassung von Kommunikation hin. Demzufolge hätte Sprache eine kreative, heilende oder erschaffende Funktion, und damit die Macht, sich in der Realität auszuwirken.

Diese Unterschiede zur üblichen Auffassung über die Funktion von Sprache könnten nicht größer sein. Üblicherweise wird Sprache als ein beschreibendes Medium gesehen. Sie bringt Gedanken zum Ausdruck und hat selbst keine Wirkung. Sie wird lediglich als Überträgermedium eingestuft.

Wir werden Ihnen zeigen, dass Sprache ein Anfang, eine Ursache, ein bewegendes Element ist. Sprache überträgt nicht nur, sondern Sprache hat unmittelbare Auswirkungen. Als Sprecher wirken Sie direkt auf die Materie ein.

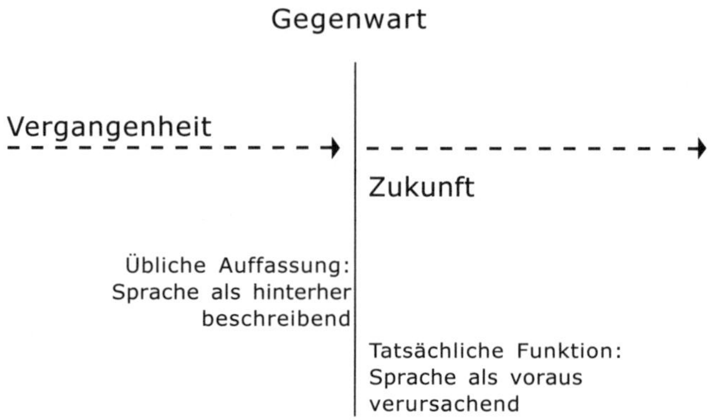

Der bedeutendste Beleg für die ungeheure Wirkung von Sprache findet sich in den Erzählungen über den Meister, der vor 2.000 Jahren gelehrt hat, dass, wer zu einem Berg sagt, *... hebe dich hinweg und stürze dich ins Meer ...*, genau dieses Ergebnis beobachten wird können. Wahrscheinlich werden Sie gerade keinen Berg zur Hand haben, der Ihrer Meinung nach im Meer besser aufgehoben wäre. Aber vielleicht würden Sie die alte Rostlaube, mit der Sie zur Arbeit fahren, lieber heute als morgen im Meer versenken, wenn Sie wüssten, wie Sie ohne unzumutbare finanzielle Verrenkungen zu einem neuen Auto kommen können. Oder Sie wünschen sich einen Partner, mit dem Sie gemeinsam die Wunder dieser Welt erkunden können. Dann ist es doch eine wunderbare Neuigkeit, dass so etwas Alltägliches wie unsere Sprache Ihnen dabei helfen kann.

Praktische Erfahrung wird auch Ihnen zeigen, dass Kommunikation gestaltend wirkt, dass sie unmittelbare Folgen hat. Ich erwarte nicht, dass sie das glauben. Ich empfehle Ihnen, es nach den späteren genauen Anleitungen und Empfehlungen auszuprobieren. Wenn es sich für Sie als richtig erweisen sollte, dann verfügen Sie in Zukunft über ein mächtiges Instrument zur Gestaltung Ihres Lebens. Sie werden dann nicht glauben, sondern wissen. Und wenn es sich für Sie, entgegen unseren Ankündigungen, doch als unwirksam herausstellen sollte, dann hätte es erst recht keinen Sinn, daran zu glauben. Also: nicht glauben, sondern ausprobieren!

Dieses Buch wird Ihnen folgendes zeigen:

→ Wie Sie die erschaffende Wirkung von Sprache nutzen können um eine bessere Welt zu schaffen. Und damit ist keine mystische Behauptung gemeint, also keine märchenhafte bessere Welt, sondern Ihre ganz wirkliche Welt, in der Sie dann mehr Freunde haben als zuvor, in der Ihre Wünsche in Erfüllung gehen, egal ob es sich dabei um ein besseres Auto, um eine andere Lebensumgebung, um einen anderen Job oder um eine liebevollere Familie handelt.

→ Wie Sie es vermeiden, diese so mächtige Wirkung unabsichtlich oder durch Schlamperei zum Nachteil einzusetzen und dadurch Leid und Misserfolg über sich selbst und Ihre Umgebung zu bringen.

Das wird eine Revolution in Ihrem Leben bewirken. Denn - Hand aufs Herz - derzeit klappt das mit der Wirkung unserer Sprache öfter als uns lieb ist überhaupt nicht. Wir möchten erreichen, dass unsere Kinder so brav lernen wie wir es angeblich immer getan haben. Aber unsere Bemühungen führen viel zu oft genau ins Gegenteil. Statt uns zu zufriedenen Eltern von Nobelpreisträgern zu machen, vermuten unsere Kinder (leider meistens zu Recht!) wir hätten auch nicht besonders viel gelernt und werfen uns dann sogar noch vor, wir würden über unseren eigenen Kindheitsfleiß nicht ganz bei der Wahrheit bleiben. Jeder kann verstehen, dass solcher Undank besonders dann heftig schmerzt, wenn er ins Schwarze trifft.

Oder wir möchten nicht mehr, als dass am Abend Bier oder ein Diätjoghurt im Kühlschrank ist und ersuchen unsere(n) Partner(in) morgens beim Weggehen, sich darum zu kümmern. Aber nicht nur der Nachwuchs reagiert - wie im vorherigen Absatz dargestellt - ungeplant, auch der Kühlschrank bleibt leer, *... weil ich bin nicht dein(e) Diener(in) ....* Hätten wir morgens den richtigen Ton gefunden, wäre der Kühlschrank bis oben hin voll mit allem, was wir uns wünschen, aber so erfahren wir, dass wir uns durchaus auch selber um unsere Angelegenheiten kümmern dürfen, denn ... *nicht nur du arbeitest hart, auch wenn du das nicht bemerken solltest ....*

Oder wir möchten, dass jemand stehen bleibt, weil wir sehen, dass er ansonsten in ein Auto läuft. Aber der Ruf ... *Vorsicht, pass auf* ... führt in der Regel nur dazu, dass sich der, den wir eigentlich retten wollten, im Gehen zu uns umdreht und die berühmten letzten Worte spricht ... *warum, was ist denn?....*

Sogar dann, wenn wir eigentlich nichts erreichen möchten, sondern uns nur aussprechen wollen, entstehen Wirkungen. Vielleicht sind wir gerade tief deprimiert und suchen eine verständnisvolle Seele. Aber statt uns zu bemitleiden und unsere Leidensfähigkeit zu bewundern, wenden sich unsere Zuhörer von uns ab und halten uns für schlichte Heulsusen. Oder wir plaudern mit Begeisterung von unserem neuen Auto und statt sich mitzufreuen reagieren unsere Gesprächspartner beleidigt ... *nun ja, nicht jeder kann sich so was leisten. Manche müssen für ihr Geld eben leider arbeiten ....*

Ganz offensichtlich ist das, was wir sagen und das, was ankommt, oft so verschieden wie Tag und Nacht. Die Wirkungsmechanismen von Kommunikation sind ganz offensichtlich andere, als wir sie vermuten und als wir sie normalerweise lernen.

Tatsache ist: Ob wir es wollen oder nicht, Kommunikation bewirkt etwas. Jeder Blick, jedes Wort, jeder Satz schafft bestimmte Denkmuster in den Gedanken unseres Gegenübers. Diese erschaffenden Fähigkeiten von Kommunikation bestehen auch dann, wenn sie nicht willentlich eingesetzt werden. Unbewusster Umgang mit Kommunikation kann deshalb zu ebenso großem Leid führen wie es der bewusste Umgang vermag, solches zu verhindern oder zumindest zu lindern.

Dass dadurch die Bedeutung der kommunikativen Fähigkeiten weit höher liegt als vielfach angenommen wird, ist deutlich erkennbar. Wenn unsere sprachlichen Äußerungen die Kraft haben, sich zu realisieren, dann ist weit größere Umsicht am Platz als heute üblich ist. ... *warte nur, bis du einmal groß bist ... du wirst dich noch schön umsehen ...*, solche Bemerkungen tendieren dazu, sich als selbst erfüllende Prophezeiungen zu erweisen. Und später, wenn dann wirklich das prognostizierte Unglück eingetreten ist, dann kommt noch der selbstzufriedene Satz ... *ich hab es ja immer schon gesagt, aber auf mich hat ja keiner gehört ....* Doch, man hat auf Sie gehört, dadurch ist das Verhängnis ja entstanden.

Der Kommunikationsstil in einem Unternehmen oder einer Familie kann zum größten Stressor werden oder zum heilsamen Element, das die persönliche Entwicklung aller Beteiligten fördert. Worte können verdammen und erlösen. Ob nur so dahin gesagt oder gezielt verwendet ist für die Wirkung nebensächlich.

Es sind aber nicht nur die Fähigkeiten als Sprecher für beruflichen und privaten Erfolg entscheidend, sondern auch das passive Verständnis als Empfänger. Wenn Sie verstehen, wie Sie selbst auf bestimmte Nachrichten reagieren, dann können Sie die Wirkung auf sich selbst ebenso lenken wie es der Sender vermag.

Sie werden sehen, dass Ihre eigene Macht sogar weit größer ist als die Ihrer Gesprächspartner. Sie haben die Folgen dessen was Sie hören (oder besser: dessen, was Sie zu hören glauben) vollständig im Griff. Sie können ein Lächeln als An- oder als Auslachen interpretieren. Sie können verzweifeln oder hoffen. Sie können vertrauen oder misstrauen. Sie können aufgeben oder weitermachen. Es liegt an Ihnen. Und das ist um vieles leichter, wenn Sie die Wirkungsmechanismen von Kommunikation verstehen. Sie werden erkennen, dass selbst der perfekteste Sender nichts Gutes bei einem Empfänger ausrichten kann, der die empfangenen Botschaften permanent verzerrt und an den eigenen Erwartungen ausrichtet. Manche Menschen haben ein so negatives Selbstbild, dass es nicht möglich ist, zu ihnen durchzudringen. Jemand sagt ... *du siehst heute gut aus* .... Statt sich über das Kompliment zu freuen, denkt er oder sie sofort, ... *warum nur heute? sehe ich normalerweise nicht gut aus?* .... Oder Sie kommen zu jemandem auf Besuch und bewundern die Einrichtung ... *schön haben Sie es hier* .... Und Sie werden zu Ihrer Verblüffung auf etwas hingewiesen, das Sie von selbst nie bemerkt hätten ... *leider sind wir noch nicht dazugekommen, neue Vorhänge zu kaufen* .... Wenn Sie selbst so reagieren, dann werden Sie hier einiges über ein leichteres und glücklicheres Leben lernen.

Und Sie werden auch erkennen, dass selbst der perfekteste Sender nichts Böses bei einem Empfänger ausrichten kann, der die empfangenen Botschaften bewusst wahrnimmt und dann eigenständig entscheidet, ob er oder sie damit übereinstimmt oder nicht. ... *das schaffst du nie* ... wird dann völlig wirkungslos, wenn Sie erkennen, dass Ihr Gesprächspartner gar nicht über Sie und Ihr Projekt spricht, sondern über die Wunden, die sein eigenes Versagen in seiner Seele hinterlassen hat.

Sehen wir uns diesen letzten Absatz genauer an. Was wir für Kommentare über uns, über unsere Ziele und unsere Arbeit halten, das sind in Wahrheit Bemerkungen über den Sprecher selbst. Wenn jemand zum Beispiel sagt, ... *diese Idee wird nie etwas*

..., dann sagt er damit eigentlich nur, dass er - der Sprecher - es sich nicht vorstellen kann. Als Zuhörer sind wir gut beraten, diese Tatsache bei der Bewertung dieses Satzes zu berücksichtigen. Wir sollten in diesem Beispiel also nicht hören, dass unser Einfall untauglich ist, sondern dass der Sprecher nicht imstande ist, sich die Verwirklichung unseres Einfalls auszumalen. Es hängt dann von unserer Einschätzung des Sprechers ab, ob wir seinen Worten irgendeine Bedeutung geben oder nicht. Wenn es sich um einen professionellen Pessimisten handelt, einen gewohnheitsmäßigen Partystopper, dessen kreative Fantasie unmittelbar am Brett vor seinem Kopf endet, dann sollten wir die Bemerkung als das abtun, was sie vermutlich ist, als einen völlig unangemessenen, unhöflichen, lieblosen Versuch, uns daran zu hindern, weiter zu kommen und etwas zu erreichen. Vielleicht denken Sie jetzt, das sei ohnedies selbstverständlich. Die praktische Erfahrung zeigt aber, dass wir dazu neigen, uns solche Bemerkungen zu Herzen zu nehmen. Vor allem dann, wenn es um für uns wirklich wichtige Ziele geht, die uns am Herzen liegen und die wir ganz intensiv verwirklichen wollen. Denn gerade diese bedeutsamen Ziele sind oft abseits von dem, was die Masse sich zutraut. Sie stellen unsere Beharrlichkeit, unseren Glauben an unsere Kraft und an das Positive im Leben oft auf eine harte Probe. Umso anfälliger sind wir daher für Bemerkungen, die Zweifel in unsere Gedanken säen. Sie kosten uns enorme Kraft, die wir zur Verwirklichung unserer Träume dringend brauchen würden. Solche von manchen Menschen nur so nebenbei hingeworfenen vernichtenden Kommentare bereiten uns schlaflose Nächte, lassen uns an unseren Zielen zweifeln, ja sogar an uns selbst ... *vielleicht nehme ich mir wirklich zu viel vor? ... vielleicht sollte ich wirklich kürzer treten?* .... Wir beginnen dann ernstlich zu überlegen, ob es gescheit ist, bestimmte Träume ernst zu nehmen und hohe Ziele zu verfolgen. Im Kopf wissen wir zwar, dass wir das nicht so ernst nehmen sollten, im Herzen aber sind wir getroffen.

Genau dann ist es wichtig, zu wissen, dass solche Kommentare sich nicht im Mindesten auf unsere Ideen beziehen. Menschen mit negativer Weltsicht sind frustriert über ihr eigenes Scheitern. Sie machen reflexartig jede noch so kleine gute Idee nieder, weil sie instinktiv wissen, dass jeder Erfolg ihre eigene Argumentation ... *an meinem eigenen Misserfolg bin nicht ich selbst schuld sondern die Umstände erlauben keinen Erfolg* ... zunichte macht. Haben Sie Verständnis für solche unglückliche Zeitgenossen, aber meiden Sie Ihre Gesellschaft und - vor allem - ignorieren Sie ihre Kommentare.

Anders ist es, wenn der Sprecher, der Ihr Projekt negativ bewertet, normalerweise ein positiv denkender Mensch ist. Dann sollten Sie seine Bemerkung zum Anlass nehmen, die Risiken Ihres Plans erneut zu überdenken. Das heißt nicht, dass Sie Ihren Plan aufgeben sollten. Aber es kann zu Korrekturen in Ihrer Vorgehensweise führen. Sie könnten dazu weitere Informationen anfordern, die es Ihnen leichter machen, erfolgreich zu sein.

Sehen wir uns dazu ein Beispiel an. Zuerst so, wie es normalerweise abläuft und dann eine verbesserte Version. Wir (W) haben eine Idee und präsentieren diese einem Bekannten (B), der darauf negativ reagiert:

B: ... also das kann ich mir überhaupt nicht vorstellen
W: ... natürlich klappt das. Da kann gar nichts passieren. Du hast keine Ahnung ...
B: ... wozu redest du mit mir, wenn du sowieso alles besser weißt? Das ist typisch für dich. An dir darf man nicht einmal ankommen ...
W: ... das musst ausgerechnet du sagen ...

Ich denke, wir können das Gespräch hier abbrechen, weil ziemlich klar ist, wie es weitergehen wird. Um die ursprüngliche Idee geht es längst nicht mehr, sondern um einen persönlichen Kampf zwischen den beiden Gesprächspartnern. Ein gutes Ergebnis ist dabei fast unmöglich. Dazu müssten die beiden Sprecher oder zumindest einer der beiden radikal umschalten und zuzuhören beginnen. Es ist eine Art von heimlichem Krieg, der hier ausgetragen wird. Beide Partner werden nach dem Gespräch voll mit Ärger und Frustration sein und diesen Ärger vermutlich so schnell wie möglich an einem völlig ahnungslosen Dritten ausleben. Oft sind es dann der Ehepartner oder sind die Kinder, die dann gleich zur Begrüßung angefaucht werden *... lass mich endlich einmal in Ruhe ....*

Wenn wir über Erfahrung in Gesprächsführung verfügen und der Bekannte, der hier gleich zu Beginn seine Zweifel äußert, ein normalerweise konstruktiver Mensch ist, dann könnte sich das Gespräch auch anders entwickeln.

B: ... also das kann ich mir überhaupt nicht vorstellen
W: ... oh, das überrascht mich. Was scheint dir an meinem Vorhaben so kritisch zu sein? ...
B: ... also ehrlich gesagt kann ich jetzt so spontan gar nichts Konkretes finden. Ich bin einfach ziemlich überrascht von deiner Idee ...
W: ... ja so ist es mir am Anfang auch gegangen. Kann ich dir genauer schildern, was ich mir vorstelle? ...
B: ... ja unbedingt. Es hört sich ja auf jeden Fall spannend an. Ich werde schon ganz neugierig ...

Offensichtlich findet hier ein völlig anderes Gespräch statt. Man kann sich gut vorstellen, dass beide Partner nach dem Gespräch über mehr Energie und Begeisterung verfügen als zuvor.

Ich füge noch ein Beispiel an, wie ein Gespräch laufen kann, wenn der Bekannte ein gewohnheitsmäßiger Nörgler ist, wie wir ihn oben bereits erwähnt haben:

B: … also das kann ich mir überhaupt nicht vorstellen
W: … oh, entschuldige, dass ich das erwähnt habe. Übrigens, wie spät ist es? …
B: … es ist 16.00 Uhr. Warum willst du das wissen? …
W: … mir ist gerade eingefallen, dass ich dringend weg muss. Oh, das tut mir jetzt leid …
B: … jetzt schon, wo wir gerade so angenehm anfangen zu plaudern? …
W: … ja, leider. Darf ich als Entschuldigung deinen Kaffee mitzahlen? Tschüss …

Und nichts wie weg. Vielleicht möchten Sie auch den Grund für Ihr Weggehen noch hinzufügen … *ein Gespräch mit dir macht weder Spaß noch Sinn. Ich gehe jetzt …*. Auch okay, aber nicht unbedingt notwendig. Wichtig ist es, dass Sie das zerstörerische Gift eines Vampirs nicht zu lange einwirken lassen. Sie werden auf den folgenden Seiten und speziell im Abschnitt über den Energievampir noch weitere Vorschläge erhalten, wie Sie mit solchen Situationen umgehen können.

Kommunikation hat mehrere Ebenen

Kommunikation erfolgt auf verschiedenen Ebenen. Üblicherweise werden die verbale, also die sprachliche, und die nonverbale, das ist die körpersprachliche Ebene unterschieden.

Der wesentlichste Unterschied zwischen diesen beiden Ebenen liegt darin, dass wir unsere gesprochenen Mitteilungen bewusster gestalten als unsere körperlichen Signale. Diese unterliegen außer bei sehr trainierten Personen wie Schauspielern viel geringer der absichtlichen Kontrolle.

Dadurch kann die körpersprachliche Ebene zum einen zum Lesen der wirklichen Gefühle einer Person benutzt werden und zum anderen kann sie auch dazu dienen, bestimmte vorgetäuschte Gefühle besonders echt erscheinen zu lassen. Gute Schauspieler sind daher Meister in der Beherrschung ihrer Körpersprache.

Darum konzentrieren sich viele Bücher und Seminare über Kommunikation auf den Bereich der Körpersprache. Wenn sie einmal beherrscht wird, funktioniert sie schnell und relativ sicher.

Wir schließen uns dem weder hier noch in unseren Seminaren an. Wir empfehlen im Gegenteil einen sehr vorsichtigen Umgang damit. Denn unsere authentische Körpersprache ist ein Symptom, keine Ursache. Wenn jemand bei bestimmten Inhalten kurzzeitig die Lippen zusammenpresst, dann ist das meist ein Zeichen für ein inneres Unbehagen. Aber wenn dieser Mensch nun lernt, dieses Zusammenpressen zu unterdrücken, ist deshalb ja das Unbehagen noch lange nicht weg. Er oder sie kann nun dieses Zeichen verbergen und dadurch zum Beispiel einen Personalberater täuschen und einen Job bekommen, den er oder sie eigentlich tief innerlich gar nicht will. Wo ist da der Sinn?

Ich halte es für besser, an sich zu arbeiten und eine klare Vorstellung zu entwickeln, welche Zukunft man sich erträumt und dann eine Aufgabe anzustreben, wo automatisch kein Lippenpressen stattfindet, sondern der Körper von selbst seine Zustimmung ausdrückt.

Außer der verbalen und der nonverbalen (körperlichen) Ebene gibt es noch eine dritte Ebene. Wir alle blicken auf der Strasse manchmal spontan hoch und stellen verblüfft fest, dass jemand aus einem Fenster auf uns herabblickt. Wie kommt dieser Effekt zustande? Wir haben weder etwas gehört, noch konnten wir visuell etwas bemerken. Trotzdem hat uns eine Information erreicht, hat also Kommunikation stattgefunden.

Es ist eine Erfahrungstatsache, dass wir die Stimmung von Menschen wahrnehmen können, ohne dass diese darüber sprechen und ohne dass wir sagen könnten, worauf wir unser Gefühl begründen. Sie werden in späteren Kapiteln verstehen lernen, dass manche Menschen durch ihre bloße Anwesenheit Ruhe oder Sicherheit oder im Gegenteil Stress und Unruhe auslösen. Durch Sprache und durch körperliche Signale werden diese Effekte ohne Zweifel verstärkt. Aber sie lassen sich damit nicht ausreichend erklären. Das Schöne daran ist, dass wir auch ohne das detaillierte Wissen um die dahinter liegenden Mechanismen derartige Effekte erzielen können, wenn wir bestimmte Grundregeln einhalten, mit denen Sie in den folgenden Kapiteln schrittweise vertraut gemacht werden.

Kommunikation ist mehr als Sprache

Wahrscheinlich kennen Sie den Vorwurf … *egal was ich zu dir sage, es geht bei einem Ohr hinein und beim anderen wieder hinaus* …. Vielleicht haben Sie das als Kind gehört und vielleicht haben Sie das selbst auch schon gesagt.

Dieser Satz drückt ein Faktum aus, eine Tatsache. Das was wir sprechen, kommt nicht immer an. Es scheint öfter als uns lieb ist wirkungslos durch den Kopf des Anderen hindurchzugehen. Wie passt das zu den Ausführungen über die Macht der Sprache, über ihre gestaltende Kraft?

Die Antwort liegt im Zusammenhang zwischen dem, was wir wirklich denken und dem was wir sprechen. Das was wir wirklich denken, unsere innere Kommunikation also, ist unendlich mächtiger als das, was wir sprechen. Es dringt uns aus allen Poren, es drückt sich in unserer Körpersprache aus und überlagert jeden unserer Sätze. … *das was du bist schreit viel lauter als das, was du sagst* …. Sie kennen das vielleicht von den Spielplätzen in Ihrer Nähe. Wenn es Zeit wird, nach Hause zu gehen, dann kommentieren viele Mütter die Unwilligkeit ihrer Schützlinge mit dem berühmten Satz … *wenn du nicht kommst, dann gehe ich eben alleine* …. Beobachten Sie die Reaktion des angesprochenen Nachwuchses. Er oder sie zuckt nicht einmal mit einer Wimper ob dieser Drohung. Denn schon den kleinsten Kindern ist ebenso klar wie jedem erwachsenen Zuhörer: Die Mutti wird sicher nicht allein nach Hause gehen, … *sie redet nur* …. Und sie wird das ihr ganzes restliches Leben tun: Reden, fordern, bitten. Schreien, fordern, bitten. Sich beklagen, weinen, hoffen und dann wieder bitten, bitten, bitten. Und nichts wird geschehen, nichts wird sich ändern.

Auf diese Weise haben viele Menschen die Macht ihrer Sprache verloren. Zu oft haben sie Dinge angekündigt und dann nicht umgesetzt. *… wenn du dein Zimmer nicht zusammenräumst, dann …* ich kann es mir ersparen, die angeblichen Konsequenzen dazuzuschreiben, denn eines ist sicher: Sie treten nicht ein. Der Sprecher ist nicht imstande, seinen Worten treu zu bleiben. Er versucht, durch Lautstärke oder durch eine besonders drohende Wortwahl Gewicht in seine Worte zu legen. Er versucht, durch die Androhung von Konsequenzen zu zeigen, wie ernst es ihm ist. In Wirklichkeit aber kann sich der Sprecher nicht zu echten Konsequenzen aufraffen. Genau das führt dazu, dass die Worte wirkungslos bleiben, denn die dahinter liegende Botschaft ist *… ich trau mich in Wahrheit gar nichts tun, ich rede nur so …*. Der Sprecher möchte vermitteln, dass er entschlossen ist, aber in Wahrheit ist es ihm eben nicht wirklich ernst damit. Er oder sie hofft, dass es ohne die Konsequenzen geht, wenn man sie nur laut genug ankündigt.

Sehen wir uns dazu ein Beispiel an, das ein Gespräch zwischen einem Ehepaar wiedergibt:

Sie: … wenn du mich noch einmal betrügst, dann verlasse ich dich …
Er: … ich wollte dich nicht verletzen …
Sie: … das sagst du jedes Mal …
Er: … dieses Mal ist es mir ernst …
Sie: … ich halte das nicht mehr aus. Warum tust du mir das an? …
Er: … jetzt ist Schluss damit …
Sie: … ich liebe dich so …
Er: … ich dich auch …

In einem Fortsetzungsroman könnten jetzt die Fragen stehen: Wird er ihr treu sein? Und wenn nicht, wird sie ihn verlassen?

Ich gebe zu, kein sehr spannender Roman, weil der weitere Fortgang zu eindeutig ist. Er wird ihr nicht treu sein und sie wird ihn nicht verlassen. Beachten Sie diese Feinheit. In der ersten Zeile des obigen Dialoges hat sie angekündigt, sie würde ihn im Wiederholungsfall verlassen. Trotzdem wird sie es nicht tun. Sie wird weiterreden und weiterreden und damit alle Energie verlieren.

Daher wird sich, nachdem eine erneute Eskapade aufgefallen sein wird, das Gespräch von oben wörtlich wiederholen. Vielleicht wird die Ehefrau die Eröffnung ein klein wenig variieren und sagen *… ich habe dir tausend Mal gesagt, dass ich dich verlasse, wenn du mich noch einmal betrügst …*. Die Antwort des Ehemanns und auch alle anderen weiteren Sätze bleiben gleich. Denn der Ehemann weiß, sie wird es noch weitere tausend Male sagen und nichts unternehmen. Er kann völlig sicher sein. Zwar wird ihm das Gejammer auf die Nerven gehen, aber das macht nichts, er hat ja schon eine neue Freundin im Auge, die ihn nicht ständig mit Tränen verfolgt.

Nichts wird sich ändern, solange nur geredet wird. Das ist die wahre Hölle. Man spricht miteinander, man verspricht sich Dinge, man schreit, man droht, aber alles sind leere Worte. Man ändert nichts.

Sehen wir uns einen anderen Verlauf des Gesprächs an.

Sie: … wenn du mich noch einmal betrügst, dann
verlasse ich dich …

Er: … ich wollte dich nicht verletzen …
Sie: … wenn du mich noch einmal betrügst, dann verlasse ich dich …
Er: … dieses Mal ist es mir ernst …
Sie: … wenn du mich noch einmal betrügst, dann verlasse ich dich …
Er: … jetzt ist Schluss damit …
Sie: … wenn du mich noch einmal betrügst, dann verlasse ich dich …
ER: … liebst du mich nicht mehr? …
Sie: … ich weiß es nicht. Aber ich weiß eines mit Sicherheit: Wenn du mich noch einmal betrügst, dann verlasse ich dich …
Er: … ich liebe dich so …
Sie: … alles klar? …

Stellen wir uns wieder dieselben Fragen: Wird er ihr treu sein? Und wenn nicht, wird sie ihn verlassen?

Ich tippe auf folgenden Ausgang der Sache: Er wird nicht treu sein und sie wird ihn verlassen. Das "sie wird ihn verlassen" ist das Neue an der Sache. Sie wird frei sein von einem unwürdigen Verhältnis, frei für Neues, für ein besseres Leben. Sie könnten einwenden, warum dann überhaupt diese letzte Chance? Warum hat sie ihn nicht gleich verlassen?

Sie haben recht. Sollten Sie jemals in eine ähnliche Situation kommen, dann ist es Ihre Entscheidung, wann Sie Konsequenzen setzen, sofort oder erst nachdem die nächste Chance vertan wurde. Meine Erfahrung ist die, dass nette Menschen sich erst dann trauen Konsequenzen zu setzen, wenn sie das Gefühl haben, alles andere versucht zu haben, auch wenn es völlig aussichtslose Versuche sind. *… er könnte sich ja doch ändern …*. Wenn Sie wirklich an diese Chance glauben, dann ist es eine gute Entscheidung, zuzuwarten. Wenn Sie aber nur konfliktscheu oder entscheidungsschwach sind, wenn Sie also in Wahrheit gar nicht an die Änderung glauben, dann ist es schade um die Zeit.

Sie sehen, Kommunikation ist weit mehr als nur Sprechen. Jede Kommunikation ist ein Versuch, das zu vermitteln, was in uns ist, das, was wir wirklich sagen wollen. Gute Kommunikation vermittelt das glasklar, schlechte Kommunikation vermittelt es unklar, undeutlich, lässt viel Spielraum für Missverständnisse und dadurch viel Raum für Konflikte.

Im Normalfall vermittelt Kommunikation, auch wenn sie unklar ist, zumindest etwas von dem, was wir wirklich denken und fühlen.

Eine Ausnahme sind sehr gute Lügner. Viele Menschen glauben, ein Lügner müsse sich sehr gut beherrschen können und sei dadurch in der Lage, seine Mitmenschen zu täuschen. Tatsächlich kennt ein Lügner aber weniger sich selbst, sondern er kennt vielmehr seine Zuhörer. Ein Lügner gibt seinen Zuhörern genau das, was sie hören wollen. Die Täuschung geschieht nicht in der Stimme und im Auftreten des Lügners, sie geschieht im Auge und Ohr des Gesprächspartners. Der Partner oder die Partnerin möchte getäuscht werden. Das Wort Ent-täuschung gibt das wunderbar wieder. Eine Enttäuschung ist keine Ursache für Tränen und Traurigkeit. Sie ist ein Wiedergewinnen der klaren Sicht. *… ich habe mich getäuscht in dir und jetzt bin ich enttäuscht …*. Die Dinge sind zurechtgerückt.

Im obigen zweiten Dialog spüren Sie etwas davon. Die Ehefrau hat die Täuschung überwunden. Sie weiß, dass sie ihr eigenes Bild von diesem Mann geliebt hat, dass er aber in Wahrheit ganz anders ist. Sie liebte einen Mann, dem sie vertrauen konnte und der dieses Vertrauens würdig war. Aber jetzt stellt sie fest, dass es diesen Mann entweder nie gab, oder dass es ihn nicht mehr gibt, dass er verschwunden ist und an seiner Stelle ein anderer lebt, ein Mann, der sie betrügt und der ihr Vertrauen missbraucht. Im zweiten Dialog hat sie sich entschieden!

Das ist der wesentliche Schritt für die höchste Stufe der Kommunikation. Sie können nur dann klar kommunizieren, wenn Sie klar denken, wenn Sie klare Werte haben, wenn Sie sich für bestimmte Dinge schnell und eindeutig entscheiden können. Obwohl es sich einfach anhört, ist das selten.

Öfter als wir glauben, weigern wir uns, uns zu entscheiden. Wir schwanken zwischen den verschiedenen Möglichkeiten, die es zu geben scheint. Wir möchten unbedingt die richtige Entscheidung treffen. Das ist ein verständliches Ziel. Wer wollte bewusst falsch entscheiden? Und so vergeht die Zeit und nichts geschieht, außer dass wir älter werden und sorgenvoller vor lauter ungetroffenen Entscheidungen. Wir schlafen dadurch schlecht. Vor jeder Entscheidung wälzen wir uns ewig von einer Seite auf die andere ... *soll ich oder soll ich nicht?* .... Nach jeder Entscheidung wälzen wir uns noch immer, nur die Frage, die uns am Einschlafen hindert, hat sich leicht geändert ... *habe ich mich wohl richtig entschieden oder hätte ich doch anders handeln sollen?* ....

Man entscheidet sich auch dann, wenn man es anscheinend vermeidet, weil man noch abwarten möchte. Sie fragen sich vielleicht gerade ... *soll ich ein neues Auto kaufen oder nicht?* ... und fügen hinzu ... *ich kann mich nicht entscheiden* .... Aber tatsächlich haben Sie sich schon entschieden, denn solange Sie überlegen, kaufen Sie keines, setzen also eine der beiden Alternativen um. Hören Sie auf, sich zu quälen, Sie haben - für den aktuellen Zeitpunkt - ohnedies schon entschieden.

Sie können jetzt die Frage umformulieren und sagen ... *soll ich morgen ein neues Auto kaufen oder nicht?* .... Damit beschreiben Sie eine Situation, in der Sie tatsächlich etwas entscheiden können. Aber warum quälen Sie sich jetzt in der Gegenwart mit der Zukunft? Das ist so unsinnig wie der weit verbreitete Ärger über die Vergangenheit. Faktum ist, dass Sie offensichtlich heute kein neues Auto kaufen werden. Wenn Sie das zur Kenntnis nehmen, wird es Sie beruhigen. Heute ist kein Entscheidungsdruck mehr da, weil Sie sich - was heute betrifft - schon entschieden haben. Und morgen ist genau so ein Tag wie heute. Auch morgen werden Sie dieselben Alternativen haben und Sie werden genau in der Situation sein, wie wir sie oben beschrieben haben. Es ist wirklich einfach: Solange Sie überlegen, ist eines sicher: Sie kaufen kein neues Auto.

Machen Sie das nächste Mal, wenn Sie eine Entscheidung treffen müssen, ein Experiment. Warten Sie, bis Sie einen klaren inneren Impuls spüren, der Ihnen sagt, was Sie tun sollen. Wenn Sie glauben, dass Sie ohnedies auf genau diesen Impuls warten, der Ihnen sagt, was Sie wollen, aber genau dieser Impuls kommt eben nicht und genau darum überlegen Sie eben hin und her, dann liegt das daran, dass Sie sich Sorgen machen. Sie glauben, Sie müssten unbedingt jetzt entscheiden, und Sie glauben, diese Entscheidung könne richtig und falsch sein. Mit dieser sorgenvollen und gedrängten Einstellung können Sie innere Impulse nicht wahrnehmen.

Daher können Sie in dieser Gemütsverfassung keine richtige Entscheidung treffen. Sie sind nicht in Ruhe, nicht im Einklang mit sich selbst. Nehmen Sie zuallererst den Druck von Ihrer Seele. Sie müssen nicht entscheiden, Sie müssen gar nichts tun. Warten Sie in Ruhe auf den Impuls und wenn er dann da ist, gehorchen Sie ihm. Ihr Denken ist durch so viele Vorschriften verwirrt, dass es zu keiner ruhigen und kraftvollen Entscheidung kommen kann. Ihr ganzes Leben lang haben Sie gehört, was man tut, was man angeblich nicht tut, was sich gehört, was sich nicht gehört.

Wer darf Ihnen diese ganzen Vorschriften machen? Ich spreche hier nicht von Gesetzen, sondern von dem ganzen Wust an Befehlen, die nirgends formuliert sind außer in Ihrem Kopf. Sie entscheiden gar nicht über ein neues Auto oder über keines. Sie entscheiden in Wahrheit über tausend Dinge, die damit eigentlich nichts zu tun haben. ... *darf ich mir das gönnen? ... habe ich mir das verdient? ... ist das überhaupt richtig? ... werde ich mich damit finanziell zugrunde richten? ... ist es ökologisch zulässig, ein größeres Auto zu fahren? ... warum habe ich mich nicht mehr angestrengt und verdiene jetzt mehr? ... warum werden immer die Anderen befördert? ... hat das alles, womit ich mich täglich plage, überhaupt einen Sinn?* .... Sie sehen, dass das Auto in diesen Überlegungen fast nicht vorkommt.

In dieser Verwirrung können Sie nicht einmal so einfache Sachverhalte wie die finanzielle Frage ruhig betrachten. Eigentlich wäre das eine simple Rechenaufgabe, tatsächlich wird sie aber überlagert von der Frage ... *wozu arbeite ich, wenn ich mir dann nicht einmal ein neues Auto kaufen kann?* .... Eine gute Frage, aber sie hat mit dem armen Auto nichts zu tun. Wenn Sie ruhig überlegen könnten, dann würden Sie vielleicht zur Erkenntnis kommen, dass nicht die Autofrage wichtig ist, sondern die Frage Ihres Berufes und Ihres Einkommens. Durch die damit verbundenen emotionalen Probleme ... *warum verdienen die Anderen mehr?* ...

warum schaffe ich keine bessere Karriere? … usw usf … ist das aber nicht möglich, solange Sie nicht in Ruhe sind.

Daher ist Ihre innere Ruhe so wichtig. Wenn Sie in Ruhe sind, dann können Sie auf Ihr Leben blicken und Dinge erkennen, die gut sind, sehr gut sogar. Und Sie werden Dinge erkennen, die Sie lieber anders hätten. Und dann können Sie überlegen, ob Sie diese tatsächlich ändern werden oder ob sie Ihnen doch nicht wichtig genug sind.

Dann werden Sie eine ungewohnte Kraft entwickeln und dann werden auch Ihre Worte mehr Macht enthalten als vorher. Sie werden Charisma entwickeln. Denn die Wirkung und Macht Ihrer Sprache liegt in Ihrer inneren Entschlossenheit, nicht in der Lautstärke oder in der Wahl der Worte. Auch wenn wir den Bergen befehlen, sich hinwegzuheben, werden sie so lange unverändert stehen bleiben, wie wir innerlich nicht sicher sind, dass sie uns gehorchen werden, sondern im Gegenteil genau zu wissen glauben, dass es nicht klappen wird.

Genauso geht es unseren Kindern, Partnern, Mitarbeitern und unseren Vorgesetzten mit uns, solange wir nicht innerlich klar und entschieden sind. Keine Gehaltsforderung wird erfolgreich sein, wenn Sie nicht zuvor für sich entschieden haben, was Sie bereit sind, dafür zu tun, und was Sie tun werden, wenn Sie keine Chance bekommen. Unsere Kinder werden weiterhin unsere Anordnungen ignorieren, wenn wir nicht für uns entschieden haben, was wir akzeptieren, worüber wir diskutieren und wo wir Gehorsam verlangen.

Das Instrument zur eindeutigen Vermittlung unserer Erwartungen nennen wir Lichtschwert. Es wird in einem der nächsten Kapitel dargestellt.

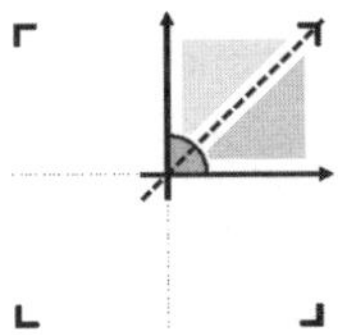

Ein revolutionierendes Bild: Die Fordern-Fördern-Matrix

Kommunikation hat immer Wirkungen. Sie ist nie neutral oder harmlos im Sinne der berühmten Worte … *ich sag ja nur* …. Immer entsteht etwas aus dem, was wir sagen. Egal was wir mit oder ohne Worte ausdrücken, immer bewirken wir damit bestimmte Konsequenzen.

Solange wir ohne dieses Wissen miteinander umgehen, werden die Konsequenzen zufällig sein. Manchmal werden wir zufällig oder instinktiv die richtigen Worte und den richtigen Ton treffen und unsere Zuhörer werden genau das verstehen, was wir ihnen mitteilen wollten. Oft aber wird das Ergebnis unerwartet sein und überhaupt nicht dem entsprechen, was wir erreichen wollten.

Die Strategien, die wir in unserer Vergangenheit gelernt haben und mit denen wir unser Leben zu optimieren trachten, sind im Detail sehr unterschiedlich. Grundsätzlich lassen sie sich aber einigen wenigen Grundschemata zuordnen. Manche Menschen verfügen über eine spezifische Begabung, die Wünsche und Bedürfnisse anderer Menschen zu erahnen und meistens kombinieren sie damit eine starke Neigung, diese Wünsche nicht nur wahrzunehmen, sondern sie auch zu erfüllen. Damit verbunden ist sehr häufig die Missachtung der eigenen Lebensziele und der eigenen Wünsche. Letztere erscheinen unwesentlich gegenüber dem starken Impuls, Anderen bei der Bewältigung ihres Lebens zu helfen. Im gar nicht seltenen Extremfall wird diese Persönlichkeit zum Sozial-Junkie, zu einem Süchtigen nach aktivem Helfen und Unterstützen. Jede andere Motivation erscheint gegenüber diesem Helfen und für Andere da sein egoistisch und lieblos.

Andere Menschen tendieren genau in die andere Richtung. Sie nehmen ihre eigenen Wünsche und Bedürfnisse sehr deutlich wahr und nehmen sie damit auch entsprechend ernst. Sie tendieren demnach dazu, eher auf die eigene Person Rücksicht zu nehmen. Im Extremfall wird diese Persönlichkeit zu einem rücksichtslosen Verfechter der eigenen Ziele auf Kosten der daneben lebenden Menschen.

Das Verhalten, Anderen zu helfen, nennen wir "Fördern", das Verhalten, auf die eigenen Bedürfnisse zu hören, nennen wir "Fordern". Es ist bezeichnend für die Vertreter beider Richtungen, dass sie die jeweils andere Dimension als schlecht, ungehörig, ja als so etwas wie "sündig" empfinden. Wer auf dem "Helfen-Trip" unterwegs ist, wird jede Forderung gegenüber seinen oder ihren Schützlingen als Härte, als Ungerechtigkeit, ja geradezu als unvorstellbar ansehen. Umgekehrt wird der Forderer jedes Quäntchen Verständnis gegenüber Anderen als Verweichlichung und als deutliches Zeichen von Schwäche empfinden.

Wo Sie selbst gerade stehen, das können Sie anhand Ihrer eigenen Reaktion auf die soeben gelesenen Zeilen und - mehr noch - auf das, was auf den folgenden Seiten kommen wird, feststellen. Wenn Sie eine der beiden Dimensionen als "schlecht" empfinden, als eher nicht im Sinne der Schöpfung oder - je nachdem, woran sie glauben - als nicht "richtig", dann können Sie sicher sein, dass Sie zur jeweils anderen Seite tendieren. Diese Erkenntnis kann später für Sie nützlich sein, wenn Sie neue Verhaltensweisen erwerben möchten und dazu wissen müssen, in welcher der beiden Dimensionen Sie am schnellsten zu sichtbaren Erfolgen gelangen werden. Schon jetzt seien Sie darauf hingewiesen, dass es sich dabei um die bei Ihnen schwächer entwickelte Dimension handelt, in der Sie am wirkungsvollsten zu Verbesserungen in Ihrem Leben kommen.

In der folgenden Grafik sind die beiden Dimensionen eingezeichnet. Wir nennen Sie die Fordern-Fördern-Matrix. Fördern ist auf der senkrechten y-Achse, Fordern auf der waagrechten x-Achse eingezeichnet. Der Bereich, in dem das Fördern überwiegt, ist hell und der Bereich, in dem das Fordern überwiegt, dunkler markiert. Die strichlierte Linie in der Mitte zeigt den Bereich, in dem beide Dimensionen ausgeglichen verwirklicht sind. Der graue Kreis um den Ursprung der beiden Achsen ist ein Bereich, in dem weder merkbar gefördert noch merkbar gefordert wird.

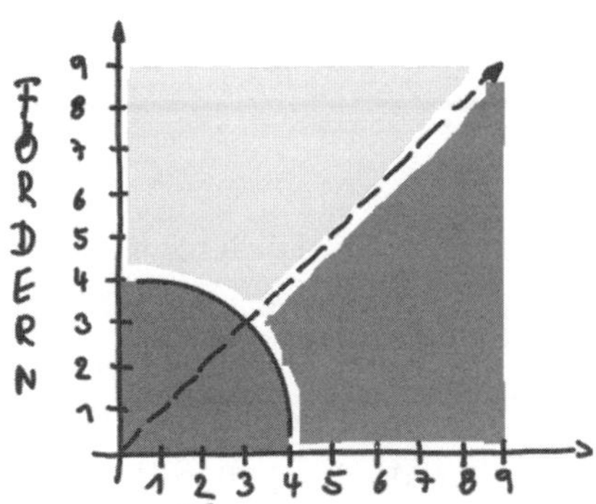

Die Verhaltensweisen jedes Menschen können nun in diese Matrix eingezeichnet werden, je nachdem, in welcher Weise er oder sie die beiden Dimensionen praktisch verwirklicht. Ein Mensch, der mehr fördert als fordert findet sich im hellen, ein Mensch, der mehr fordert als fördert, im dunkel markierten Bereich.

Wir werden im folgenden sehen, dass nur eine ausgeglichene Verwirklichung beider Dimensionen zu einem erfolgreichen und erfüllten eigenen Leben und zu einer sicheren und starken Entwicklung unserer Kinder, unserer Partnerschaft und unserer Mitarbeiter führt. Zuvor sehen wir uns die Folgen einer unausgeglichenen Umsetzung der beiden Dimensionen im Einzelnen an.

Die Folgen von Überförderung

Förderung überwiegt im hellen Bereich der Matrix. Das Fördern kann ganz entschieden überwiegen (zum Beispiel bei der Person A in der Matrix; sie hat bei Fordern den Wert 1 und beim Fördern den Wert 9) oder nur ganz wenig (Person B; Fordern 5 und Fördern 6).

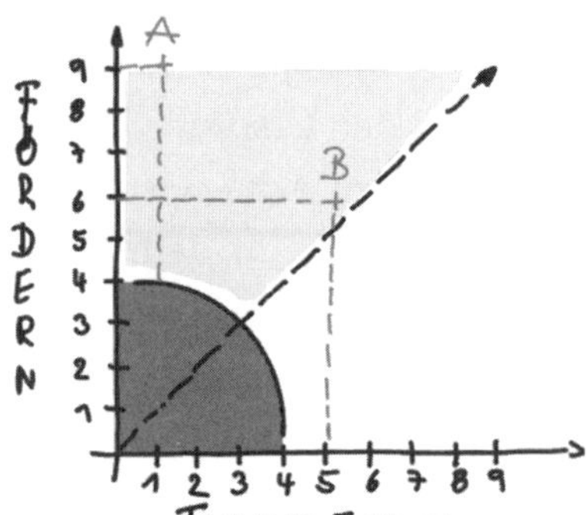

Ein Förderer stellt immer Andere in den Mittelpunkt seines Denkens. Deren Wohlergehen bedeutet ihm mehr als das Leben des eigenen Lebens, mehr als das Erfüllen der eigenen Aufgabe. Das geht so weit, dass er oder sie schließlich glaubt, diese permanente Selbstverleugnung sei Zweck des eigenen Lebens. Ein Förderer gehorcht einem inneren Programm, das lautet: Du sollst deinen Nächsten mehr lieben als dich selbst.

Öfter als man glaubt führt dieses Leben zu einer noch radikaleren inneren Vorschrift: Du sollst nur deinen Nächsten lieben. Und weiter noch: Es ist schlecht, ungehörig, sündig, sich selbst zu lieben.

Ein Förderer begegnet seiner/ihrer Umwelt mit einem schier unerschöpflichen Verständnis. Er/sie opfert sich auf. Die eigenen Ziele und eigenen Wünsche bedeuten nichts im Vergleich zur Rücksichtnahme auf Andere. Ein Mensch mit dieser Haltung hat immer für Andere Zeit, wird Unmengen an Energie investieren und - das ist das wesentliche Kennzeichen - nichts zurückverlangen. Er oder sie braucht selbst nie etwas und ist zufrieden, wenn es den Betreuten gut geht. Sogar wenn ein Mensch gerne etwas zurückgeben will, ist ein Förderer nicht willens, etwas anzunehmen, denn ... *nein danke, ich habe alles was ich brauche ... zuviel ist ohnedies ungesund ... behalte das nur selbst, du brauchst es ja dringender als ich ....*

Ein Förderer stellt immer die Person des Gegenüber in den Mittelpunkt und nie sich selbst und die eigenen Anliegen. Darüber hinaus vergisst ein Förderer auch die Sache, um die es geht. Begründungen zählen mehr als Konsequenzen. Das bedeutet, wenn jemand erklären kann, warum er oder sie etwas verbockt hat, dann genügt das für A und er kümmert sich um die Wiedergutmachung und beschützt den Gesprächspartner vor den Folgen seiner Handlungen.

Das ist ein zentraler Grundsatz eines Förderers. Wenn er oder sie etwas erklären kann, wenn er oder sie für etwas eine Ursache gefunden hat, dann akzeptiert ein Förderer die Folgen als unausweichlich. Jemand schlägt seine Frau und seine Kinder? Das muss man verstehen, wenn er selbst als Kind geschlagen wurde. Jemand stiehlt und betrügt? Das muss man verstehen, wenn er oder sie in einer dementsprechenden Umgebung aufgewachsen ist. Das Besondere daran ist, dass ein Förderer beim Verstehen hängen bleibt. Er oder sie hält das Verstehen für das Ende der Fahnenstange, von dem aus es nicht mehr weiter geht.

Aber dem ist nicht so. Zum einen sind Umgebungsbedingungen nie kausal für irgend etwas. Niemand wird zu einem bestimmten Menschen, weil irgend etwas ihn oder sie dazu gezwungen hat. Immer entscheiden wir selber uns für eine bestimmte Haltung. Manche Kinder rauchen, weil ihre Eltern rauchen. Aber andere Kinder rauchen aus ganz demselben Grund NICHT! Manche Eltern schlagen ihre Kinder, weil sie selbst geschlagen wurden. Aber manche Eltern tun es aus ganz demselben Grund NICHT!

Und genau diese Verantwortung für das eigene Tun ihrer Schützlinge lehnen Förderer ab. *... er oder sie kann ja nichts dafür ... er/sie hat ja nie etwas Anderes gesehen ... ich würde mit dieser Vergangenheit wahrscheinlich genau so handeln ...* Förderer leiten daraus ab, dass Fehler keine Konsequenzen haben dürfen.

Förderer lehnen Forderungen an ihre Schützlinge ab. Sie empfinden jede Forderung als eine Art Kaufpreis, den der Geförderte zu bezahlen hätte. Und ich kann gut verstehen, dass sie diese Idee nicht akzeptieren wollen. Es muss möglich sein, aus freien Stücken zu geben, ohne auf einen Ertrag zu schielen und ohne auf ein Geschäft zu hoffen. Diese Form der Hilfe ist unerlässlich für das Funktionieren jeder Gemeinschaft und sie ist auch unerlässlich für jedes persönliche Glücksgefühl.

Fordern ist daher etwas ganz Anderes. Fordern heißt, einen Beitrag zur Lösung anzufordern. Wenn man einem Schüler oder einem Kind bei der Lösung zum Beispiel eines mathematischen Problems hilft, kann sein Beitrag zum Beispiel darin liegen, sich nach allen Kräften an dieser Lösung zu beteiligen. Die Formulierung ... *ich kann das nicht, ich kenn mich nicht aus* ... ist dazu nicht genug. Das Fordern kann dann darin bestehen, den Schüler oder das Kind dazu aufzufordern, seine bisherigen Lösungsversuche zu schildern, und aufzuzeigen, warum sie jeweils nicht funktionierten und dann gemeinsam die richtige Lösung zu erarbeiten.

Wenn Mitarbeiter ihren Chef wegen der Lösung eines Problems konsultieren, dann ist es eine adäquate "Forderung", dass das Problem zuerst korrekt zusammengefasst wird und dass die bisherigen Lösungsideen dargestellt werden und auch die Gründe, warum sie als definitive Lösung akzeptiert wurden. Es kann sein - und die Erfahrung lehrt, dass es sehr oft der Fall sein wird - dass der Mitarbeiter darauf mit der Bemerkung reagieren, ... *wenn wir zuerst alles zusammenstellen müssen, da können wir die Sache ja gleich selber lösen* .... Eine fantastische Erkenntnis, die den Mitarbeitern Selbstvertrauen und dem Chef freie Lebenszeit bringt, die er anderen Dingen widmen kann.

Was Förderer übersehen ist die Tatsache, dass sie ohne (Heraus)Forderung jede Lernerfahrung verhindern. Wenn jemand ständig hört, dass seine Verhaltensweisen verständlich sind, dass sie gleichsam die zwangsweise Folge bestimmter früherer Erfahrungen sind und dass jeder in dieser Situation gleich handeln würde, dann schließt sich damit jede Tür zu einer Veränderung. Die eigenen Probleme werden den Betroffenen irgendwann einmal wie genetisch bedingt erscheinen, unabänderbar, schicksalhaft.

Und daraus werden die Betroffenen dann ein Recht auf Rücksicht und auf Unterstützung ableiten, ohne je den Gedanken zu entwickeln, selbst auch etwas beizutragen und etwas zurück zu geben.

Diese Entwicklung mauert die Unglücklichen in ihrem Leben ein, nimmt ihnen die Luft und den Bewegungsspielraum für jede Veränderung. Sie werden in ihrem Schicksal wie einbetoniert und jeden Tag schwächer, mit einer einzigen Ausnahme. Sie lernen immer mehr die erwiesene Unterstützung als selbstverständlich hinzunehmen, als etwas, das ihnen zusteht und auf das sie eine Art Naturanrecht haben.

Nur die Einsicht in die eigene Möglichkeit, etwas zu ändern, kann diesen Teufelskreis durchbrechen. Je später diese Einsicht gefordert wird, desto schmerzvoller wird sie erlangt. Denn dadurch, dass man permanent unterstützt wird, gewöhnt man sich daran und kann sich etwas Anderes nicht mehr vorstellen. Warum sich selber quälen, wenn man Andere schicken kann? Die Erfolgserlebnisse aus dem eigenen Bemühen scheinen weit weg und ungewiss, die Bedienung demgegenüber so nah und vor allem sicher.

Diese Inkompetenz durch Überförderung ist kein privates Faktum. Sie existiert auch in Unternehmen. Dazu ein Beispiel: Ein Mitarbeiter kommt seit einiger Zeit regelmäßig zu spät. Zur Rede gestellt erklärt er, dass sein Partner krank ist und er daher die Kinder in die Schule bringen muss. Für einen Förderer als Chef ist es damit erledigt. Grund gefunden - Verständnis - Ende.

Das führt beim Förderer zu dem Gefühl, ein guter Mensch zu sein. Konflikten weicht er lieber aus ... *steht ja nicht dafür ... mich stört das nicht ... er/sie wird sich schon ändern* .... Ein Förderer will nichts zurück. Er braucht nichts. ... *ich komme schon zurecht ... Hauptsache, dir geht es gut ... dann bin ich schon zufrieden* ....

Die Konsequenzen dieser Haltung sehen für beide Parteien nicht gut aus. Der Förderer geht an seinem eigenen Lebensglück völlig vorbei. Früher oder später fühlt er oder sie sich ausgenützt und missbraucht. Zu seinem/ihrem fassungslosen Erstaunen nehmen die unterstützten Kinder, Partner, Schüler, Mitarbeiter und sonstigen Schützlinge keinerlei Rücksicht auf ihren Förderer und seine Bedürfnisse. Aber wenn man es bei Licht betrachtet: Auf welche Bedürfnisse sollten sie Rücksicht nehmen, wenn es solche bei ihrem Förderer angeblich gar nicht gibt?

Nur ganz heimlich möchten auch Förderer geliebt und geachtet werden. Sie erwarten vielleicht wirklich keine Dankbarkeit, aber wenigstens ein bisschen Rücksicht und gelegentlich eine freiwillige Unterstützung. Erneut stellt sich die Frage: Rücksicht auf wen oder was? Wenn jemand seine eigenen Bedürfnisse so gering achtet, wie kann er oder sie dann erwarten, dass Andere diese Bedürfnisse höher schätzen als der Betroffene selbst?

Vielleicht haben Sie den Satz schon einmal gehört oder sogar selber gesprochen ... *wenn du mich wirklich gern hast, dann weißt du, was ich gerne hätte* .... Irrtum! Viele Menschen glauben, man müsse ihnen ihre Wünsche und Bedürfnisse ansehen. Vielleicht liegt das daran, dass ein Förderer sein ganzes Leben diesen Fragen ... *was möchten die Anderen von mir? ... was könnten sie jetzt brauchen?* ...

widmet und daher davon ausgeht, dass daran auch alle anderen Menschen in gleich intensiver Weise interessiert sind.

Das erwarten sie vor allem von ihren Partnern, so als ob Liebe eine Art Röntgenblick verleihen könnte, mit dem man dem geliebten Menschen tief ins Herz sehen kann. Dem ist aber nicht so. Man kann jemanden schätzen und wirklich gern haben und trotzdem keine Ahnung haben, was dieser Mensch sich wünscht, wenn dieser es nie sagt. Manche Menschen verschärfen diese Situation noch, indem sie hinzufügen ... *wenn ich es dir zuerst sagen muss, dann freue ich mich nicht mehr darüber* .... Mit anderen Worten heißt das, ... *wenn du es selber nicht herausfindest, dann kann ich es dir auch nicht sagen* .... Liebe und Zusammenleben als Suchbild, eine verrückte Idee. Es ist schon erstaunlich, wie einfach es ist, richtig unglücklich zu sein.

Nehmen wir ein Beispiel gegenüber Kindern ... *warum könnt ihr mir nie eine Freude machen und die Küche freiwillig zusammenräumen? ... warum muss immer ich die ganze Arbeit machen? ... warum hilft mir nie jemand? .... Die Frage "warum hilft mir niemand?"* ist gut, aber sie stellen sie den Falschen. Sie müssten sich diese Frage selber stellen: ... *warum hilft mir denn nie jemand?* .... Denn Ihre Kinder können das höchstens so beantworten: ... *weil es so angenehmer ist für uns ... weil wir nicht so dumm sein werden, uns zusätzliche Arbeit aufzubürden, solange wir dich dafür haben* .... Hand aufs Herz, wer von uns würde freiwillig eine Arbeit übernehmen, die er nicht mag, solange man dafür jemanden hat, der es noch dazu angeblich gerne tut?

In den Büros sitzen Heerscharen von Managern, die mit dem Glauben aufgewachsen sind, sie müssten auf jede Frage eine Antwort wissen, sie müssten unendlich belastbar sein, sie dürften nie eine Schwäche zeigen, sie müssten als erste im Büro sein und als letzte Zuhause. Wenn dann die Mitarbeiter bei jedem kleinen Problem vor der Tür stehen und ... *schwierige Sache, Chef, das können nur Sie lösen* ... murmeln und sich am Abend und am Wochenende zuhause die Aktenordner stapeln, dann können Sie als Chef das mit dem sicheren Wissen abarbeiten, dass Sie von Ihren Mitarbeitern geschätzt werden wie ein braver Esel, der den schwer beladenen Karren zieht. Aber wehe, wenn das Haustier einmal aussetzt. Dann kommt harsche Kritik! Ist auch richtig so, denn wozu ist so ein braves Grautier sonst auch gut.

In den Kapiteln dieses Buches werden Sie sehen, dass es sehr wohl andere Lösungen gibt, die beide Seiten, den Chef und den Mitarbeiter und die Eltern und die Kinder ausgewogen berücksichtigen und die zu beiderseitigem Wachstum beitragen.

Zusammengefasst sieht das reine Fördern auf der Seite der Förderer, also derjenigen, die sich aufopfern, nicht gerade erstrebenswert aus.

Und die Geförderten? Sind wenigstens sie erfolgreich und zufrieden? Auf den ersten Blick scheint es so zu sein, als müssten diese Menschen glücklich und dankbar sein für die erwiesenen Wohltaten und sich prächtig entwickeln. Leider stimmt die Praxis mit diesen Annahmen nicht überein. Menschen lassen ihre Fähigkeiten verkümmern, wenn sie ständig vor den Konsequenzen ihrer Handlungen beschützt und auch dort unterstützt werden, wo sie (zwar vielleicht mit Schwierigkeiten, aber eben doch) auch ohne Unterstützung klar kämen. Sie erleben nie ihre eigene Stärke und das Gefühl, etwas zu schaffen und mit etwas erfolgreich zu sein.

Kein Mensch würde annehmen, dass Muskeln durch Schonung wachsen, dass Bodybuilder ihre auffälligen Muskeln durch konsequentes im Bett liegen erzielen. Jedem von uns ist klar, dass Muskeln durch Beanspruchung gefordert werden müssen um zu wachsen.

Eine Marathonvorbereitung besteht nicht darin, möglichst wenig zu gehen und zu laufen, um die Beine so lange zu schonen, bis sie ausgeruht genug sind, 42 Kilometer zu bewältigen. Im Gegenteil, nur die permanente und Monate lange Vorbereitung, das fast tägliche Laufen langer Strecken, versetzt den Läufer in die Lage, diese Herausforderung zu meistern.

Warum sollte es in anderen Bereichen des Lebens anders sein? Warum sollte jemand durch Schonung seine Fähigkeiten entwickeln?

Mitarbeiter, die jedes Problem bei ihrem Chef abgeben können, werden nie ihre Fähigkeit entdecken, mit ihren Aufgaben selbst fertig zu werden. Im Gegenteil, die Möglichkeit, sich vor Herausforderungen zu drücken, korrumpiert langsam aber sicher. Man lernt, dass man in so einer Umwelt besser dran ist, wenn man als halbwegs inkompetent gilt. Dann bekommt man nie ein schwieriges Projekt. Die zeitknappen, budgetär schlecht ausgestatteten Aufgaben werden immer der kleinen Gruppe der hoch motivierten, loyalen und kompetenten Mitarbeiter, den sogenannten Kümmerern, aufs Auge gedrückt.

Kinder, die nie ihre Teller selbst abräumen müssen, werden natürlich auch andere Tätigkeiten ablehnen. Und sie werden ihren Eltern auch selten Geschenke machen, ihren Eltern nur selten oder nie Blumen kaufen, kurz und gut, sie werden den Eindruck haben, dass es ihr Geburtsrecht ist, von Erwachsenen bedient zu werden. Und wenn sie dann doch einmal Hand anlegen, dann wird das von den Eltern als "Hilfe" bezeichnet. Damit wird erneut dokumentiert, dass die ganze Arbeit eigentlich Aufgabe der Erwachsenen wäre, so als ob das Hinaustragen des Mülls oder das Einräumen des Geschirrspülers unter Jugendverbot stünde.

Sehen Sie es einmal so: Wenn Kinder im Haushalt mit anpacken, dann helfen sie ihren Eltern damit nicht, sondern sie übernehmen damit ihren Teil der gemeinsamen Aufgabe. Wenn Kinder fragen ... *warum ich?* ... dann übersehen sie damit die schlichte Tatsache, dass irgend jemand diese bestimmte Aufgabe erledigen muss! Jeder, auch die Eltern können diese Frage stellen ... *warum ich?* .... Viele Familien sind aber so organisiert, dass Eltern diese Frage nicht zusteht oder - anders gesagt - dass es eine stillschweigende Vereinbarung gibt, dass das Hotel "Familie" von den Pächtern "Eltern" korrekt zu führen ist, wenn sie nicht Probleme mit den Gästen "Kinder" bekommen wollen.

Das Vergnügen, ein Teil einer funktionierenden Gemeinschaft zu sein, einen eigenen individuellen Beitrag zu leisten, stolz auf das gemeinsame Ergebnis zu sein, wird diesen Kindern vorenthalten. Diese Kinder und Jugendlichen sagen selten "danke" zu ihren Eltern, sie wirken selten ausgeglichen und zufrieden. An den schönsten Orten der Welt kann man sie in den Ferien gelangweilt an den Theken lehnen sehen und die mangelnde Bedienung bemängeln. Ihr Bewusstsein ihrer eigenen individuellen Kraft ist kaum ausgeprägt, ihre Fähigkeit, sich zu freuen und zu begeistern, ihr Wissen um ihre Chance, jeden ihrer Tage zu einem fantastischen Fest zu gestalten, fehlt beinahe völlig.

Es ist wichtig, zu erkennen, dass diese Haltung nicht den Kindern und Jugendlichen angelastet werden kann. Sie lernen das von Kindheit an. Viele Eltern leben für statt mit ihren Kindern. Sie möchten die besten Eltern sein und - vor allem - sie möchten von ihren Kindern geliebt werden. Es ist schmerzhaft, so viele Eltern zu sehen, die um die Gunst und die Liebe ihrer Kinder buhlen, statt dass sie sich diese Liebe gegenseitig geben und ihre Kinder an ihrem wunderbaren Leben teilhaben lassen.

Überförderte Kinder sind nicht dumm oder rücksichtslos. Sie kennen schlicht und einfach keine andere Art, auf der Welt zu sein. Sie leben in der festen Überzeugung, dass die Welt so sein muss, wie sie sie erleben. Andere Welten sind ihnen in der Regel nicht zugänglich. Eltern erwarten das ganz anders. Sie hoffen, dass ihre Kinder nach etwa zwanzig oder dreißig Jahren folgendes zu denken beginnen ... *meine lieben Eltern, ihr habt mich so lange unterstützt und euch aufgeopfert, dass jetzt die nächsten zwanzig Jahre ich euch fördern werde* .... Aber genau das ist nicht zu erwarten. Woher sollten denn die dann erwachsenen Kinder wissen, dass sie dazu imstande sind? Sie haben ausschließlich gelernt, dass Eltern ihre Kinder pflegen wie Vögel den nesthockenden Nachwuchs. Dass Vögel den Nachwuchs aus dem Nest bugsieren, sobald er imstande ist, selber zu fliegen, das hat sich nicht herum gesprochen. Erst ihren eigenen Kindern gegenüber werden sie dann dieselbe Überförderung betreiben. Wahrscheinlich in einem anderen äußeren Gewand entsprechend der dann geltenden Erziehungs-Mode, letztlich aber nach demselben mentalen Konzept, das da lautet: ... *ich als Erwachsener kann und muss, du als Kind kannst nicht und brauchst auch nicht....*

Es bleibt den Geförderten, egal ob Kinder, Partner, Jugendliche oder Mitarbeiter in einem Unternehmen, kein anderes Erfolgserlebnis außer diesem: jemanden zu finden, den man einteilen kann!

Offensichtlich verlieren beide Seiten, wenn die Dimension der Förderung so übergewichtig ausgeprägt ist.

Zusammenfassung:

Wenn die Haltung des Förderns übergewichtig ausgeprägt ist, dann verlieren beide Seiten:

➔ Die Förderer verlieren freie Lebenszeit, die sie für die eigene Entwicklung nützen könnten und sie verlieren Lebensfreude und Begeisterung, weil sie ausbrennen.

➔ Die Geförderten verlieren ihr Selbstvertrauen und das Bewusstsein ihrer Kraft, aus Eigenem mit Problemen fertig zu werden.

Die Folgen von Überforderung

Fordern überwiegt im dunklen Bereich der Matrix. Das Fordern kann ganz entschieden überwiegen (zum Beispiel bei der Person C in der Matrix; Fordern 9 und Fördern 1) oder nur ganz wenig (Person D; Fordern 6 und Fördern 5).

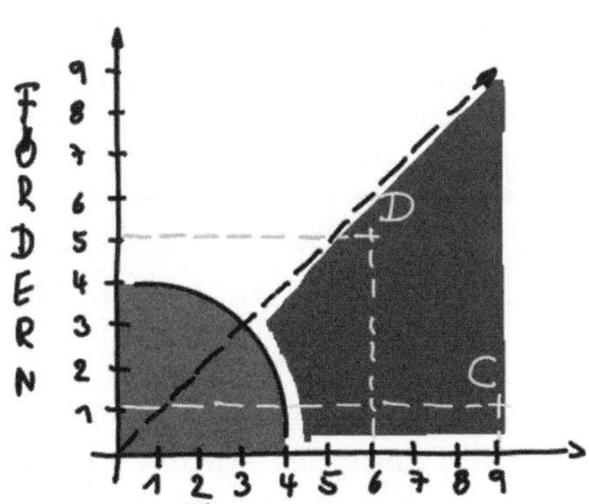

Ein Forderer wie Person "C" stellt sich und die Angelegenheiten, die er oder sie für wichtig hält, in den Mittelpunkt seiner oder ihrer Überlegungen. Rücksichtnahme auf die Interessen Anderer ist ihm fremd. Die eigenen Ziele bedeuten alles. Sie sind wichtig und müssen um jeden Preis, vor allem, wenn ihn Andere zu zahlen haben, erreicht werden. Ein Forderer lebt nach einem inneren Programm, das lautet: Ich würde sofort und jederzeit alle lieben, wenn sie so gut und so wichtig wären wie ich selbst es bin.

Öfter als man glaubt führt dieses Leben zu einer noch radikaleren inneren Vorschrift: Rücksichtnahme ist falsche Weichheit! Es ist schwach, ungehörig, sündig, auf Wünsche, Probleme oder gar auf die Schwächen Anderer Rücksicht zu nehmen.

Ein Forderer begegnet seiner/ihrer Umwelt mit einem schier unerschöpflichen Katalog an Anforderungen und - wenn diesen nicht genau entsprochen wird - den dazupassenden Vorwürfen. Er ist der Meinung, dass die Welt ein guter Platz wäre, wenn alles so liefe, wie er es sich wünscht. Forderer leiden unter dem Kellermeister-Syndrom: Sie fühlen sich von Flaschen umgeben.

Die Ziele und Wünsche Anderer bedeuten nichts im Vergleich zur Wichtigkeit der eigenen Ansprüche. Ein Mensch mit dieser Haltung braucht ständig jemanden, der etwas für ihn oder sie erledigt und wird Unmengen an Energie verlangen und - das ist das wesentliche Kennzeichen - viel weniger oder sogar nichts zurückgeben.

Ein Forderer stellt immer sich und die Sache, um die es geht, in den Mittelpunkt seiner Aufmerksamkeit. Begründungen zählen nichts, lediglich Ergebnisse. Das bedeutet, auch wenn jemand wirklich und nachvollziehbar erklären kann, warum er etwas verbockt hat, dann interessiert das einen Forderer nicht. Er ist der Meinung, *... wir betreiben hier kein Mädchenpensionat ...* und wird den Gesprächspartner nie unterstützen oder gar beschützen.

Nehmen wir erneut das obige Beispiel: Ein Mitarbeiter kommt seit einiger Zeit regelmäßig zu spät. Zur Rede gestellt erklärt er, dass sein Partner krank ist und er daher die Kinder in die Schule bringen muss. Wie Sie sich wahrscheinlich erinnern, ist es für einen Förderer als Chef damit erledigt. Er hat einen Grund gefunden, er hat dafür Verständnis und damit ist die Sache zu Ende. Ein Forderer reagiert ganz anders. Für ihn ist der Grund uninteressant. Es gibt klare Regeln und daran hat man sich zu halten. *... wo käme man denn hin, wenn jeder seine Wehwehchen pflegen könnte?....* Also werden Konsequenzen gesetzt und weitere in Aussicht gestellt, wenn nicht umgehend wieder Pünktlichkeit einkehrt.

Seine Weltsicht führt beim Forderer schnell zu dem Gefühl, der einzige gute Mensch zu sein, der den Überblick hat und der seine Pflicht erledigt. Konflikten weicht er nie aus ... *Angriff ist die beste Verteidigung* .... Wenn jemand Anderer etwas besprechen möchte, Sorgen oder ein Anliegen hat, dann kann er das gar nicht verstehen ... *du hast ein Problem? Das gibt es doch gar nicht, dir geht es doch gut. Du müsstest einmal mein Leben kennen* ... und schon schwappt ein Schwall an "wirklichen" Sorgen, denjenigen des Forderers natürlich, über den fassungslosen Gesprächspartner. Dieser zieht danach mit dem sicheren Gefühl von dannen, keine Hilfe bekommen zu haben und nicht selten sogar mit einigen Aufträgen, wie er den Forderer unterstützen könnte.

Ein Forderer gibt selten oder nie Energie zurück. Wozu auch? ... *ihr habt ja mich* ... Außerdem ist er der Meinung, dass er ohnedies alles nur für die Anderen tut ... *ich strample mich hier ab und was ist der Dank?* ....

Die positivste Seite des Forderers ist seine Konsequenz bei der Umsetzung von vereinbarten Zielen. Ich habe schon dargestellt, das der Förderer jede halbwegs gute Ausrede und jede Entschuldigung gelten lässt und dass der Forderer nach Lösungen sucht, unabhängig von Begründungen. Der Forderer fühlt sich verpflichtet, Dinge gut zu machen. Er strapaziert sein Team und oft auch sich selbst bis an die Grenze des Machbaren, wenn dadurch eine herausragende Leistung möglich wird. Begründungen, warum etwas angeblich nicht geht, sind für ihn Ansatzpunkte für Maßnahmen. … *wir haben das deshalb nicht geschafft* …. Für den Förderer ist dieser Satz ausreichend. Für den Forderer ist er Ausgangspunkt für die nächsten Schritte: … *was also müssen wir tun, damit uns dieses Problem nicht aufhält*?...

Auch die Konsequenzen dieser Haltung sehen für beide Parteien nicht gut aus.

Der Forderer versagt in Beziehungen und dadurch früher oder später auch beruflich. Er oder sie hat keine wirklichen Freunde, nur Zweckbeziehungen, die ihm nützlich sind. Erstaunlicherweise fühlt auch der Forderer sich irgendwann einmal ausgenützt und missbraucht. Denn er oder sie ist ja der Meinung, permanent die Fehler der Anderen auszugleichen. … *wenn alle so wären wie ich, wäre es das Paradies hier, aber so habe ich nichts als Ärger* …

Zu seinem fassungslosen Erstaunen sehen seine Kinder, Partner und Kollegen das ganz anders. Sie erleben ihn als arrogant, unzugänglich, aufbrausend, jähzornig, launisch und in der Sache und in seinen Gefühlen unverlässlich. Sie fühlen sich ausgebeutet und nicht im Mindesten unterstützt. Wenn ein Forderer seiner Familie Wohlstand beschert, dann sehen die solcherart Beschenkten das lediglich als unzureichenden Ausgleich für die fehlende emotionelle Wärme und Sicherheit. Sie sind nicht dankbar, denn sie sind der Meinung, dass Geld das Mindeste ist, was sie zu erwarten haben von einem so genialen und wichtigen Mitglied ihrer Gemeinschaft, vor allem dann, wenn das alles ist, was sie erwarten können. Dankbarkeit scheint ihnen völlig unangebracht für jemanden, der sich von jeder menschlichen Verpflichtung und Nähe immer nur freikauft. Keine Summe der Welt scheint einem Partner und Kindern dafür ausreichend.

Ein Forderer sagt gern und oft, was er gerne hätte. Aber er oder sie ist so anmaßend in seinen oder ihren Ansprüchen und so unfähig, selbst etwas zurückzugeben oder vielleicht sogar den Anfang zu machen, dass eine Erfüllung seiner Wünsche unmöglich wird. Das, was man einem Forderer gerne freiwillig geben würde, das verlangt er so lautstark und gebieterisch, dass man es still und heimlich wieder zurücknimmt. Die wichtigsten Dinge im Leben, Zuneigung, Liebe, Loyalität, Freundschaft, all das kann man nicht befehlen. Man kann es sich nicht einmal verdienen. Man kann es nur geschenkt bekommen.

Dadurch fängt sich der Forderer ebenso wie der Förderer in seiner eigenen Falle. Wo der Förderer nicht einmal die leiseste Formulierung seiner Bedürfnisse für richtig hält, weil er ja alles freiwillig und aus Eigenem und ohne Forderung bekommen möchte, da verlangt der Forderer so gebieterisch, dass er gerade das Beste, eben das freiwillige Geschenk, unmöglich macht.

Wo der Förderer sagt ... *wenn du mich wirklich gern hast, dann weißt du, was ich gerne hätte ...*, da schreit der Forderer ... *wie oft habe ich dir schon gesagt, was du tun sollst ...* und ist ebenso im Irrtum wie ersterer. Kein Kachelofen brennt ohne dass man ihm ZUVOR Holz einschlichtet. Nur aus der Bereitschaft zu geben erwächst die Fähigkeit, zu nehmen.

Es ist faszinierend, dass die oft so aggressiven Forderer - obwohl sie von außen völlig anders aussehen als die hoch sozial wirkenden Förderer - ebenfalls an den Röntgenblick glauben. Allerdings sagen sie nicht so wie die Förderer ... *wenn* ***du*** *mich gern hast, dann musst du in mein Herz sehen* ... sondern sie denken ... *wenn* ***ich*** *dich gern habe, dann musst du in mein Herz sehen* ...! Aber auch diese Formulierung ist ein Irrtum. Man kann jemanden schätzen und wirklich gern haben und trotzdem kann dieser Mensch davon keine Ahnung haben, wenn man es nie zeigt und nie ausspricht.

Viele Menschen glauben, man müsse ihnen ihre Liebe und Zuneigung ansehen. Das erwarten sie vor allem von ihren Partnern. Ohne je darüber zu sprechen, ohne Blumen zu kaufen, ohne Liebesbriefe zu schreiben, erwarten sie, dass ihre Partner und Kinder wissen, dass sie alles für sie tun und sich stressen und aufopfern.

Nehmen wir ein Beispiel gegenüber Kindern. Wenn ein Vater oder eine Mutter ihrem Kind immer nur sagt ... *du musst lernen, damit aus dir einmal etwas wird ... Warum nützt du die Chancen nicht, die wir dir bieten? ... Mach was aus deinem Leben* ... dann kann das Kind daraus beim besten Willen nicht ableiten, dass es geliebt wird. Es kann daraus nur ableiten, dass es lernen soll und dass es undankbar ist, wenn es die Chancen nicht nützt und dass seine Eltern unzufrieden mit seinen Leistungen sind.

Über die Kontinente und über die Jahrhunderte ziehen sich die Generationen von Eltern, die ihre Kinder nur dann loben, wenn diese nicht dabei sind und sie ständig kritisieren und mehr von ihnen verlangen, wenn sie direkt mit ihnen sprechen.

Wenn Mitarbeiter nur hören … *alles muss ich selbst machen … wenn ich mich nicht selbst darum kümmere, dann bleibt es liegen … wie oft habe ich euch schon gesagt, dass ihr das anders machen sollt …*, dann werden die Mitarbeiter diese Vorwürfe in sich selbst verwirklichende Prophezeiungen verwandeln. Sie werden sich zu genau den Menschen entwickeln, als die sie immer beschrieben werden. Und der Forderer wird dann zufrieden mit seiner Menschenkenntnis sagen … *genau das habe ich von euch erwartet* ….

In den Büros sitzen Heerscharen von Managern, die mit dem Glauben aufgewachsen sind, Mitarbeiter arbeiten nicht gerne und daher nur unter Zwang, sie müssten kontrolliert werden und bestraft, wenn man halbwegs akzeptable Leistungen bekommen möchte. Es ist logisch, dass vor einem solchen Chef Probleme vertuscht werden, bis sie nicht mehr geheim gehalten werden können und dann aber leider fast unlösbar geworden sind.

Es ist logisch, dass einem solchen Chef keine Woge an Zuneigung und Loyalität entgegenschlägt, wenn er das Büro betritt. Genauso logisch ist auch, das er oder sie das spüren wird und dass das seine innere Haltung und Meinung über seine Mitmenschen bestätigen wird. Mehr vom Gleichen ist die übliche Folge und dieser Teufelskreis dreht sich schneller und schneller.

Kurz und gut, auf der Seite der Forderer sieht die Sache nicht gerade erstrebenswert aus.

Und die Geforderten? Sind wenigstens sie glücklich? Sie sind es nicht, was aus den vorangegangenen Schilderungen ausreichend deutlich geworden sein dürfte. Sie lernen zwar, sich selbst zu behaupten und ohne Hilfe auszukommen. Sie lernen aber auch, dass man keine wirkliche Hilfe bekommt, sogar dann nicht, wenn man sie dringend braucht. Sie lernen außerdem, dass Wärme und Nähe nur etwas für verweichlichte Naturen sind. Nett sein, Zeit für Gespräche haben, Zuhören, alles das scheint unnötiger Zierrat, verzichtbares Beiwerk und nur etwas für schwache Menschen.

Offensichtlich verlieren beide Seiten, wenn die Dimension des Forderns so übergewichtig ausgeprägt ist.

Zusammenfassung:

Wenn die Haltung des Forderns übergewichtig ausgeprägt ist, dann verlieren beide Seiten:

→ Die Forderer verlieren ihre Verankerung in einer stabilen sozialen Umwelt. Sie verlieren dadurch früher oder später ihre Lebensfreude und Begeisterung, weil sie ausbrennen.

→ Die Geforderten verlieren die für jedes Lebensglück zutiefst wichtige Fähigkeit, sich geliebt zu fühlen, sicher und beschützt zu sein. Und sie verlieren ihr Selbstvertrauen und den Willen, aus Eigenem mit Problemen fertig zu werden.

Fordern und Fördern - die Ideallinie

Aus der Schilderung der beiden unausgeglichenen Versionen wird deutlich, welche Bedeutung der Kombination beider Dimensionen zukommt. Jede Betonung nur einer Dimension führt offensichtlich zu einem nicht optimalen Ergebnis der Beziehungen dieses Menschen. Nur zu fördern ist immer Überförderung. Nur zu fordern ist immer Überforderung.

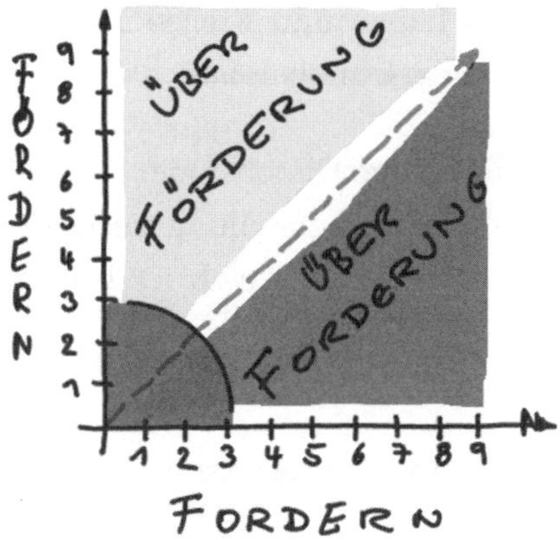

Es ist wichtig, zu erkennen, dass eine einseitige Entwicklung der eigenen Verhaltensweisen in Richtung einer der beiden Dimensionen allen Beteiligten schadet. Niemand, weder der Förderer noch der Forderer und auch nicht die von diesem Verhalten Betroffenen entwickeln sich optimal.

Jede Dimension ist für sich allein eine Verlustsituation für alle Beteiligten. Für den Förderer ist das in bezug auf die von ihm Betreuten schwer zu akzeptieren. Über-fördernde Eltern können sich nicht vorstellen, warum und wie es ihren Kindern schaden soll, wenn sie sich aufopfern. Wie kann es den Klienten eines Sozialarbeiters schaden, wenn er Tag und Nacht für sie da ist, ihre Aktionen auch dann deckt, wenn sie ihn in Schwierigkeiten bringen und er immer wieder seine eigene Familie und sein eigenes Leben hintanstellt?

Für den Forderer ist es hart zu erkennen, dass er an seinem eigenen Lebensglück vorbeizielt, wenn er oder sie nicht auch für Andere da ist, ihre Sorgen und Nöte versteht und Rücksicht nimmt. Was kann es ihm bringen, sich den aus seiner Sicht lebensfremden Unsinn Jugendlicher anzuhören? Welchen Nutzen kann er oder sie daraus ziehen, für die Fehler von Mitarbeitern Verständnis zu haben und Rücksicht auch dort zu nehmen, wo sie nicht vorgeschrieben ist?

Sehen wir uns die beiden Dimensionen im Detail an. Ich habe im Folgenden eine Gegenüberstellung verfasst, die die unterschiedlichen Denkmuster zum Ausdruck bringt.

Fördern heißt ...	**Die Ideallinie heißt ...**	**Fordern heißt ...**
... für den Anderen etwas tun	...für mich und den Anderen etwas tun	...für mich etwas tun
... auf die Interessen des Anderen Rücksicht nehmen	...auf die eigenen und die fremden Interessen ausgewogen Rücksicht zu nehmen	...auf meine eigenen Interessen Rücksicht nehmen
... der Andere bekommt etwas von mir	...beide Partner geben und beide bekommen etwas	...ich bekomme etwas vom anderen
... ich bin stark und belastbar	...wir beide sind vielleicht nicht gleich belastbar, aber jeder von uns kann und muss zur Lösung etwas beitragen	...der Andere hält viel mehr aus als er bereit ist zu leisten

Die Ideallinie, die ausgewogene Kombination beider Denkmuster, bevorzugt keine der beiden Gesprächsparteien, weder sich selbst noch den Anderen. Nur wenn beide gewinnen, ist es eine dauerhafte Lösung, die für beide Parteien Zufriedenheit stiftet.

Zwangsläufig resultieren daraus andere Verhaltensweisen. Diese mögen in der folgenden Zusammenstellung kompliziert erscheinen. Aber in Wahrheit geht es um eine einfache Einsicht: Jeder Mensch möchte aus seinem Leben etwas machen, möchte anerkannt sein und imstande sein, sein Leben selbst zu gestalten. Nichts demotiviert mehr als von Menschen umgeben zu sein, die spielend mit den Problemen umgehen, die einen selbst quälen. Nichts setzt dem eigenen Selbstvertrauen mehr zu als der Eindruck, unfähiger zu sein als Andere, weniger stark, weniger belastbar, weniger mutig, weniger intelligent, weniger vertrauenswürdig, weniger zurechnungsfähig. Und nichts demotiviert mehr als von Menschen umgeben zu sein, denen man nichts Recht machen kann, die alles besser wissen, die keinen Beitrag schätzen, die alles schon vorher gewusst haben und in Summe eben besser, stärker und vom Leben geliebter scheinen.

Ohne Zweifel gibt es in unserer Kultur Menschen, die manchmal nicht imstande scheinen, mit den Sorgen ihres Lebens zurecht zu kommen. Das ist in manchen Phasen des Lebens für jeden von uns möglich. Die Kraft, für sich und die Seinen zu sorgen, scheint manchmal wie weggezaubert. Eben noch war man imstande, sein Leben zu gestalten und auf einmal, durch den Verlust des Arbeitsplatzes oder ein ernstes gesundheitliches Problem, durch den Verlust des Partners oder einen anderen Schicksalsschlag scheint alles anders zu sein. Dann Hilfe zu bekommen kann eine der wichtigsten Erfahrungen des Lebens sein. Denn diese Hilfe vermittelt eine eindeutige Botschaft: Du bist nicht allein. Du kannst auf uns zählen.

Aber diese Erfahrung muss immer mit dem Wissen gekoppelt sein, dass die eigene Kraft noch immer da ist und auch wieder nutzbar sein wird. Gerade wenn sich jemand schwach und entbehrlich fühlt, nutzlos und ein Anhängsel der Familie oder der Gesellschaft, gerade dann ist es wichtig, Anforderungen zu stellen, ihm oder ihr zu zeigen, dass er oder sie sehr wohl imstande ist, etwas beizutragen.

Wenn diese Erfahrung zu lange ausbleibt, dann korrumpiert die erwiesene Hilfe das seelische Wachstum. Das Potential ist zwar da, aber seine Nutzung erscheint unnötig, ja sogar kontraproduktiv. Der geförderte Mensch wird dann genauso wie der zu lange geforderte Mensch unwillig, seine wirklichen Kräfte zu verwirklichen. Wie einem Käfiglöwen erscheint dann die tägliche Fütterung eine erstrebenswerte Alternative zur Freiheit der eigenen Kraft.

Die Ideallinie aus Fördern und Fordern vermeidet diese Entwicklung. Sie zeigt dem Gesprächspartner, dass man ihn oder sie für gleichwertig hält. Aus der folgenden Tabelle ist das ersichtlich.

Wenn Sie fördern, dann ...	**Wenn Sie die Ideallinie verfolgen, dann ...**	**Wenn Sie fordern, dann ...**
...verlangen Sie etwas von sich selbst	...verlangen Sie von sich und vom Anderen etwas	...verlangen Sie etwas vom Anderen
...hören Sie dem Anderen zu	...hören Sie auf die Stimme des Anderen und auf ihre eigene innere Stimme	...hören sie sich selbst zu
...schätzen Sie den Anderen	...schätzen Sie sich selbst und den Anderen	...schätzen Sie sich selbst
...haben sie Verständnis für den Anderen	...haben Sie für den Anderen und für sich selbst Verständnis	...haben Sie Verständnis für Ihre eigene Position
...sind sie eher konfliktscheu und halten sich heraus	...suchen Sie eine Lösung, mit der der Andere und auch Sie selbst zufrieden sein können	...sind Sie nicht konfliktscheu und sagen ihre persönliche Meinung
...geben Sie Mut	... zeigen Sie dem Anderen durch Ihren eigenen Mut, dass es gut ist, Mut zu haben	...haben Sie Mut
...trauen Sie sich selbst etwas zu	...halten Sie weder sich noch den Anderen für über- oder unterlegen	...trauen Sie dem Anderen etwas zu

Selbstverständlich werden die Beiträge der Partner zur Lösung nicht immer objektiv gleich sein können. Was gleich sein kann, ist der relative Beitrag. Wenn zum Beispiel ein Kind einen Beitrag zu einem neuen Fahrrad leisten soll, dann wird das Kind nicht denselben Betrag zahlen können wie die Eltern. Aber es wird einen auf sein Taschengeld abgestimmten Teil des Kaufpreises übernehmen. Und es wird während des gesamten Auswahlprozesses eine andere Haltung zu diesem Kauf einnehmen, als wenn es nur das Geld aus dem Bankomat der Eltern ist.

Wie häufig ist die Klage vieler Eltern, dass Kinder keine Beziehung zu Geld hätten, dass sie nicht verstünden, dass ihre Eltern hart für jeden Euro zu arbeiten haben. Aber woher sollen diese Beziehung und dieses Verständnis denn kommen? Erst wenn man selbst einen Beitrag leisten muss und diesen in Beziehung zu den eigenen Möglichkeiten stellen kann, hat man eine Chance auf eine Einordnung und eine Bewertung eines Betrages.

Lassen Sie mich dieses Beispiel etwas näher erläutern. Kinder kosten eine Menge Geld. Das ist für keinen Vater und keine Mutter eine Neuigkeit. Darum wird häufig beim Taschengeld gespart. *... du kostest ohnedies schon so viel Geld ...*. Experimentieren Sie einmal mit der folgenden Variante. Geben Sie mehr Taschengeld und verlangen Sie dafür, dass Ihre Kinder sich an verschiedenen Ausgaben beteiligen, zum Beispiel an der Anschaffung eines neuen Fahrrades oder am Urlaub. Die Beiträge werden die elterliche Kasse nicht entlasten, aber sie geben den Kindern die Chance, mitzudenken und ein Gefühl für Ausgaben und Investitionen zu entwickeln. Sie werden erstaunt sein, wie sich manche Einstellungen und dadurch auch manche Forderungen verändern.

Der Weg zur ausgewogenen Umsetzung von Fordern und Fördern

Die Ideallinie, auf der beide Dimensionen gleichmäßig gelebt werden, ist - wenn sie einmal verstanden wird - keine besonders schwierige Herausforderung. Im Gegenteil, wie jede erfolgreiche Strategie ist sie angenehm und generiert aus ihren Erfolgen weit mehr Energie als sie verbraucht.

Lediglich der Übergang ist - wie der Erwerb jeder neuen Fähigkeit - manchmal überraschend anstrengend. Er zeigt in der Regel bestimmte Muster, die zu kennen den Übergang erleichtern kann und die aus der Matrix gut abzulesen sind.

Die Korrekturwirkung der beiden Dimensionen

Nach langer Zeit des isolierten Förderns oder des isolierten Forderns kommt bei beiden das innere Ausbrennen. Dann beginnen beide zu erkennen, dass es so wie bisher nicht weiter geht.

Der erste Versuch, dieser Lage zu entkommen, ist regelmäßig ein Zurückschalten auf der bisherigen Lieblingsdimension. Das Zurückschalten führt aber nicht zur Ideallösung. Weniger Fördern allein, also ohne Fordern, bleibt immer noch Überförderung, allerdings mit weniger Energieeinsatz. Wenn die Aktivitäten immer weiter eingeschränkt werden, dann kommt man früher oder später in den Bereich der kommunikativen Niedrigenergie, die wir als den Bereich des Haubentauchers bezeichnen.

Das bedeutet also, dass Sie von einer Haltung des Überförderns oder Überforderns nicht dadurch wegkommen, dass sie weniger fördern oder fordern, obwohl das normalerweise der erste Lösungsversuch von Menschen ist, die erkennen, dass sie etwas ändern müssen. In die Matrix sind diese erfolglosen Versuche eingezeichnet.

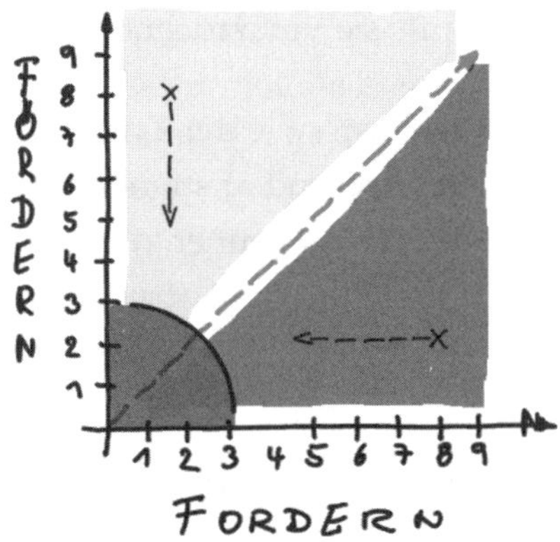

Die Grafik zeigt die erfolglosen Korrekturstrategien

Ein Beispiel dazu: Sie räumen seit Jahren die Küche hinter Ihren Kindern auf. Sie ordnen die Kleidung, die Ihr Partner achtlos in der Wohnung verstreut. Sie kümmern sich um den Kühlschrank, Sie organisieren die Wochenenden und den Urlaub. Wenn etwas davon nicht perfekt klappt, ernten Sie fassungslosen Tadel, wenn es funktioniert, dann hören Sie nichts, exakt nach dem beliebten Motto … *nicht geschimpft ist genug gelobt* …. Viele Jahre lang werden Sie das nicht oder kaum bemerkt haben. Dann bemerkten Sie es zwar, hofften aber auf eine automatische Besserung. Und dann irgendwann einmal reicht es Ihnen und Ihre erste Reaktion darauf ist ein Zurückschalten auf der Förderdimension … *ich mach euch den Kühlschrank nicht mehr voll … mir reicht es* …. Wie lange halten sie das durch? Ihre Umgebung denkt gar nicht daran, selbst aktiv zu werden. Die Kinder essen bei McDonalds, Ihr Partner bei seiner bzw ihrer Mutter. Niemand spricht mit Ihnen, weil Sie - obwohl Sie angeblich ein Leben führen wie ein junger Hund - Ihre Sklavendienste verweigern. Man setzt auf emotionelles Aushungern. Und der einzige, der nicht nur emotionalen sondern dazu auch noch wirklichen Hunger hat, sind Sie. Also werden Sie nach einer kurzen Zeit die weiße Fahne hissen, um Vergebung für Ihre Sünden bitten und zur Versöhnung eine Extrawoche an Bravsein einlegen. Das Endergebnis lautet also: Außer Spesen nichts gewesen.

Dasselbe gilt für den Überforderer. Nehmen wir an, ein überfordernder Chef will sein Verhalten ändern, weil er erkennt, dass er sonst ausbrennt, weil er letztlich alles im Detail befehlen und überwachen muss, wenn er will, dass es genau so geschieht als würde er es selber machen.

Dann ist der erste Schritt meist der, einige Anweisungen wegzulassen. Die innere Haltung ist dann meist diese: *... na da bin ich ja schon neugierig, was da jetzt herauskommt, wenn man die Herrschaften einmal tun lässt, was und wie sie möchten ....* Keine Erläuterungen, keine Hilfestellung, keine Ermutigung, nur ein schlichtes *... na dann macht mal ....* Natürlich klappt es nicht, denn niemand ist gewohnt selber zu entscheiden, es gibt keine geeigneten schriftlichen Informationen, denn wie sagt der Chef doch *... brauch ich nicht, hab ich alles im Kopf (im Gegensatz zu euch!) ....* Also wird die Rückkehr aus dem Urlaub für den Forderer zu einem Triumphzug seiner Einstellung: *... hab ich doch gewusst, dass es so kommen wird ....* Und schon brennt er weiter aus, sogar um eine Spur schneller, weil jetzt muss er ja auch noch die Fehler korrigieren, die während seiner Abwesenheit gemacht wurden. Das Ergebnis kommt uns bekannt vor: Außer Spesen nichts gewesen.

Der erfolgreiche Weg, weg von den beiden Fehlentwicklungen Überförderung und Überforderung ist daher nie ein Zurückschalten, sondern er geht über die Intensivierung der jeweils anderen Dimension, wie er in die unten stehende Matrix eingezeichnet ist. Sie bleiben also in der bei Ihnen stärker ausgeprägten Dimension dort wo Sie sind und fügen Aktionen aus der anderen Dimension hinzu. Welche Maßnahmen das sein können, werden Sie später detailliert nachlesen können. Hier geht es vorerst einmal um ein grundlegendes Verständnis dafür, dass nur durch diese Strategien eine dauerhafte Verbesserung Ihrer Lebensumstände möglich ist.

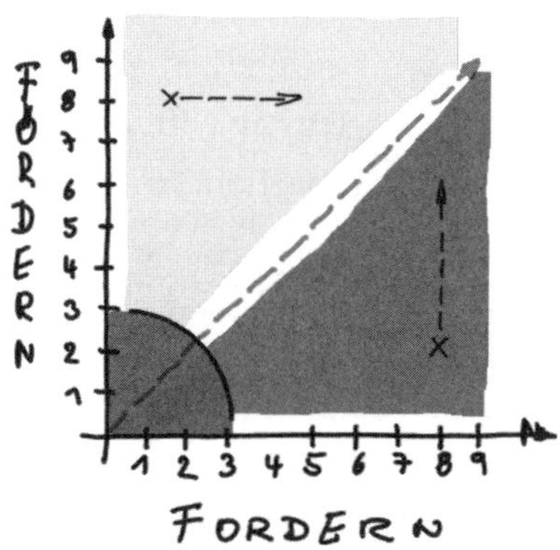

Die Grafik zeigt die erfolgreichen Korrekturstrategien

Nehmen wir das obige Beispiel mit dem Kühlschrank. Statt die offene Revolte auszurufen und Ihrer Familie scheinbar die Zuneigung zu entziehen machen Sie einen Einkaufszettel und wählen sie jemanden aus, der die Sachen besorgen soll. Vermutlich wird er oder sie nicht im Traum daran denken, das tatsächlich zu erledigen und es wird nichts da sein - außer dem Diätjoghurt, das außer Ihnen niemand mag. Und - ach ja, jetzt fällt es ihnen wieder ein - *… ein bisschen was war noch im Kühl-*

schrank, aber das habe ich schon aufgegessen .... Klingt ein bisschen nach "Belegte Brötchen sind gut, aber aus", stimmt´s? Bemitleiden Sie Ihre Familie, seien Sie verständnisvoll, wie man es von Ihnen gewohnt ist. Natürlich ist es hart, wenn man hungrig nach Haus kommt und dann ist nichts da. Aber was sollen Sie machen, der oder die Auserwählte, der den Einkauf erledigen sollte, hat es leider nicht erledigt. Bei dieser Strategie fühlen Sie sich viel wohler als zuvor. Sie können nett bleiben, Ihre Familie weiterhin umsorgen und außerdem sind Sie - als einzige übrigens - nicht hungrig. Dazu ein kleiner Tipp am Rande: Da Ihre Familie zuerst wahrscheinlich nicht akzeptieren wird, dass das Haustier plötzlich seine Leistungen verweigert, sollten Sie für alle Fälle einen kleinen Handvorrat an Ihren Lieblingsleckereien anlegen. Sie überstehen damit die ersten Gewöhnungstage und Gewöhnungswochen Ihrer Lieben bei bester Laune, einwandfreier Gesundheit und werden außerdem einen Mordsspaß dabei haben. Unter Garantie werden Sie weitere Bereiche Ihrer bisherigen Aktivitäten nach Potentialen analysieren, in denen Sie mit derselben Strategie Lebensqualität gewinnen können.

Probieren Sie einmal im Büro folgendes aus. Wenn Sie ein Förderer sind und das nächste Mal von einem Kollegen gebeten werden, etwas für ihn zu erledigen, dann sagen Sie weder ... *ja* ... (das wäre lupenreines Fördern) noch ... *nein* ... (das wäre ein Rückschritt auf der Fördern-Dimension) sondern bitten Sie ihn um ein kurzes email, in dem er ihnen zusammenstellen möge, worum es geht, damit Sie sicher sein können, ihn richtig verstanden zu haben. Die Wetten stehen 100:1, dass Sie nie mehr von der Sache hören werden. Es war nur ein Versuch, einen Dummen zu finden, der für jemanden anderen etwas erledigt, was dieser problemlos auch selber machen könnte. Bisher waren Sie vielleicht ein beliebtes Opfer solcher Attacken, aber nach diesem Test werden Sie begeistert feststellen, dass es gar nicht schwer war. Sie haben Ihre Förderleidenschaft nicht beschnitten, sondern nur eine Prise Fordern dazugemischt und schon verfügen Sie über mehr freie Zeit als je zuvor.

Die Rolle der kommunikativen Energie

Für das Verständnis mancher, beim Übergang hin zur Ideallinie auftretender Probleme ist es nützlich, die Bedeutung der kommunikativen Energie zu verstehen. Grundsätzlich verfügt jeder Mensch über überwältigende Energiepotentiale. Die in den Atomen eines einzigen Menschen gespeicherte Energie könnte eine ganze Stadt eine Zeitlang beheizen. Trotzdem investieren viele Menschen nur wenig Energie in ihre Zukunft und auch in ihre Beziehungen und erscheinen träge, antriebslos und schwach.

Das äußert sich als geringer Wert sowohl auf der Fördern- als auch auf der Fordern-Achse. Generell gesprochen sind die Punkte zwischen null und vier auf beiden Achsen Ausdruck einer geringen freien Energiemenge, was in der Matrix durch den Viertelkreis um den Schnittpunkt der beiden Dimensionen ausgedrückt wird. Innerhalb dieses Kreissegmentes sind sowohl Fördern als auch Fordern so gering ausgeprägt, dass man nicht feststellen kann, was überwiegt.

Das heißt nicht, dass diese Menschen keine Energie hätten. Sie wird aber nicht erkennbar wirksam, denn diese Menschen verbrauchen sie intern in ihren inneren Prozessen und Überlegungen, im Kampf gegen ihre Selbstzweifel, gegen ihre Hemmungen und Ängste und im Nachdenken über die Berechtigung jedes ihrer Wünsche und jeder ihrer inneren Bestrebungen. Für Wirkungen nach außen bleibt dann nur wenig Energie übrig. Menschen, die zu wenig Energie zu haben scheinen, haben daher potentiell dieselbe Energiemenge und verbrauchen auch dieselbe Energie wie ihre aktiveren Mitmenschen, allerdings verschwenden sie diese ergebnislos in und gegen sich selbst.

Die frei disponierbare Energie eines Menschen ist ein erstaunlich konstanter Wert, der sich zwar in Zeiten hoher Motivation nach oben und in Zeiten der Depression nach unten bewegen kann, der aber über längere Zeit erstaunlich stabil bleibt.

In der Matrix entspricht die eingesetzte Energie der Länge des Pfeils vom Ursprung der Grafik, also dem Schnittpunkt zwischen den beiden Dimension, bis zum Punkt, der dem Verhalten des Menschen entspricht. In der folgenden Grafik haben daher alle Pfeile, die bis zu einem bestimmten Kreisbogen gehen, dieselbe Energie.

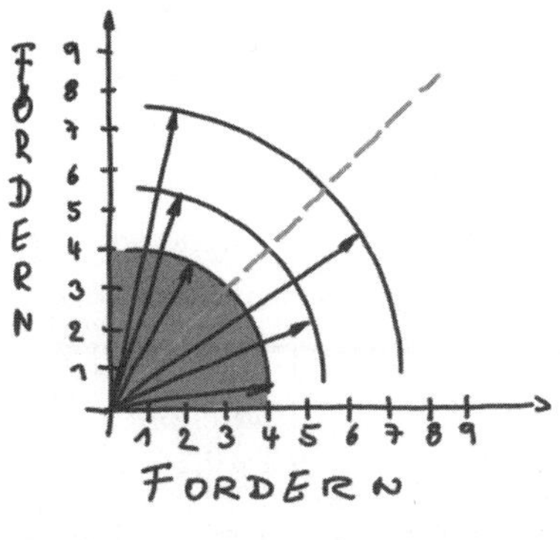

Nehmen wir an, jemand der bisher primär förderte, also zum Beispiel bisher den Punkt X realisierte, möchte in Zukunft auf der Ideallinie agieren, möchte also vom Punkt X zum Punkt X1 gelangen.

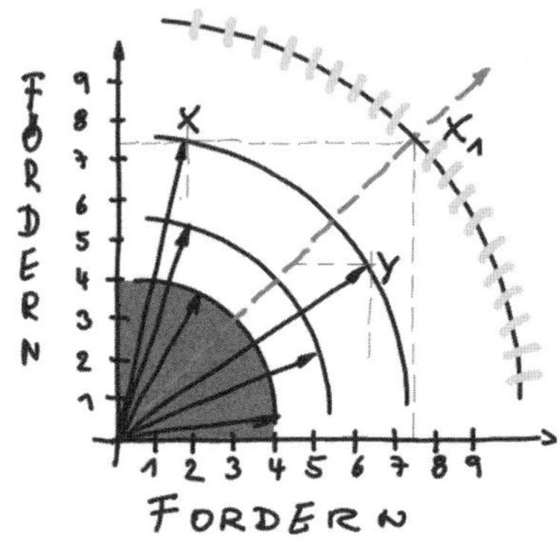

Dann wird ein unerwarteter Effekt eintreten. Denn wenn er oder sie nicht zusätzliche Energie aufbringt, dann wird das zusätzliche Fordern die benötigte Energie aus dem Fördern abziehen. Das Verhalten wird sich in der Matrix nach rechts bewegen, allerdings nicht wie gewünscht geradeaus sondern auf dem Energiebogen. Das Ergebnis wird dann irgendwo in der Nähe des Punktes Y liegen, denn dieser Punkt hat dieselbe Energie wie der Punkt X und liegt weiter rechts auf der Dimension des Forderns.

Bei einem Beispielwert von vorher 7/2 ist - wenn bei gleichem Energieeinsatz ein ausgeglichenes Verhältnis angestrebt wird - nur noch ein Wert von rund 5 auf beiden Dimensionen, also der Wert 5/5, erreichbar. Das eigentlich angestrebte ausgeglichene Verhältnis beider Dimensionen auf der höheren der beiden Ausgangsebenen, das ist hier der Wert 7 auf der Förder-Achse, erfordert einen um rund 36 % (!) längeren Pfeil, also einen um 36% höheren Energieeinsatz.

Selbstverständlich gilt dasselbe Prinzip auch, wenn jemand vom Fordern kommt und mehr fördern möchte. In der Übergangszeit wird es dann zu einer Abnahme des Forderns kommen, damit bei gleicher Energie mehr Förderung möglich ist.

Bei gleichem Energieeinsatz wird also immer, wenn eine Dimension intensiviert werden soll, die andere schwächer ausgeprägt sein. Erst ein höherer Energieeinsatz führt zum gewünschten Ergebnis.

In der Lernphase wird man - wenn man ein ausgeglichenes Verhältnis anstrebt - damit zufrieden sein müssen, dass vorübergehend die gewohnte Dimension etwas schwächer ausfällt, das Idealverhältnis zwischen den beiden Dimensionen also zum Teil durch Zunahme des neuen Verhaltens und zum Teil durch Abnahme des alten Verhaltens zustande kommt.

Die Einordnung in die Fordern-Fördern-Matrix

Die meisten Menschen, die die Fordern-Fördern-Matrix zum ersten Mal sehen, beginnen spontan, sich und ihre nächste persönliche Umgebung einzuordnen. Wo bin ich? Bin ich eher ein Förderer oder ein Forderer? Was ist mein Partner? Was sind meine Kinder? Was ist mein Chef?

Generell ist die exakte Zuordnung am Anfang nicht entscheidend. Wir sprechen hier von Bereichen, nicht von exakten Punkten. Statt einer Checklist empfehlen wir Ihnen daher hier die Selbsteinschätzung und die Diskussion mit Ihren Partnern und Freunden. Für Möglichkeiten einer exakteren Einordnung wenden Sie sich an unsere Homepage, die Sie am Ende des Buches finden.

Wir verwenden am Anfang immer die Selbsteinschätzung. Eine "objektive" Zuordnung würde mehr Widerspruch auslösen. Statt nach Wegen zu einem erfolgreicheren und glücklicheren Leben zu suchen, wird die Energie dann auf intellektuelle Fragen gelenkt: *... warum wird das so bewertet? ... bei mir ist das ganz anders ... meine Frau will gar keine Blumen ... meine Mitarbeiter möchten nicht gestört werden ... dazu habe ich gar keine Zeit, Sie müssten einmal meinen Schreibtisch sehen ...*, eine ziemlich lange Litanei an Begründungen, die zum Teil falsch sein mögen, die zum großen Teil aber durchaus stimmen werden. Nur, diese ganzen Begründungen haben eines gemeinsam: Sie ändern nichts. Sie betonieren den Istzustand als unveränderbar, als es-muss-so-sein-wie-es-ist. Änderungen kommen dadurch nicht zustande. Daher lassen wir alles scheinbar "Objektive" weg und befassen uns lieber mit Ihrem persönlichen Eindruck. Sind Sie zufrieden mit Ihren Beziehungen? Sind Sie zufrieden mit Ihrem Erfolg? Leben Sie leicht und begeistert? Fliegen Ihnen die Herzen der Menschen zu? Werden Sie von Ihrem Partner und Ihren Kindern geliebt? Haben Sie genug Geld um das Leben zu führen, das Sie erträumen? Ich meine damit nicht *... vielleicht ... wahrscheinlich ... mit Abstrichen ... soweit das halt möglich ist ... solange man mit den Wünschen am Boden bleibt ...*, sondern sicher und beweisbar und grenzenlos!

Wenn Sie bei der Beantwortung dieser Fragen nicht völlig sicher sind, dass Sie Ihr gesamtes Potential verwirklichen, dass Sie alles umsetzen, was Sie in dieses Leben an Möglichkeiten und Chancen mitgebracht haben, kann ich Ihnen eine wunderbare Botschaft überbringen: Sie haben nach oben gewaltigen Spielraum. Sie lavieren bei maximal 5 Punkten auf wahrscheinlich nur einer Dimension. Und das bedeutet, dass Sie mit kleinen Änderungen in Ihren täglichen Abläufen wirklich bedeutende Ergebnisse erzielen können.

Schlimm wäre nur eins: Wenn Sie nicht alles erreicht haben, das Sie erträumen und Sie wären trotzdem schon am Plafond dessen, was Sie in Ihrem Verhalten verbessern könnten. Dann wären Sie am Ende der Fahnenstange Ihrer Möglichkeiten, aber noch bei weitem nicht glücklich.

Gott sei Dank ist es nicht so, da können Sie sicher sein. Sie realisieren derzeit wahrscheinlich nicht einmal in Ihren kühnsten Träumen, was in Ihrem Leben tatsächlich möglich ist. Und nicht nur möglich, sondern sogar höchst wahrscheinlich, wenn Sie Ihrer Lebenskraft auch nur eine minimale Chance in der Größe eines Senfkorns geben. Und genau dazu werden die Techniken beitragen, die wir Ihnen in diesem Buch zeigen.

Bei Ihrer Selbsteinschätzung sollten Sie folgende Erfahrungen berücksichtigen, die wir mit der Selbsteinschätzung unterschiedlicher Menschen gewonnen haben:

→ Die Einordnung hängt ganz vom persönlichen Erfahrungsschatz ab. Je nachdem, wie hoch man sich den Wert "9" vorstellt, wird man sich relativ dazu höher oder tiefer einordnen. Unterschiedliche Bewertungen können daher nicht miteinander verglichen werden im Sinne von "besser" oder "schlechter". Wenn sich jemand auf einer der beiden Dimensionen mit "8" bewertet, dann heißt das lediglich, dass er oder sie sich nicht mehr viel mehr vorstellen kann als das, was er oder sie bereits jetzt in dieser Dimension verwirklicht. Eine Bewertung von zum Beispiel "3" heißt dementsprechend, dass sich jemand noch enorm viel mehr vorstellen kann. Wir haben die Erfahrung gemacht, dass die Selbst-Bewertung mit fortschreitendem Verständnis eher nach unten wandert, weil man durch die zunehmende Praxis mehr und mehr erkennt, dass man nur ganz wenig von seinem eigentlichen Potential zum Leben erweckt.

→ Solange man also noch keine Erfahrung bei der Arbeit mit den beiden Dimensionen hat, wird man sich tendenziell in der Dimension, die man für die "bessere" hält, überbewerten. Viele Menschen halten sich für Förderer ihrer Familie und ihrer Arbeitsgruppe, weil sie viel für diese leisten, sich viele Sorgen um sie machen und ganz generell viel an sie denken. Aber kommunikativ sind sie in Wahrheit bestenfalls Haubentaucher. Damit meinen wir, wie Sie später genauer erfahren werden, in der Matrix die Menschen im Viertelkreis um den Mittelpunkt, die wenig kommunikative Energie investieren. Sie denken und überlegen und sorgen sich und wünschen allen ihren Lieben das Beste und wenn jemand ein Problem hat, dann helfen sie und lösen es für ihn. Aber sie zeigen keine aktive Zuneigung, interessieren sich kaum für die Interessen ihrer Mitmenschen, solange diese nicht dieselben sind wie ihre eigenen, loben selten oder gar nicht, weil ihnen Gefühle generell peinlich sind. Sie halten eine rote Rose für ein Zeichen eines bei einem erwachsenen Menschen unangebrachten Gefühlsausbruchs und nur die Idee, sie könnten den Satz *... ich liebe dich ...* aussprechen müssen, führt zu Verkrampfungen in der gesamten bekannten Skelettmuskulatur, lähmt die Atemwege und ist nur durch einen entschiedenen Schritt ins Büro oder in die Werkstatt zu behandeln. Ich bin unendlich oft neben Menschen gesessen, die gerade ihren abwesenden Nachwuchs oder ihre abwesenden Mitarbeiter loben und dann zufällig einen Anruf von diesen entgegennehmen. Plötzlich kommt kein positives Wort mehr von ihren Lippen. ... *aha ... ist recht ... ja gut ... nein lieber nicht ... auf keinen Fall ... warum? ...*, ein endloses Repertoire an sachlichen Antworten und Fragen, aber nie und nimmer ein ... *ich bin stolz auf dich/sie ... fantastisch ... du machst das hervorragend ... besser als ich es gekonnt hätte ... ich freu mich schon wieder auf unser nächstes Gespräch* .... Trotzdem kommt dann bei der Selbsteinschätzung ein Förderer heraus. Das gleiche Phänomen gibt es auch auf der Fordern-Achse. Mütter fühlen sich stolz als Forderer, weil ihre Kinder einmal vor Jahren ein wunderbares Buffet zu einer Party mit Ihren Freunden gemacht haben und eilen dann wegen der verplauderten Minuten mit schlechtem Gewissen in die Küche, um ein paar belegte Brötchen zu machen, die dann von ihren Gästen gegessen werden, wozu der Nachwuchs kurzzeitig den Internet-Chat unterbricht. Brav interpretiert der Familiensklave dann die Bemerkung ... *kann ich noch so ein Brötchen haben* ... als Kompliment und verschwindet am Herd. Dieser Satz ist definitiv kein Kompliment sondern im geschilderten Zusammenhang eine Zumutung. Im Laufe dieses Buches werden Sie - wenn Sie sich in den letzten Zeilen wieder erkannt haben sollten - lernen, was es wirklich bedeutet, auch das eigene Leben und die eigenen Lebenszeit zu achten und Sie werden die Zumutung erkennen, noch bevor die letzte Silbe des Satzes verklungen ist. Friedlich werden Sie Ihrem Nachwuchs eine Chance geben, den Fehler durch die umgehende Herstellung einiger beeindruckender Exemplare belegter Brötchen wieder gut zu machen. Sollte er die Chance nicht nutzen, dann werden Sie das kommunikative Lichtschwert© ziehen und die Erfahrung mit diesem Werkzeug lehrt, dass ein einmaliger Einsatz normalerweise genügt. Doch dazu später.

Mehr Erfahrung mit der Fordern-Fördern-Matrix wird es Ihnen erleichtern, Ihre tatsächliche Intensität in den Dimensionen "Fördern" und "Fordern" realistischer einzuschätzen und diese Erfahrung wird es Ihnen auch ermöglichen, schnelle und effiziente Korrekturmaßnahmen zu setzen. Sie werden dann wahrscheinlich Ihre jetzige Selbsteinschätzung nach unten korrigieren. Nicht weil Sie schlechter sind als gedacht, sondern weil ohne große Mühe und ohne dass Sie Ihre Persönlichkeit ändern müssten so viel mehr möglich ist als Sie jetzt ahnen.

Darüber hinaus erfahren Sie im Kapitel "Techniken zur Stärkung der Dimension Fördern", wie Sie Energie übertragen können, damit Sie mehr Energie zurückbekommen. Sie werden sehen, dass es ganz ähnlich wie bei einer Investition oder Geldeinlage ist. Je mehr Geld Sie veranlagen, desto generöser ist die Bank beim Zinssatz. Genau so bekommen Sie auch umso mehr Energie zurück, je mehr Sie investieren. Doch dazu dann später genauer.

DIE TRÄGERFREQUENZ ALS KOMMUNIKATIVES ABBILD VON BEZIEHUNGEN

Damit Kommunikation stattfinden kann, benötigt man immer einen Sender und einen Empfänger. Aber das bloße Vorhanden-sein eines Senders und eines Empfängers allein genügt noch nicht. Erst wenn eine Beziehung hergestellt ist, eine Abstimmung der Sende- und der Empfangsfrequenz, kommt Kommunikation zustande.

Für einen Radiosender ist das selbstverständlich. Wenn der Empfänger nicht die richtige Frequenz abtastet kommt es zu keinem oder - wenn die Frequenz wenigstens nahe an der richtigen liegt - nur zu einem durch Rauschen verzerrten Empfang.

Für die Kommunikation zwischen Menschen ist das keineswegs Allgemeinwissen. Wenn die Kommunikation nicht funktioniert, dann wird das üblicherweise auf mangelndes Bemühen oder bewusste Verweigerung geschoben. ... *meine Kinder hören mir nie zu* ... oder ... *du verstehst mich nicht* ... Tatsächlich ist das aber genau so dumm wie einem Radio bösen Willen zu unterstellen, wenn es den gewünschten Sender nicht liefert. Die einzige wirksame Methode ist die Senderabstimmung. Genau das gilt auch für menschliche Kommunikation. Die Kommunikationspartner müssen in einer bestimmten Weise parallel schwingen, damit eine Verständigung möglich wird.

Ein weniger technisches Beispiel ist eine Kinderschaukel. Wenn ein Kind auf einer Schaukel sitzt und angeschoben werden möchte, dann muss man den richtigen Moment erwischen, was normalerweise ganz instinktiv passiert. Nur wenn man sich dem Rhythmus der Schaukel anpasst und ihn unterstützt, beschleunigt sich die Schwingung. Wenn man gegen den Rhythmus arbeitet, kommt es zur Blockade der Schaukel, sie gerät aus dem Tritt und das Kind läuft sogar Gefahr, herunter zu fallen.

In Kommunikationssituationen ist es ganz dasselbe. Zuerst muss der Rhythmus der Gesprächspartner aufeinander abgestimmt werden. Wenn die Beziehung zwischen den Gesprächspartnern klar ist, dann vollzieht sich die Feinabstimmung wie bei einem modernen Radioempfänger automatisch. Doch wenn die Beziehung unklar ist, wenn also die Gesprächspartner verschiedene Möglichkeiten der Interpretation haben, was der andere meinen könnte, dann gerät der empfindliche Mechanismus der automatischen Anpassung ins Stocken. Dann kommt es nicht zu einer Annäherung der Frequenzen sondern zu einem Auseinanderdriften, das die Verständigung zuerst erschwert und dann sogar unmöglich machen kann.

Beide Prozesse, sowohl die Annäherung als auch das Auseinanderdriften, geschehen meistens automatisch und äußern sich sogar körperlich. Wenn Menschen sich gut verstehen, dann geraten sie in einen unbewussten Tanz, der auf Videostudien deutlich festgestellt werden kann. Sie beginnen sich synchron zu bewegen, neigen die Oberkörper gleichzeitig, schlagen fast gleichzeitig die Knie übereinander, lächeln zugleich, kommen sich räumlich näher. Verschiedene Prozesse wie Lidschlag und Stirnrunzeln werden automatisch abgestimmt und diese Übereinstimmung wirkt auf die Gespräche zurück, wodurch es sprachlich und körperlich zu einem wunderbaren rhythmischen Hin und Her kommt. Von den Gesprächspartnern wird das als sehr wohltuend wahrgenommen. Von Liebenden weiß man, dass sie in manchen Situationen sogar ihren Herzschlag synchronisieren.

Vor allem in Stress-Situationen passiert häufig eine Blockade des natürlichen Annäherungsablaufs. Der Druck der Situation verhindert die Abstimmung, die einer oder allen Gesprächsparteien zu zeitaufwendig oder einfach unpassend erscheint. Es muss schnell gehen oder - ein häufiger Irrtum - etwas muss ′deutlich′ gesagt werden.

Genau das Gegenteil passiert: Zwar werden deutliche Worte gesprochen, aber sie kommen nicht an, weil die Abstimmung nicht stattgefunden hat. Vielleicht hört sich das kompliziert an, aber ein Beispiel wird schnell zeigen, dass es sich um einen alltäglichen Ablauf handelt.

Mangelnde Abstimmung der Frequenzen ist ein regelmäßiges Phänomen zum Beispiel in Interaktionen zwischen Eltern und Kindern. Wenn Stress aufkommt, weil Kinder etwas nicht richtig, also nicht im Sinne der Wünsche der Eltern erledigen, dann sprechen Eltern gerne deutliche Worte. Meistens heißt das, dass die Eltern nicht mehr zuhören müssen, weil die Dinge ja angeblich klar auf der Hand liegen, und weil die Zeit des Zuhörens angeblich vorbei sei (es fruchtet ja nicht!).

Gott sei Dank gibt es einen natürlichen Drang zu dieser Abstimmung. Menschen wissen instinktiv was sie brauchen. Das ist in der Natur nichts Außergewöhnliches. Wir haben es nur verlernt. Die enorme Anpassungsfähigkeit des Menschen ist sein größter Überlebensvorteil gegenüber anderen Lebewesen. Das menschliche Nervensystem ist relativ zu unserem Erwachsenenwissen fast leer, wenn wir zur Welt kommen. Junge Vögel, junge Schildkröten und andere Jungtiere wissen hingegen schon bei der Geburt fast alles, was sie später einmal brauchen werden.

Das wird meist so interpretiert, als wären Menschenbabys hilfloser als Jungtiere. Das stimmt aber nur in Bezug auf Nestflüchter, die ja zum Teil vollkommen ohne elterliche Unterstützung auskommen müssen. Es stimmt aber nicht in bezug auf Nesthocker. Die meisten kleinen Vögel sind ohne elterliche Hilfe genauso verloren, wie wir es als Kinder gewesen wären. Der Unterschied ist also nicht die Basisausstattung. Babys können alles, was sie brauchen, automatisch und von Geburt an. Sie können schreien, saugen, lächeln, verdauen. Der Unterschied zu anderen jungen Lebewesen ist das schier unglaubliche Lernvermögen. Mit jedem Tag können Babys mehr - und zwar sehr viel mehr - als am Vortag. Jungtiere lernen dagegen pro Tag viel weniger.

Der Unterschied liegt in den Nervensystemen. Das menschliche Nervensystem ist geradezu süchtig nach Neuem. Es integriert beinahe wahllos alles was neu ist. Dadurch lernt es innerhalb kurzer Zeit enorme Mengen an Verknüpfungen zwischen seiner Umwelt und eigenen inneren Gedanken und Erlebnissen. Darunter - unter diesen enormen Mengen an gelerntem Material - liegt aber wie bei jedem Lebewesen alles, was es zu einem normalen Funktionieren braucht. Dieser Gedanke ist bedeutsam für jede Form von Verbesserung unserer Lebensverhältnisse: Wir sind, was unsere grundsätzlichen Lebensprozesse betrifft, genauso vollkommen ausgestattet wie jedes andere Lebewesen. In uns ist alles, was wir brauchen. Wir sind imstande jedes Problem zu lösen, wenn wir dieses Vertrauen wiedererlangen.

Vielfach brauchen wir nur Dinge wieder zu ver-lernen, die wir vor langer Zeit und unter anderen Voraussetzungen süchtig lernend angehäuft haben. Viele Abläufe und Techniken haben wir ganz gezielt erworben, um ganz bestimmte Situationen zu meistern. Damals mögen diese Abläufe nützlich und praktisch gewesen sein. Heute sind sie es oft nicht mehr. Und genau in dieser Situation erkennen wir eine der Schwächen unseres Nervensystems: Was es einmal gelernt hat behält es so lange es geht. Das gilt vor allem für Prozesse, für Abläufe, Aktionen und Reaktionen. Es gilt zwar auch, aber nicht im selben Ausmaß, für bloße Fakten, denen keine unmittelbaren Abläufe und Gefühle entsprechen.

Vielleicht haben Sie diese Erfahrung schon einmal gemacht. Sie sind Jahre lang nicht mehr mit dem Rad gefahren oder geschwommen oder haben getanzt. Und dann plötzlich ergibt sich die Situation wieder. Und zu Ihrer Überraschung können Sie es noch. Es ist Ihnen nicht mehr so geläufig wie früher. Die Feinabstimmung braucht wieder etwas Übung. Aber die Grundfähigkeit ist sofort wieder da.

Genauso ist es mit den Grundfähigkeiten zu perfekter Kommunikation. Das ist eine wunderbare Nachricht. Perfekte Kommunikation ist nichts Neues für uns. Sie muss eigentlich gar nicht gelernt werden. Sie ist unter dem vorhanden, was wir dazu gelernt haben, um in bestimmten Situationen zu überleben. Wir waren unmittelbar nach unserer Geburt imstande, uns auf den Herzrhythmus unserer Mutter einzustellen. Wir konnten uns also automatisch auf die Frequenz unserer Mutter einstellen. Aber anders als bei den meisten Lebewesen stellen sich Menschenmütter nicht mehr so selbstverständlich auf ihre Babys ein wie es möglich wäre, weil sie so vieles dazugelernt haben, das wir angeblich brauchen. Sofort ein Bad, ein schneller Schnitt durch die Nabelschnur, ein erstes Anziehen, in der richtigen Farbe versteht sich, und dann ab ins Himmelbettchen. All das scheint wichtiger zu sein als die erste Abstimmung unseres Lebens außerhalb der Geborgenheit des Mutterleibes. Deshalb müssen Babys das sehr wichtige Abstimmen ihrer Kommunikationsfrequenzen später lernen, wenn es nicht mehr ganz so selbstverständlich funktioniert, wie es gleich in den ersten Stunden und Tagen nach der Geburt gewesen wäre.

Trotzdem ist die Fähigkeit dazu jederzeit da und braucht nur aktiviert zu werden. Und nicht nur das. Wir aktivieren sie schneller, als wir es als Kleinkind gekonnt hätten! Jedes unserer Bedürfnisse, das wir als Kinder nicht erfüllt bekamen oder nicht ausleben konnten, können wir als Erwachsene schneller und effizienter befriedigen. Notwendig dazu ist allerdings eine bestimmte Umgebung, ein bestimmtes förderliches Klima, dessen Bestandteile und dessen Erzeugung Sie in den folgenden Kapiteln lernen werden.

Weil es so grundlegend ist, ist das, was wir in diesem Buch schildern, auf der einen Seite so einfach, so selbstverständlich, so klar und offensichtlich. Weil es aber überdeckt ist durch jede Menge ... *man muss ... man darf nicht ... man soll ... man soll nicht ...* vergehen wir uns auf der anderen Seite doch so oft dagegen.

Sehen wir uns an, wie grundlegend die Abstimmung zwischen Sender und Empfänger ist und vergessen wir dabei nicht, wie simpel diese Dinge schon zu einer Zeit waren, wo wir noch nicht einmal ... *Mama* ... sagen konnten, geschweige denn etwas von Sendern und Empfängern wussten.

Ohne stabile Trägerfrequenz ist kein gegenseitiges Verständnis möglich

---

Beginnen wir gleich mit einem Beispiel. Sie haben ein GPS-Gerät, mit dem Sie beim Wandern Ihre aktuelle Position feststellen können und den Weg zur nächsten Hütte leichter finden. Wenn Sie das Gerät zuhause einschalten, haben Sie nach Sekunden Ihre Position. Wenn Sie aber in einem anderen Land aus dem Flugzeug steigen und dasselbe Gerät einschalten, dann kann es viel länger dauern bis eine Position angezeigt wird.

Denn in einem völlig neuen Gebiet muss sich das Gerät erst die dort relevanten Satelliten suchen. Es sind andere als in der vorherigen Gegend. Wenn Sie dann zuhause wieder wandern gehen, erleben Sie dasselbe. Das Gerät findet sich zuerst nicht zurecht. Es sucht die gewohnten Satelliten, stellt fest, dass diese nicht zu finden sind und sucht dann die aktuellen Sender. Das nennt man den Kaltstart. Sobald die grundsätzliche Positionierung einmal stattgefunden hat, können sie das Gerät wieder ausschalten. Beim erneuten Einschalten geht die Orientierung sehr viel schneller vor sich. Denn dann findet ein Warmstart statt. Das Gerät sucht die zuletzt verwendeten Satelliten und ist nach Sekunden bereit zum Gebrauch.

Exakt dasselbe erleben wir in menschlicher Kommunikation. Wenn eine stabile Beziehung herrscht, dann kommt es zu einem sehr schnellen Abstimmungsprozess, also einer Art ´Warmstart´. Wenn nicht, dann muss die Beziehung erst hergestellt werden (´Kaltstart´). Wenn die Beziehung instabil und launenhaft ist, dann muss auch jedes Mal zuvor eine länger dauernde Abstimmung stattfinden.

Die Verständigung in einem Gespräch wird also ganz wesentlich erleichtert, wenn eine stabile und positive Beziehung zwischen den Gesprächspartnern herrscht. Kommunikationstechnisch nenne ich das eine stabile "Trägerfrequenz". Sie ist die unerlässliche Basis erfolgreicher Kommunikation.

Die ausgetauschten Informationen zwischen miteinander kommunizierenden Menschen sind ja zuerst einmal nichts anderes als Licht- und Schallwellen, die über die Nervenleitungen in ihr Gehirn gelangen. Sie haben in sich keinerlei Bedeutung. Im Beispiel über die Botschaft auf dem Anrufbeantworter im ersten Kapitel ist das ganz deutlich geworden. Die schlichte technische Nachricht über eine verspätete Heimkehr kann ebenso zur Quelle tiefen Schmerzes wie zur Quelle echter Freude werden. Es ist immer dieselbe technische Botschaft, aber mit ganz unterschiedlichen Folgen.

Es ist die Beziehung zwischen dem Sender und dem Empfänger, die diesen Unterschied ausmacht. Nehmen wir an, der Sprecher hätte seiner Botschaft, dass er später nach Hause kommen werde, noch den Satz angefügt ... *ich habe noch zu arbeiten* .... Wenn seine Partnerin ihn als loyalen und verlässlichen Partner einschätzt, dann wird sie ihn vielleicht bewundern, dass er so spät noch imstande ist, im Büro zu arbeiten. Oder sie wird ihn bemitleiden, weil sie weiß, wie gerne er früher nach Hause käme. Sie wird an der Wahrheit seines Anrufes nicht zweifeln. Sie schätzt ihn eben als korrekten und ehrlichen Menschen ein. Aber wenn sie aus der Vergangenheit zu wissen glaubt, dass er bereit ist, zu lügen, dann wird sie ihm nicht trauen. Es genügt dazu vielleicht, dass sie mit anderen Männern diesbezüglich schlechte Erfahrungen gemacht hat. Sie überträgt dann ihre innere Einstellung auf jeden Anderen, also auch auf den bewussten Mann mit der Nachricht auf dem Anrufbeantworter.

Ähnliches gilt für Gespräche mit Kindern. Wenn Ihre Kinder absolut sicher sein können, dass Sie auf ihrer Seite stehen, dann werden die Kinder Ihre Ratschläge gerne annehmen und auch Ihre Entscheidungen akzeptieren. Wenn Ihre Kinder aber vermuten, dass Sie sie gar nicht wirklich verstehen wollen, wenn sie den Eindruck haben, dass Sie Ihr eigenes Süppchen kochen und die Interessen Ihrer Kinder ignorieren, dann werden Ihre Kinder Ihren Anweisungen mit Misstrauen begegnen.

Wenn Ihre Kinder, Ihr Partner, Ihre Freunde, Ihre Mitarbeiter, Ihr Chef Ihre Ratschläge nicht ernst nehmen, dann stimmt die Trägerfrequenz nicht!

Das heißt nicht, dass alle Ihre Ratschläge unbedingt auch befolgen müssen. Es geht darum, dass man Ihre Ratschläge zumindest in Betracht zieht und als ernst zu nehmende Beiträge zur Diskussion versteht. Daher nochmals: Wenn das nicht gegeben ist, wenn man sich ohne langes Nachdenken über Ihre Hinweise hinwegsetzt, dann stimmt die Trägerfrequenz nicht!

Suchen Sie keine anderen Hintergründe, bevor Sie diesen Sachverhalt nicht mit völliger Hingabe und völligem Ernst überprüft haben. Bitte beachten Sie, dass es hier um klare und einfache Sachverhalte geht, ohne dass auf frühkindliche Erlebnisse oder andere Verschleierungstaktiken zurückgegriffen werden muss. Menschen vertrauen gerne, aber sie brauchen dazu eine tragfähige Basis und die ist ausschließlich in einer soliden und eindeutig definierten Beziehung zu suchen. Dafür gibt es keinen Ersatz.

Ohne stabile Trägerfrequenz kann es keine Kommunikation, keine Verständigung, keine Gemeinsamkeit geben.

In einer stabilen und positiven Beziehung zwischen Partnern, zwischen Eltern und Kindern, zwischen Kollegen und zwischen Chef und Mitarbeitern existiert eine ruhige gleichmäßige Schwingung. Mathematisch nennt man das eine Sinus-Schwingung.

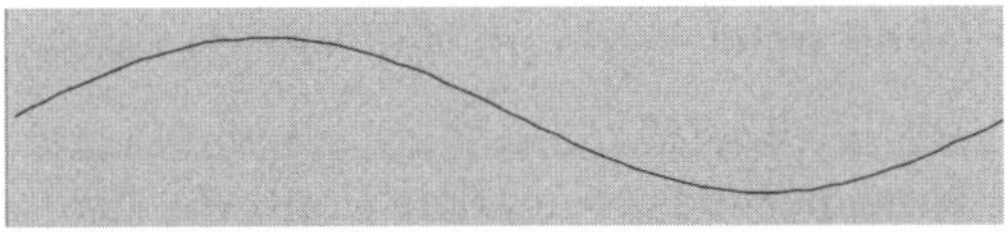

Auf dieses Beziehungsmuster wird die Botschaft, die man dem anderen mitteilen möchte, übertragen. Technisch nennt man das "aufmoduliert". Das entsprechende Gerät heißt daher Modulator. Beim Empfänger wird dann die Gesamt-Information bestehend aus Trägerfrequenz (=Beziehung) und der eigentlichen Botschaft (zB *... ich komme heute später ...*) analysiert und die Botschaft wird auf Basis der Beziehung interpretiert. Technisch macht das ein sogenannter Demodulator, der die beiden Signale wieder auseinanderrechnet. Sie verstehen jetzt wahrscheinlich, warum das Gerät, das Ihren Computer mit dem Internet verbindet, Modem heißt. Denn es ist nichts anderes als ein Gerät, das hinausgehende Signale moduliert und hereinkommende demoduliert.

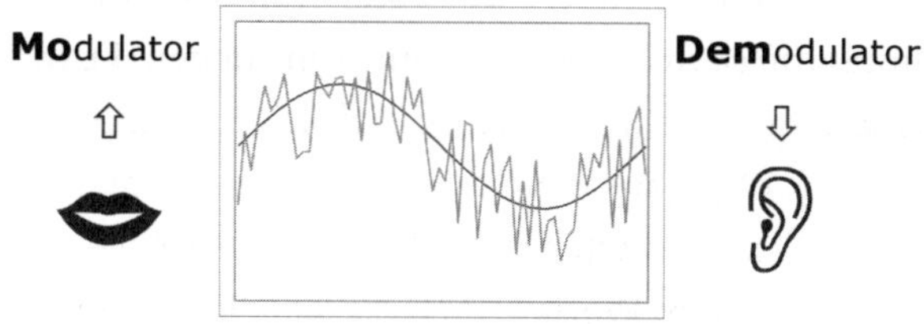

Wenn die beiden Gesprächspartner eine unterschiedliche Trägerfrequenz verwenden, dann kann die Botschaft vom Empfänger nicht verstanden werden. Wenn Sie sich also zum Beispiel um ein Kind Sorgen machen, das Kind aber glaubt, dass Sie gerade auf das Kind böse sind und es bestrafen wollen, dann können Ihre Worte nicht verstanden werden.

Aber das Eigentümlichste daran ist: Das Kind kann nicht erkennen, dass ein Fehler vorliegt. Es meint ja, die Botschaft zu verstehen. Es ist sicher, dass es genau weiß, was Sie vorhaben. Denn eine falsche Frequenz ist für den Empfänger sehr schwer zu entdecken. Nur der Sender kann das Problem erkennen und eine stabile Trägerfrequenz herstellen.

Sie müssen also in diesem Fall zuerst die Beziehung klären. Leider geht das nicht durch ein paar Erklärungen nach dem Motto *... jetzt hör endlich einmal zu, ich meine es gut mit dir ....* Die Beziehung zu klären, was dasselbe ist wie die Formulierung ′die Trägerfrequenz stabilisieren′, braucht Geduld und muss vor allem fühlbar und erfahrbar sein. Sie müssten also zuerst zuhören, wirklich verstehen, was in Ihrem Kind vorgeht, sich auf seine Seite stellen und seine Position vertreten wie ein Rechtsanwalt. Dann erst wird die Beziehung für das Kind erkennbar eine positive sein. Und dann erst wird es verstehen, warum Sie bestimmte Ratschläge geben oder auch bestimmte Anordnungen treffen.

Sie erkennen bereits aus diesen Schilderungen, warum Kommunikation so oft schief geht. Mit schnellen Lösungen á la ... *okay, dann sag halt einmal warum du nicht in die Schule gehen willst ...* ist es nicht getan. Wenn Sie keine Zeit, keine innere Ruhe, kein Verständnis haben, dann werden Ihre Kinder das spüren und Ihren ehrlichen Worten, dass Sie sich Sorgen machen und helfen wollen, nicht trauen.

Denn in Kommunikationssituationen, in denen man sich der Beziehung zum jeweils anderen Partner nicht sicher ist, unterlegt man der Situation eine bestimmte mehr oder weniger erfundene Beziehung (zB.: "mag mich" oder "mag mich nicht").

Und diese erfundene Beziehung entscheidet dann zu 100% über das, was der Empfänger "hört"! Das ist entscheidend: Der Empfänger hört nie das, was physikalisch an seinem Ohr ankommt. Denn das sind ja nur Schallwellen, die in sich selbst keinerlei Bedeutung haben. Erst die innere Interpretation führt zur Be-Deutung, erst sie ergibt die Information.

Wenn also keine positive stabile Trägerfrequenz besteht, kann Kommunikation nicht funktionieren!

Das ist genau das, was in Millionen Beziehungen tagtäglich passiert. Kinder sind sich der Beziehung zu ihren Eltern nicht sicher, weil sie die Beziehung nicht stabil erleben können. Mitarbeiter sind sich der Beziehung zu ihren Vorgesetzten nicht sicher, weil man darüber nicht spricht und weil man sich, außer dann, wenn etwas schief gegangen ist, nie zusammensetzt. Die meisten Eltern und die meisten Vorgesetzten sind kommunikative Haubentaucher, die sich kaum einmal anders als befehlend, korrigierend oder belehrend, also auch im Büro ´pädagogisch´ äußern.

Selten sind Gespräche, in denen Kinder ihre Eltern und andere Erwachsene als echt und authentisch erleben. Zu tief sitzt der Glaube, Kinder würden perfekte Eltern wünschen, Vorbilder auch dort, wo sie es in Wahrheit gar nicht sind. Zu tief sitzt der Glaube, Eltern wären für die Entwicklung ihrer Kinder verantwortlich, eine völlig unrealistische Fiktion, die jede praktische Lebenserfahrung außer Acht lässt.

Selten sind Gespräche, in denen Menschen ihre Vorgesetzten als echt und authentisch erleben. Zu tief sitzt der Glaube, Vorgesetzte müssten perfekt sein, müssten alles wissen und dürften keine Fehler machen.

Kinder brauchen Eltern, die echt sind, die sich lieben, die das Leben genießen. Das ist das Wichtigste, das Väter und Mütter für ihre Kinder tun können: Sich lieben oder zumindest aufrichtig nett zueinander sein, auch wenn die Liebe nicht erneuerbar scheint. Sich nicht zu belügen, auch wenn Lügen manchmal wie die leichtere Methode scheint.

Offensichtlich wird durch die Liebe der Eltern zueinander Kindern etwas kommuniziert, das anders nicht übertragbar wäre. Keine An- und Aussprache, keine Ausbildung, keine finanzielle Zuwendung, keine sonstige Anstrengung kann Gleiches vermitteln.

Die stabile Beziehung der Eltern zueinander vermittelt eine starke Basis der Verlässlichkeit, die sonst schwer herstellbar ist.

Gleiches gilt für Partnerschaften. Aus Zeitgründen und wegen der weiten Verbreitung des Haubentaucher-Syndroms unterhält man sich nach der Zeit des hormonellen Überschwanges, der in Literatur und Lied als "Zeit der ersten Liebe" verherrlicht wird, nur noch über die angeblich wichtigen Tatsachen des Lebens. ... *gehst du heute einkaufen oder bleibt das wieder mir? ... wer holt die Zeitung? ... ist noch Bier im Kühlschrank? ... lass nicht immer deinen ganzen Müll liegen ...* Wenn dann wirklich Schwerwiegendes zu besprechen ist, gibt es keinen Schimmer einer Trägerfrequenz, eines tieferen gemeinsamen Verständnisses, auf dem aufbauend ein Konflikt besprochen und gelöst werden könnte.

So viele Partnerschaften sind langweilig, weil es die Partner sind. Keine Blumen, keine Liebesbriefe, keine Geschenke, keine heimlich versteckten Notizzettel im Koffer, keine Nachrichten auf dem Kopfkissen, keine überraschenden Einladungen ins Kino, keine verrückten Ausflüge übers Wochenende, keine Opfer aus Liebe, keine aus Leidenschaft.

Sie/Er: ... hier bin ich endlich zuhause ... hier kann ich so sein wie ich bin ... hier sieht mich niemand ..."
Er/Sie: ... niemand? ... und wer bin ich???? ...

Eine stabile Trägerfrequenz lässt 90% der möglichen Konflikte gar nicht entstehen, 9% können schnell und schmerzlos gelöst werden, und das restliche 1% wird ebenfalls schnell gelöst, auch wenn sich der Schmerz nicht vermeiden lässt.

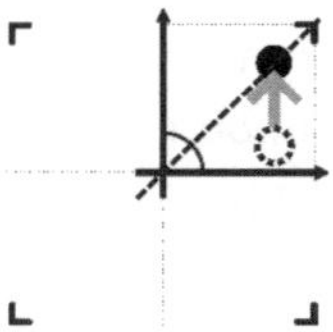

TECHNIKEN ZUR STÄRKUNG DER DIMENSION FÖRDERN

Durch PALES© wird das Arbeiten an der Trägerfrequenz leicht

Die Trägerfrequenz ist eine flüchtige Angelegenheit mit einer sehr kurzen Halbwertszeit von wenigen Wochen. An dieser Trägerfrequenz muss daher permanent gearbeitet werden. Sie muss vor allem in friedlichen stressfreien Zeiten verstärkt werden, damit sie dann zur Verfügung steht, wenn man sie braucht. Wenn Kommunikation nur dann betrieben wird, wenn es etwas zu lösen gibt, darf man sich nicht wundern, wenn sie dann versagt oder zumindest schwierig und schmerzhaft wird.

An der Trägerfrequenz arbeiten Sie durch einige Einsichten und durch bestimmte Kommunikationstechniken. Alles zusammen ist schlicht und einfach. Es hat einen einzigen Haken: Es wirkt nur durch Tun. Darüber nachdenken ist Schall und Rauch und vergeudete Zeit. Anstatt darüber nachzudenken, kaufen und verschenken Sie besser ein paar Blümchen.

Mangelnde Trägerfrequenz hat ihren Grund selten in absichtlicher Bosheit. Es ist in aller Regel mangelndes Wissen, das dazu führt, dass man auf eine stabile und funktionierende Beziehung keinen Wert legt. Viele Menschen wissen nicht, dass man an einer Beziehung ganz konkret arbeiten kann und muss. Und schon gar nicht wissen sie, wie man das anzustellen hätte.

Es scheint Menschen zu geben, die einfach beliebter sind als die anderen, die jederzeit jede Unterstützung bekommen und denen alles irgendwie leichter gelingt. Es scheint genetisch zu sein, es scheint diesen Menschen im Blut zu liegen.

Dem ist aber nicht so. Es ist nichts Anderes als Arbeit an Beziehungen, wobei diese Arbeit zugegebenermaßen manchen Menschen leichter fällt als anderen. Wie bei den meisten Tätigkeiten kommt der Spaß mit dem Beherrschen der grundlegenden Techniken. Es ist wie beim Tennisspielen. Wer ständig in der Wiese hinter dem Platz nach dem Ball suchen muss, den verlässt bald die Lust am Spiel. Erst wenn die Technik so weit beherrscht wird, dass eine gelöste Spielweise möglich wird, kommt wirkliche Freude auf.

Ganz ähnlich ist es mit der Pflege von Beziehungen. Solange man das als lästige Pflicht empfindet, die Arbeit macht und Zeit kostet und die man lieber anderen überließe, so lange fehlen die Leichtigkeit, die Mühelosigkeit, die Eleganz und die überschwängliche Freude über die Ergebnisse.

Erst wenn man die ersten Erfolgserlebnisse erlebt hat, wenn man neue Freunde gewonnen hat und wenn man mitbekommen hat, um wie viel leichter dann alles von der Hand geht, erst dann wird man den tieferen Sinn begreifen, der in einer reibungslosen Zusammenarbeit deutlich wird.

Die wichtigste Arbeitstechnik für die Herstellung und Pflege einer stabilen Trägerfrequenz sind positive Wortmeldungen, die sich auf die Person des Gesprächspartners beziehen und nicht auf das in Rede stehende Thema. Eine solche Wortmeldung nennen wir PALES©, das heißt ein ....

P positives, personenbezogenes
A aktives
L lobendes
E energiegebendes
S Statement.

Der Name Pales© ist zugleich eine lautmalerische Anspielung auf Robert Freed Bales, der sich lange Zeit sehr erfolgreich mit Fragen der Gruppeneffizienz befasste und als erster den überragenden Wert solcher Wortmeldungen erkannte.

Personenorientiert ist ein Statement dann, wenn es sich primär auf die handelnden Personen und erst danach oder gar nicht auf die Sache bezieht. ... *ich bin total froh, dich als Sohn/Tochter zu haben ... es ist eine Ehre für mich, in diesem Team mit diesen Leuten mitarbeiten zu dürfen ...* das sind Beispiele für Sätze, die keinerlei Bezug auf eine Sache haben. ... *ich weiß, dass wir heute ein ziemliches Stück Arbeit vor uns haben, aber ich weiß, dass niemand die Sache so gut bewältigen kann wie dieses Team....* In diesem Satz wird eine Sache angesprochen, die zu bewältigen offensichtlich eine Menge Arbeit machen wird. Trotzdem ist es vor allem eine Vertrauenserklärung dem Team gegenüber. Es heißt, ... *ich glaube an die Kompetenz und die Schaffenskraft des Teams ....*

Aktiv ist ein Statement dann, wenn es bewusst und konzentriert formuliert wird. Eine gute Stimmung, ein gutes Arbeitsklima, das passiert nicht einfach so. PALES© sind Arbeit, die jemand tun muss, wenn die Trägerfrequenzen stimmen sollen. Die meisten Menschen glauben, dass eine gute Stimmung zuhause oder im Büro Zufall ist, das Ergebnis einer Laune des Schicksals, so nach dem Motto ... *hat man oder eben nicht* .... Aber das ist weit gefehlt. Beobachtung wird Ihnen zeigen, dass ein angenehmes Klima immer auf die Anstrengungen eines oder weniger Menschen zurückgeht, die sich um dieses Klima bemühen. Diese Menschen sagen dauernd - wahrscheinlich ohne diesen Begriff zu kennen - PALES©. Wenn die Anderen aufgeben wollen, sagen sie ... *wir schaffen das ... dauert nicht mehr lange ... wer könnte das hinkriegen, wenn nicht wir ... oh Gott, ich bewundere euch ... super, wie ihr das angeht* .... Das ist harte Arbeit. Es wäre gut, wenn Sie es das nächste Mal bewusst wahrnehmen, wenn wieder einmal jemand in Ihrer Umgebung Kraft versprüht, alle bewundert und ganz aus dem Häuschen ist über die genialen Lösungen, die den Anderen eingefallen sind.

Lobend heißt positiv - und zwar nicht ein bisschen positiv, sondern eindeutig und klar erkennbar. Loben ist eine vergessene Kunst. Es ist vielen Menschen peinlich. Gelobt zu werden ist eigentümlicherweise weniger in Verruf geraten - aber es selber tun und noch dazu jemand anderen, das will gut überlegt sein. Ich bin tief beeindruckt von der Kreativität, mit der manche Menschen nach Nebenwirkungen suchen. ... *wer weiß, vielleicht ist ihm das gar nicht recht? ... eigentlich geht es mich ja nichts an ... vielleicht ist die Sache gar nicht so wichtig* .... Tiefenpsychologische Raritäten werden ans Licht gezerrt ... *wir sollten niemanden verwöhnen* .... Von einem Menschen gesprochen, der den ganzen Tag Lob verteilt, wäre so eine Einschränkung verständlich. Sie wird aber normalerweise von Menschen verwendet, deren positive Beiträge sich in Sätzen wie ... *heute sind wir ausnahmsweise einmal nur 10 Minuten zu spät* ... erschöpfen. Auf ein herausragendes fünfgängiges Abendessen, dessen Herstellung sich über Stunden erstreckte, reagieren sie mit Bemerkungen von der orgiastischen Qualität von … *na ja, nicht schlecht* …. Sie wissen, wo man Spargel besser isst, wo der Wein exakter temperiert ist und wo die Frauen schöner sind und sie lassen jeden Anwesenden freigiebig an ihrem besserwisserischen Unsinn teilhaben. Diese Menschen sind die Beduinen der Stimmungswüsten, auf der rastlosen Suche nach jemandem, der endlich erkennt, was angeblich wirklich in ihnen steckt. Liebevolle Sätze sind solchen Menschen fremd, ja sie sind ihnen unheimlich. … *das hast du wirklich gut gemacht* …, ein grammatikalisch wirklich einfacher Satz ohne besondere Ausspracheschwierigkeiten wird für einen solchen Menschen zu einem echten Zungenbrecher. … *geht so … hätte ich beim ersten Versuch auch nicht viel besser gemacht … na ja, warten wir wie lange das hält* … das sind die Gipfel der Zustimmung, die viele Menschen zu erklimmen imstande sind.

Ein besonderes Kleinod unter den Ausreden, warum man Loben angeblich nur ganz selten einsetzen sollte, ist die Forderung nach Ehrlichkeit. … *ich kann nur dann jemanden loben, wenn mir wirklich danach ist* …. Diese Menschen meinen, wenn jemals etwas wirklich lobenswert wäre, dann - aber eben erst dann - würden sie genauso bedenkenlos losloben wie sie bedenkenlos losschimpfen, wenn irgend etwas nicht nach ihren Vorstellungen funktioniert. Weil aber nie etwas so perfekt ist, kommt es eben nicht dazu. Irgendwie erinnert das an die Ehrlichkeit eines Schäferhundes, der - ganz ehrlich - mit dem Schwanz wedelt, wenn er eine Wurst sieht und - wieder ganz ehrlich - aufhört, wenn sie weg ist. PALES© sind keine Lügen, nie und nimmer, auch dann nicht, wenn sie scheinbar nicht zur Situation passen. PALES© schaffen genau die Welt, die sie beschreiben. Gerade dann, wenn jemand versagt, wenn ihm die Kraft zu fehlen scheint, die er zur Bewältigung seiner Probleme braucht, gerade dann wirkt … *ich weiß, dass du das kannst … mir ist es egal, ob andere an dich glauben, ich jedenfalls tu es … weißt du, ich hatte auch manchmal den Eindruck, ich schaffe es nicht, aber dann ging es doch und so ist es auch bei dir, da kannst du sicher sein ….* Wann braucht ein Kind Eltern, die ihm Kraft und den Glauben an sich selbst zurückgeben mehr, als wenn es gerade in der Schule versagt? Wann sind einfache Worte wie … *gib nicht auf* … wichtiger, wenn man gerade im Lotto gewonnen hat oder wenn man gerade seinen Job verloren hat? Einem Kind zu sagen … *natürlich schaffst du das* … ist wahrlich keine Kunst, wenn es gerade ein Begabtenstipendium erhalten hat. Aber dann, wenn alles aus scheint, wenn die Verzweiflung über einem Kind zusammenzuschlagen scheint, dann braucht es jemanden, der diese Worte spricht. Dann wird klar, auf wen man sich verlassen kann. … *du bist ein Sieger, auch wenn du das gerade selbst nicht siehst … wir halten zusammen … wir kriegen das hin und dann wird gefeiert …*, das sind die Worte, die die Welt verändern, die die Kraft lenken und die den Erfolg wie Magnete anziehen.

Die Menschen, die den Erfolg erst dann sehen, wenn er sich pyramidenhoch vor ihnen auftürmt, die erst dann nach einem positiven Wort suchen, wenn bereits der Dümmste sieht, dass etwas gut gelaufen ist, diese Menschen tragen zu keiner Entwicklung etwas bei. Sie hecheln hinten nach. Positive Menschen wissen um die Potentiale, die in jedem Menschen stecken und sie wissen um die einfachen Mittel, diese Potentiale zu erwecken. Negative Menschen empfinden sich als intellektuell und als kritisch, als tiefer blickend und weiter voraussehend. Der Satz … *es wird Regen geben* … wird von ihnen nicht als Banalität erkannt, sondern als Warnung, sich über den Sonnenschein nicht zu sehr zu freuen.

Bevor Sie sich jetzt zurücklehnen und fassungslos sind ob solcher Typen, gehen Sie ganz kurz in sich und fragen Sie sich, wann Sie das letzte Mal Ihrem Partner gedankt haben für seine Geduld mit Ihnen, Ihren Kindern dafür, dass Sie Ihnen zeigen, welche unendlichen Möglichkeiten die Welt noch bietet außer dem, was Sie selbst als Kind gelernt haben. Wann haben Sie jemals Ihren Mitarbeitern dafür gedankt, dass sie Sie unterstützen und Ihre Launen ertragen. Gutes und positives Denken ist nichts im Vergleich dazu, es auch auszusprechen. Erst wenn Sie über die mentale Kraft eines Gurus verfügen, erst dann genügt ihre bloße Anwesenheit. Bis dahin seien Sie bescheiden und lassen Sie gelegentlich ein gutes Wort von sich hören.

Energievoll ist ein Statement, das dem Gesprächspartner oder der Gruppe Energie zuführt, ihm/ihr klar macht, dass die anstehenden Probleme lösbar sind und dass der Gesprächspartner oder die Gruppe die dazu notwendigen Fähigkeiten in sich vereint. Wenn Sie immer ganz leise sprechen, vor jedem Satz zögern, ihn lieber nicht zu Ende sprechen sondern halbfertig verhungern lassen, wenn die Möglichkeitsform ihr Denken beherrscht, dann übertragen Sie keine Energie. *… man könnte vielleicht … also ich würde eigentlich lieber … wenn wir mehr Zeit/Geld/Beziehungen hätten …* das sind die perfekten Lösungskiller, weil sie Energie rauben. Alles wird dadurch tatsächlich schwieriger. Denn die tatsächliche Schwierigkeit eines Problems ist belanglos gegenüber der Einschätzung der eigenen Fähigkeit, es zu lösen. Das bedeutet, dass ein kleines Problem sehr schwer zu lösen ist, wenn Sie sich die Lösung nicht zutrauen. Und andererseits wird die Lösung eines schweren Problems einfach, wenn Sie an Ihre Fähigkeit glauben, damit zu Rande zu kommen.

Die Problematik einer Frage besteht somit weniger in ihrer "objektiven" Schwierigkeit, sondern in der Differenz zwischen dem Problem und Ihrer Selbsteinschätzung. Diese Differenz nenne ich das Nettoproblem. Nur diese, nicht das objektive Gesamtproblem, ist zu überbrücken:

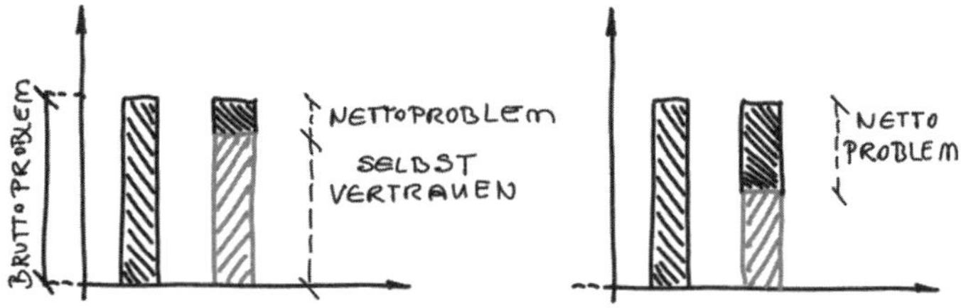

In der linken Grafik sehen Sie, dass von einem Problem, wenn es mit Selbstvertrauen angegangen wird, als Nettoproblem nur eine kleine Lücke übrig bleibt. Wenn es dagegen, wie rechts gezeigt, mit Zweifeln angegangen wird, dann bleibt vom selben Problem ein viel größeres Nettoproblem übrig.

Wann immer Sie an eine Sache mit der Einstellung herangehen, Sie mit Sicherheit lösen zu können, werden Sie tatsächlich dazu imstande sein. Genauso funktioniert es aber auch umgekehrt. Sagen Sie sich lange genug, dass etwas schwierig werden wird, und Sie werden recht damit haben. Das ist das Vertrackte an der Sache. Der Großteil unserer Welt ist eine sich selbst erfüllende Prophezeiung. Dadurch entwickelt sich unsere Weltsicht genau gemäß der genialen Weissagung … *wer hat, dem wird gegeben und wer nicht hat, dem wird genommen* …. Wer sich einer Aufgabe mit dem Gefühl nähert, sie nicht bewältigen zu können, der wird mit größerer Wahrscheinlichkeit scheitern als wäre er das Ganze mit Sicherheit angegangen. Dieses Versagen wird das nächste Mal umso mehr Ängste provozieren und daher den Fehler noch wahrscheinlicher machen. Ein Teufelskreis beginnt sich zu drehen. Sie können sich diese Spirale natürlich auch positiv zunutze machen. Und genau hier setzen die Energieinjektionen von PALES© an. Wenn ein Chef seiner Mannschaft, ein Teamleiter seinem Team, ein Vater und eine Mutter ihren Kindern Sicherheit geben, ihre Aufgaben zu meistern, dann wird sich diese Vorhersage erfüllen. Die Energie in PALES© ist es, was zur Lösung jedes Problems führt. Dadurch sind PALES© immer ehrlich, weil sie die Welt zeichnen, die tatsächlich möglich wird, wenn jemand zu seinen inneren Energiereserven findet.

PALES© sind das, was wir selbst gerne hören würden. PALES© werfen ein Schlaglicht auf die besten Seiten der Menschen. Sie beleuchten Möglichkeiten statt Grenzen. Sie konzentrieren sich auf die Chancen statt auf die Risken. PALES© aktivieren Kraft, Energie, Begeisterung. PALES© zeigen das, was möglich wird, wenn Menschen ihre tausend Ängste über Bord werfen und alles was sie tun, kreativ, aufgeschlossen und begeistert erledigen. PALES© sind der Schlüssel zur Entwicklung Ihrer Familie, Ihrer Firma, Ihrer Abteilung, Ihrer Arbeitsgruppe und Ihres Freizeitvereins. Sie werden Ihr Leben nicht wieder erkennen, wenn Sie mit diesem wunderbaren Instrument experimentieren.

Wenn es so einfach ist, warum verwenden dann nicht mehr Menschen PALES©? Wo ist der Haken an der Sache? Er liegt nicht in der Sache selbst, sondern in der Anwendung. Denn ein PALES© pro Tag ist besser als keines, aber die wirklich revolutionäre Kraft entsteht durch Konsequenz:

Um eine wirklich effiziente Gesprächs- oder Gruppenatmosphäre zu erzeugen müssen mehr als die Hälfte der Wortmeldungen PALES© sein.

Wenn Menschen das erste Mal von diesem Vorschlag hören, ist die Reaktion ungläubiges Staunen. Mehr als die Hälfte aller Wortmeldungen sollen sich nicht mit der Sache, sondern mit den anwesenden Personen befassen? Noch dazu nicht einmal korrigierend und erzieherisch, sondern ausschließlich positiv? Man sieht förmlich, wie die Sitzungszeiten gedanklich verdoppelt werden. *... schon jetzt brauchen wir für jede Sitzung viel zu lang. Und jetzt sollen wir noch Lobeshymnen hinzufügen? Unmöglich, da müsste der Tag 48 Stunden haben ....* Das erinnert ein bisschen an die Geschichte vom Mann mit der stumpfen Säge, der keine Zeit hat, seine Säge zu schärfen, weil er ja jetzt schon nicht rechtzeitig fertig wird.

PALES© sind Energieverstärker und Reibungsverminderer zugleich. Klassische Motivationstechniken hingegen lassen die Reibungsverluste bestehen und erhöhen nur den Energieeinsatz. Das wäre so, als gäbe man bei einem Motor, der wegen zu wenig Öl bereits heiß läuft, einfach mehr Gas, um den zunehmenden Widerstand der Kolben zu überwinden. Einem Techniker würde diese "Lösung" wohl nie einfallen. Trotzdem sind es vor allem Menschen mit ausgeprägter technischer Ausbildung, die sich für den PALES©-Gedanken am schwersten begeistern können.

Das ebenso Überraschende wie Erfreuliche ist: Die Sitzungszeiten sinken beträchtlich, sobald man beginnt, PALES© einzubauen. In klassischen Sitzungen wird ein überwiegender Teil der Zeit in internen Positionskämpfen vertan. Auf jeden Vorschlag folgen zahlreiche Kritikpunkte. Angebliche Widersprüche werden aufgezeigt, offene und noch nicht bedachte Fragen werden aufgeworfen, der Verstand des Vorschlagenden wird zwar nicht offen, aber zwischen den Zeilen angezweifelt. Er braucht einem deshalb nicht leid zu tun, denn bei jeder Gelegenheit, bei der ein Anderer etwas vorschlägt, verhält er sich genauso. Aber die Sache leidet darunter. Ein Vorschlag ist ein zartes Pflänzchen, und je kreativer und besser die Idee ist, desto weiter abseits vom Hauptstrom der üblichen Gedanken liegt sie. Also werden gerade die potentiell besten Ideen am meisten spontanen Widerstand hervorrufen. Es ist, als müsste jeder, der eine Idee vorbringt, zur Strafe diese Idee sofort ganz zu Ende argumentieren, als müsste er oder sie jetzt sofort alles darüber wissen, jede Frage beantworten können, die Kosten bereits konkret im Griff haben, den zeitlichen Aufwand einschätzen und die zur Umsetzung notwendige Mannschaft erstens namentlich nennen und außerdem von anderen Aufgaben freispielen können.

Das ist so dumm und unangemessen, dass man es nicht erfinden könnte, gäbe es das nicht bereits. Wenn jemandem eine neue Idee einfällt, dann hat er sie naturgemäß noch nicht durchdacht. Dazu müsste sie ihm ja früher eingefallen sein und er müsste Zeit und Mittel gehabt haben, sie zu überprüfen. Dann wäre sie aber nicht mehr wirklich neu.

Eine Gruppe, die wirklich gute und funktionierende Lösungen sucht, muss die Stimmung eines sieggewohnten Sportteams haben. Sie muss stolz auf jeden einzelnen Mitspieler sein. Die Stimmung muss etwas von der Aufregung und der Spannung vor einem Spiel haben. Man muss mit dem Besten, mit dem Sieg rechnen. Man muss wissen, dass man gut vorbereitet ist, dass man sich auf seine Kollegen verlassen kann. Man muss bereit sein, den Ball abzugeben, wenn ein Anderer besser positioniert ist und man muss wissen, dass man den Ball bekommt, wenn man sich frei laufen konnte. Man muss wissen, dass es ein gemeinsamer Sieg oder eine gemeinsame Niederlage sein wird. Man muss wissen, dass man nur gewinnen wird, wenn alle Alles geben und wenn nicht das kleinste bisschen Energie intern verschwendet wird.

Ein gutes Sportteam hat eine einzigartige Stimmung. Wenn man damit die Stimmung einer durchschnittlichen Arbeitssitzung oder eines durchschnittlichen Gesprächs in einer Familie vergleicht, dann fühlt man sich in einen Gerichtssaal oder auf einen Friedhof versetzt. Wenn wir eine Sitzung mit dem Sportbeispiel vergleichen, dann herrscht sozusagen schon am Beginn der Sitzung eine Stimmung wie nach einer vernichtenden Niederlage. Gereizt wird die Schuld verteilt, noch bevor eine Idee in Ruhe durchdacht wurde, also bevor überhaupt gespielt wurde! Gerunzelte Stirnen und bedeutungsschwere Blicke sind das wesentliche optische Gestaltungselement. Das Problem wird als schwer zu lösen definiert, die personelle Ausstattung des Projektteams als zu schwach eingestuft, der Zeitdruck als zu hoch, das Budget als zu gering. Ich übertreibe das keineswegs, wie die Praktiker unter den Lesern bestätigen werden. Der berufliche Ernst ist Teil der Inszenierung. Spaß und Humor und schon gar Begeisterung scheinen schwer mit dem dunklen Anzug des Business-Profis zusammenzupassen. Dass bei einer solchen Ausgangsposition neue und damit zwangsläufig originelle Lösungen schwer entstehen können, ist offensichtlich.

PALES© bedeutet von Beginn an eine positive erfolgsorientierte Stimmung. Ein Team, das sich siegreich fühlt oder zumindest an die reale Möglichkeit eines Sieges über die anstehenden Probleme glaubt, ist zu allem imstande. Wenn man sich der positiven Beziehung zu den anderen Sitzungsteilnehmern sicher sein kann, dann muss man nicht so tun, als wisse man schon alles, sondern kann die wirklich interessanten und meist sehr einfachen und grundlegenden Fragen stellen. Wenn man weiß, dass das Team den Sieg gemeinsam feiern wird und dass nicht Einzelpersonen ihn egoistisch für sich reklamieren werden, dann trägt jeder gerne seine Ideen und Fähigkeiten bei. Wenn man aber diesbezüglich nicht sicher ist, dann wird man den Ball nicht abgeben, auch wenn ein anderer bessere Chancen hätte. Man wird sich allein durchzukämpfen trachten. Das freut allerhöchstens den Gegner, der sich immer auf den einen im Ballbesitz befindlichen Spieler konzentrieren kann. Wenn aber das Klima stimmt, dann wird das Spiel auseinander gezogen. Jeder spielt den Ball ab, weil er weiß, dass er ihn wieder bekommt, sobald er eine Chance hat und weil er weiß, dass es letztlich egal ist, wer den Punkt macht. Denn wenn die Mannschaft gewinnt ist jeder dabei!

Durch PALES© werden Sitzungen wesentlich kürzer, weil die Reibungsverluste wegfallen. Ideen werden aufgegriffen und konstruktiv hinterfragt. Sind sie unbrauchbar, dann werden sie ohne lange Verteidigungsreden verworfen, weil der Vater der Idee ja nicht zu befürchten braucht, deshalb sein Gesicht zu verlieren. Scheint eine Idee gut und umsetzbar, wird sie an diejenigen weitergegeben, die am besten geeignet scheinen, sie weiter zu analysieren oder sie umgehend zu realisieren. Die Stimmung ist durchgehend gut, das Energieniveau hoch. Die Trägerfrequenzen der Teilnehmer werden besser und besser. Das Vertrauen der Personen zueinander steigt, die Lösungsfähigkeit nimmt zu.

Dieselben Charakteristika gelten auch für private und familiäre Gespräche. Sehen Sie Ihre Familie einmal als erfolgreiches Team, das gemeinsam wundervolle Erfahrungen macht, das sich gegenseitig bei schwierigen Fragen unterstützt, sich über Erfolge freut und sich bei Misserfolgen tröstet und gegenseitig hilft.

Ich weiß, dass das für manche Familien eine schwierige Übung ist. Tief sitzt der Stachel der im aggressiven Nebeneinander verbrachten Jahre. Aber jetzt ist die Zeit, das zu ändern. Seinen Sie nett zu Ihren Lieben. Hören Sie zu. Lernen Sie. Was Sie selber sagen, ist für Sie selbst selten neu. Was die anderen sagen und denken, ist dagegen oft völliges Neuland. Hören Sie besser zu. Sagen Sie nettere Dinge und sparen Sie sich vernichtende Kommentare. Gönnen Sie sich dieses Erlebnis.

Wenn Sie jetzt denken, dass es wichtiger wäre, dass endlich einmal die anderen nett zu Ihnen sein sollten, dann machen Sie die Probe aufs Exempel trotzdem. Und freuen Sie sich zugleich auf das Kapitel "Wie der innere Dialog Ihr Leben bestimmt". Es handelt genau von diesem Thema: Wie Sie lernen, nicht nur auf die anderen, sondern auch und vor allem auf sich selbst zu achten.

Einige nützliche Einsichten zur leichteren Anwendung von PALES©

Die im Folgenden aufgezählten Voraussetzungen für die Gestaltung Ihrer Beziehungen klingen beim ersten Lesen für viele Menschen wie Vorschriften. Vielleicht fühlen Sie sich dadurch aufs erste eingeschränkt, entmachtet, zurückgewiesen. Weit gefehlt. Nach kurzer Zeit werden Sie spüren, dass es erlösende Regeln sind, die Sie von einem engen Korsett befreien, das Ihnen schon viel zu lange die Freude am Leben vergällte, ohne dass Sie es bemerkten. Was man gewohnt ist, was als ′so-ist-es-eben′

erscheint, das nimmt man nach einiger Zeit nicht mehr wahr. So wie man sich an einen Rucksack gewöhnt, den man längere Zeit auf dem Rücken trägt. Aber kaum legt man ihn ab, wird einem deutlich, was man da eigentlich für ein Gewicht herum geschleppt hat. So wird es auch mit den folgenden Einsichten sein. Mögen sie am Anfang auch recht streng klingen, nach kurzer Zeit werden Sie mehr als froh darüber sein.

Energie ist der Grundbaustoff der Welt

Jeder Mensch ist ein vibrierendes Zentrum aus Energie. Wir bestehen nur zum weitaus geringsten Teil aus Materie. Wir sind zusammengesetzt aus Atomen und diese wiederum aus Atomkernen und Elektronen. Beide zusammen füllen aber nur einen Bruchteil des Atoms aus. Das Atom ist grob gesprochen leer. Da nicht nur der menschliche Körper, sondern jede Materie aus Atomen besteht, bedeutet das, dass die scheinbar so festen Dinge rund um uns, einschließlich unseres eigenen Körpers, eigentlich aus ´nichts´ bestehen. Zwischen den in diesem ´Nichts´ verstreuten Teilchen (Atomkernen und Elektronen) herrschen Anziehungs- und Abstoßungskräfte, also Energie. Energie ist der eigentliche Baustoff unserer Welt und auch unseres Körpers.

Vielen Menschen ist aber zeitweise diese Energie nicht zugänglich. Sie ist blockiert. Dafür gibt es zwei grundlegende Ursachen:

→ Zum einen verliert man den Zugriff auf die eigene Energiequelle, wenn man nicht sein eigenes Leben lebt. Wer sich permanent anderen Menschen unterordnet, nicht aus ruhiger Überlegung, sondern aus Gewohnheit oder aus Angst, der verliert seinen inneren Antrieb. Wer in einer Partnerschaft verbleibt, die nichts zur persönlichen Entwicklung beiträgt, wer einen Job ausübt, der ihn oder sie nur noch langweilt oder in dem der Druck die Freude überwiegt, der oder die gewöhnt sich daran, die Antriebe nach einem erfüllten Leben zu unterdrücken. Eine Besinnung auf die Träume der Kindheit kann Abhilfe schaffen. Allerdings schaffen die meisten Menschen diesen Schritt nur dann, wenn der Druck und Schmerz fast unerträglich wird.

→ Schneller noch verliert man den Zugriff auf die Energiereserven durch Angst. Angst lähmt den freien Energiefluss und das kann dann den Anschein erwecken, als hätten diese Menschen gar keine oder viel zu wenig Energie zur Verfügung. Ich bin sicher, Sie haben das schon erlebt. Bei sich selbst oder bei anderen. Es gibt Zeiten, in denen man den Eindruck hat, man wäre nicht imstande, für sich und die Seinen zu sorgen. Angst dominiert das Leben und nimmt die freie Sicht auf die enormen Energien und Chancen der Welt. Sobald ein Mensch in dieser Situation aber einen Teil seiner Angst verliert und wieder Hoffnung gewinnt, nimmt auch sein Energieniveau zu. Der Optimismus steigt, die Lösungskapazität nimmt zu und mit den ersten Erfolgen wird klar, dass es nichts mehr zu fürchten gibt.

PALES© sind ein fantastisches Werkzeug, um das latente Angstpotential einer Gruppe oder einer Einzelperson zu mindern. Dadurch haben sie den praktischen Effekt einer Energieübertragung.

Das ist ein leichtes und elegantes Ergebnis. Es beruht darauf, dass die inneren Energiepotentiale bei allen Menschen gleich sind. Nur der Zugriff darauf ist unterschiedlich. Der Grund sind in aller Regel die unterschiedlichen Entwicklungen, die wir durchlaufen haben und vor allem unsere individuellen Reaktionen darauf. Ein großer Teil der vorhandenen Energie wird innerlich verbraucht, um mit Erinnerungen zu kämpfen, aufsteigende Ängste zu unterdrücken, und unsere tief inneren Wünsche niederzuhalten.

Egal was die Ursachen sein mögen, PALES© sind ein effektives Mittel, um Energie zur Verfügung zu stellen.

Sie brauchen nicht alles besser zu wissen als andere Menschen, auch wenn diese jünger oder weniger mächtig sein mögen.

Klingt wie eine Binsenweisheit und ist es auch. Niemand kann alles wissen. Trotzdem leben wir oft in der Vorstellung, wir müssten so einem unerreichbaren Ideal entsprechen. Allwissend, allmächtig, ohne Fehl und Tadel, so sieht man den idealen Chef und die idealen Eltern. Nun könnte man meinen, was ist schlecht an so einem hohen Idealbild? Es ist zwar unerreichbar, aber es gibt zumindest die Richtung an. Leider stimmt das nicht. Ein unerreichbares Ziel, dem man aber tief innerlich glaubt entsprechen zu müssen, ist eine ständige Quelle von Enttäuschung, schlechtem Gewissen, Selbstvorwürfen, erneuten chancenlosen Vorsätzen, die zu nichts führen als dass sie dieses schmerzhafte Rad am Laufen halten.

Warum ist dieses Ziel unerreichbar? Weil es aus logischen Gründen nicht alle haben können. Wenn Sie sich einen Augenblick vorstellen, alle hätten das Ziel, besser zu sein als die anderen und mehr zu wissen als diese, dann wird Ihnen unmittelbar klar, dass das nicht für alle erreichbar ist. Wenn alle besser sein wollen als alle anderen, dann sind alle (bis auf theoretisch einen, der es tatsächlich schafft) sichere Verlierer. Solche Ziele unterstützt das Leben nicht. Ein Mensch, der sich für besonders hält, ein Volk, das sich als besonders betrachtet im Sinne von besonderer als alle anderen, eine Gemeinschaft, die auf andere Gemeinschaften herunterblickt, alle diese ego-Trips sind zum Scheitern verurteilt.

Hohe Ziele sind unverzichtbar. An anderer Stelle habe ich das ausführlich dargestellt *(1)*. Aber Allwissenheit oder Bessersein-als-andere ist kein individuelles persönliches Ziel, sondern eine Fantasie des ego. Sich bewusst zu machen, dass man auserwählt ist, weil alle auserwählt sind, das ist ein hervorragendes Ziel. Morgen mehr wissen zu wollen, als man selbst gestern gewusst hat und heute weiß, das ist ebenfalls ein motivierendes Ziel. Aber besser als jemand Anderer sein zu wollen, das ist ein ego-Ziel. Und zu glauben, besser sein zu müssen, das ist dasselbe, nur anders formuliert.

Die Wahrheit ist diese: Sie brauchen nicht besser zu sein als Ihre Kinder oder als Ihre Mitarbeiter. Sie haben eine andere Aufgabe. Sie haben bestimmte Entscheidungen zu treffen. Sie haben für das Klima Sorge zu tragen. Als Eltern und als Vorgesetzter sind Sie Coach und Betreuer. Wie ein Trainer müssen Sie nicht besser Schi fahren oder schneller laufen oder besser Tennis oder Golf spielen als die von Ihnen Betreuten.

Ihre Aufgabe ist es, Ihrem Partner, Ihren Kindern und Ihren Mitarbeitern Vertrauen in deren eigene Kraft zu geben und ihnen zu helfen, ihre Potentiale zu entwickeln.

PALES© sind dazu eine herausragende Technik. Es ist um so viel leichter für einen Menschen, an sich selbst zu glauben, wenn es zuerst jemand Anderer tut. Oft genügt es auch schon, wenn

Sie zeigen, dass auch Sie nicht allwissend sind und dass auch Sie an bestimmten Dingen noch zu arbeiten haben.

Praktische Beispiele in beruflichen Situationen können sein ... *ich weiß das ehrlich gesagt nicht, aber was denken Sie darüber? ... ich habe keine Ahnung, was wir hier tun sollen, aber gemeinsam werden wir sicher eine Lösung finden ... gut, dass wir hier als Team zusammenarbeiten. Allein wäre ich bei dieser Frage wahrscheinlich verloren ... was schlagen Sie vor? ... was würden Sie an meiner Stelle tun? ... welche Entscheidung wäre Ihnen die liebste? ... von welcher Seite her gehen wir das Ihrer Meinung nach am besten an? ...*

Praktische Beispiele in privaten Situationen können sein ... *ich weiß jetzt auch nicht, was am besten zu tun ist. Was schlägst du vor? ... als ich ein Kind war, ging es mir ebenso. Was hättest du mir als Vater/Mutter geraten? ... zuerst muss ich dir sagen, ich bewundere dich. Du machst das alles viel besser als ich in deinem Alter ... schön, dass du mit dieser Frage zu mir kommst. Gemeinsam finden wir sicher eine Lösung. Was wäre für dich optimal? ...*

Die vorgeschlagenen Beispiele sind theoretisch einigermaßen leicht anzuwenden. Schwierig kann es durch die Stressbelastung in manchen Situationen werden. Wenn eine ernste Unternehmenssituation zu meistern ist und der Druck hoch ist, dann neigen die Stresshormone dazu, zu überwiegen. Ebenso kann es im Privaten fast unmöglich sein, wirklich ruhig zu reagieren, wenn sich zum Beispiel herausstellt, dass ein Kind schon längere Zeit schlechte Noten schreibt oder die Schule schwänzt, Unterschriften fälscht oder ähnliches. Dann nicht alles besser zu wissen, ist eine Herausforderung, die geübt sein will. Daher ist es ratsam, die hier empfohlene Einstellung bei Gelegenheiten zu üben, bei denen es noch nicht so heiß hergeht.

Jeder Mensch ist seines Glückes Schmied.

Das bedeutet, dass jeder Mensch das Recht auf seine eigenen Erfahrungen hat. Und Erfahrungen sind vielfach die Folge von Schmerz. Wenn wir anderen Menschen jeden Schmerz ersparen wollen, dann heißt das, ihnen Lernerfahrungen vorzuenthalten, die sie brauchen. Das bedeutet nicht das Recht, diesen Menschen Schmerz zuzufügen. Es bedeutet, ihnen das Recht zuzugestehen, ihre Erfahrungen selber auszusuchen und auch den Weg dorthin. Es ist in vielem das Gegenteil der pädagogischen Haltung, die davon ausgeht, dass wir besser wissen, was für den Anderen gut ist als er oder sie selbst.

Wir alle möchten auf einem leichten und schmerzlosen Weg durch unser Leben reisen. Dieser Weg existiert auch. Schmerz und Leid haben keine zwangsläufige Funktion in unserer Existenz. Es gibt für jeden von uns einen leichten, schmerzlosen, erfolgreichen und liebevollen Weg. Aber erstaunlicherweise wählen wir diesen Weg nur selten. Wir bevorzugen lange Zeit den Weg des "Lernens durch Leid". Wir schulen unser Urteilsvermögen durch Erfahrungen und manchmal führen erst viele schlechte Erfahrungen dazu, unser Urteilsvermögen so weit zu entwickeln, dass wir irgend wann einmal den Weg des "Lernens durch Klugheit" wählen.

Wenn Sie Ihren Kindern oder Mitarbeitern jede unangenehme Erfahrung ersparen möchten, dann verhindern Sie deren schnelles und effizientes Lernen. Nehmen Sie den Menschen Ihrer Umgebung nicht die Erfolgserlebnisse, die sie so dringend brauchen und die nur aus der Überwindung von Schwierigkeiten kommen.

Gegen diese schlichte Regel wird schon bei Kleinkindern verstoßen. Ein Kleinkind schreit im Kinderwagen weil es gerne eine Rassel hätte, die vor ihm auf dem Tisch liegt. In Sekundenschnelle sind alle anwesenden Erwachsenen auf den Beinen, um dem kleinen Liebling alles zu reichen, wonach sein Herz begehrt. Ein Kind fällt hin. Eigentlich möchte es wieder aufstehen, aber das geht nicht. Denn sofort eilen Vati und Mutti an die Stelle des herzzerreißenden Unglücks und stellen ihren Nachwuchs auf die Beine, klopfen die Knie ab und trösten ein fassungsloses Kind, das gar nicht weiß, was eigentlich geschehen ist. Beim zweiten Mal dann beginnt sich schon Routine abzuzeichnen. Hinfallen und nach den Sklaven schreien ist eins. Ein anderes Lernergebnis ist da gar nicht möglich als dieses: Die Erwachsenen herumzukommandieren, wann immer einem danach ist.

Wenn dann später einmal den Eltern diese ständige Bedienung zu viel wird, verstehen Kinder die Welt nicht mehr. Auf einmal sollen sie selber aufstehen und sich ihre Sachen selber holen? Sollen ihre Schulsachen selber packen und ihre Zeit selber und noch dazu sinnvoll einteilen? Es ist kein Wunder, wenn sie aus langer Gewohnheit lieber nach den Eltern rufen. Das Wunder ist eher, dass diese tatsächlich immer noch kommen und - dem lieben Frieden zuliebe - alles erledigen. Unter langatmigem Lamento zwar ... *wie lange muss ich dich noch bedienen ... wann wirst du endlich selber für dich sorgen ... jetzt reicht es mir aber bald* ... aber letztlich eben doch. Das ist kein Frieden, das ist ein scheinbarer Sieg auf der Seite der Kinder und vollständige Kapitulation auf der Seite der Eltern.

Warum nur ein "scheinbarer" Sieg auf der Seite der Kinder? Kurzfristig sieht es ja wie ein wirklicher Sieg aus. Aber wenn dann zum Beispiel im Beruf die Zeit kommt, in der sie tatsächlich auf sich allein gestellt sind, dann scheitern sie kläglich und lernen mühsam, schmerzhaft und manchmal teuer eine Lektion, die sie als Kinder einfacher und billiger hätten lernen können.

Die Grundregel lautet daher:

Tun Sie für andere Menschen nichts, was diese selber tun können.

Bringen Sie die Rassel so nahe an das Kind heran, dass es diese erreichen kann, wenn es wirklich will. So lassen Sie dem Kind das Erfolgserlebnis, es geschafft zu haben. Wenn ein Kind gefallen ist, dann kann es in 99% der Fälle problemlos selber wieder aufstehen. Und faszinierenderweise hat es sich in ebenso vielen Fällen auch nicht im mindesten weh getan oder sogar verletzt. Das Weinen ist gelernt, weil das Kind aus der Reaktion der Eltern mitbekommt, dass Hinfallen etwas Furchtbares ist.

Bringen Sie statt dessen Ihr eigenes Leben in Ordnung. Damit kommen wir zur nächsten Regel.

Sie tragen nur und ausschließlich für sich selbst und für Ihr eigenes Leben Verantwortung.

Sie sind nicht für andere Menschen verantwortlich. Denn wenn es so wäre, dann wären diese Menschen nicht gleichwertig. Bei kleinen Kindern und Menschen, die unter Handicaps leiden, haben wir die Aufgabe, sie in den Bereichen zu unterstützen, in denen sie noch wirklich und tatsächlich hilflos sind. Aber jede Hilfe darüber hinaus ist nur noch eine Demonstration unserer scheinbar überlegenen Stärke.

So ist es auch bei Kollegen und Mitarbeitern. Hilfe ist oft nichts Anderes als ein Beweis, wie stark und hilfsbereit man selbst ist. Aber bedenken Sie, dass Sie Ihr eigenes Leben leben müssen, nicht das der Anderen.

Wenn man Sie am Ende Ihres Lebens fragt, wer Sie sind, dann hat es keinen Sinn, wenn Sie antworten ... *ich war der Ehepartner von Herrn/Frau* .... Man wird Sie nämlich nicht fragen, wessen Frau oder Mann Sie waren, sondern wer SIE waren. Wenn Sie dann antworten ... *ich war der Vater/die Mutter von meinen Kindern* ... wird man Ihnen klarmachen, dass man nicht wissen wollte, wessen Vater oder Mutter Sie waren, sondern wer SIE waren. Sie werden dann verschiedene Versuche machen, sich zu beschreiben ... *ich habe für ... gearbeitet ... ich habe mich über diese und jene Regierung geärgert ... ich habe das gemacht, was modern war oder was man mir aufgetragen hat oder was keinen Widerstand hervorrief ... ich habe dies und jenes gedacht ... ich habe mich nie etwas wirklich Eigenständiges getraut, weil ich Angst hatte vor dem, was die Leute denken* ... usw usf. Wenn Sie nie Ihr eigenes Leben gelebt haben, wenn Sie Ihre individuelle Aufgabe nicht gesucht und gefunden haben, dann werden Sie es schwer haben, etwas wirklich Eigenes zu finden, etwas Individuelles, das SIE selbst waren.

Natürlich sollen wir Anderen helfen. Aber Hilfe geben heißt nicht, Anderen zu zeigen, wie stark wir sind oder um wie viel leichter wir ihre Probleme lösen als sie selbst. Die Probleme Anderer lösen wir alle im Handumdrehen. Woran wir immer wieder scheitern, das sind unsere eigenen Herausforderungen. Anderen mögen sie leicht und geradezu lächerlich erscheinen. Vor uns aber bilden sie hohe Mauern, die wir uns nicht und nicht zu erklimmen trauen. Also sollten wir bescheidener an die Fragen anderer Leute herangehen.

Alles was wir dann noch tun können ist Zuhören, eine starke Trägerfrequenz aufbauen, Informationen geben und zur Verfügung stehen, wenn es notwendig ist.

Im Abschnitt über die Fordern-Fördern-Matrix haben Sie gesehen, dass Hilfe geben auch heißt, dem Anderen etwas zutrauen, etwas von ihm verlangen und ihn als stark und vom Glück geliebt zu sehen. Und es heißt auch Grenzen setzen, die dazu dienen, das eigene Leben, Lebensglück und die eigene Zeit zu schützen. Dieser Gedanke wird im nächsten Kapitel genauer erläutert.

Aktives Zuhören als Medium zur Übertragung von Energie

Kommunikation ist wesentlich mehr als die schlichte Übertragung von Daten. Die Daten sind nur ein Transportmedium. Sie sind die sichtbaren und auffälligen Vehikel, die eigentlich etwas Anderes, weniger Sichtbares, weniger Auffälliges mit sich führen, das den eigentlichen Inhalt bildet.

Wir kennen das aus der heute üblichen Betrachtung von Markenartikeln. Ein Auto einer bestimmten Marke transportiert neben der fast nebensächlichen Tatsache, dass es eben ein Auto ist, mit dem man auch fahren kann, eine bestimmte Information, zum Beispiel die Zugehörigkeit zu einer bestimmten Gruppe. Die Marke des Autos ist der eigentliche Gegenstand des Interesses. Es zeigt zum Beispiel, wie viel man sich leisten kann, ob man sportlich interessiert ist oder eher praktisch veranlagt. Ein Auto dient also nicht mehr primär der schlichten Fortbewegung von A nach B (obwohl es angeblich ausschließlich danach ausgesucht wird), sondern soll außerdem, vielleicht sogar überwiegend, eine bestimmte Botschaft vermitteln.

Diese Situation kann als gedankliches Muster für das Funktionieren von Kommunikation dienen. Die gesprochenen Worte dienen nicht primär der Information des Gesprächspartners, sondern sie dienen einem heimlichen anderen Zweck. Egal über welches Thema wir gerade sprechen, in Wahrheit sprechen wir immer über uns und unsere Ziele, unsere Vergangenheit, unser ganzes Denken und Fühlen. Wir wollen immer etwas bewirken. Wir wollen verstanden werden. Wir wollen etwas ändern. Das ist der eigentliche Sinn unseres Kommunikationsverhaltens. Wir wollen damit immer etwas bewegen. Wir berichten - egal über welches Thema wir gerade sprechen - immer über uns selbst und wollen damit - obwohl uns das meistens gar nicht bewusst ist - immer und jedes Mal die Zukunft in einer bestimmten Weise gestalten.

Egal, ob wir scheinbar ganz unpersönlich über einen Film reden, den wir gerade gesehen haben, oder ob wir jemanden zu etwas überreden möchten, beide Male sprechen wir über uns selbst, über die Art, wie wir das Leben sehen, über das was uns wichtig ist, über das was wir lieben, über das was wir schätzen, über das was wir uns wünschen, über die Art von Leben, das wir gerne führen möchten. Wir berichten über die Verwundungen, die wir erlitten haben und über die Art, wie wir damit umzugehen gelernt haben oder eben nicht gelernt haben. Und immer betonen wir dadurch bestimmte Bereiche und Möglichkeiten der Zukunft. Wir setzen Energie frei - einen Impuls, einen Wunsch an das Leben.

Solange uns das nicht bewusst ist, gestalten wir ein ziemlich chaotisches Universum. Das Leben scheint aus Zufälligkeiten zu bestehen, die sich unserem Einfluss entziehen. Mit Glück laufen die Dinge gut, mit Pech fällt man auf die Schattenseite. Auch wenn wir mit diesem Prozess halbwegs gut zurecht kommen, ist er ständig unsicher bezüglich seiner weiteren Entwicklung. Die meisten Leser werden wohl zumindest einen Teil ihres Lebens in dieser Formulierung wieder erkennen. Man kann - solange einem die Wirkungen unserer Worte nicht bewusst ist - nie sicher sein, wie es weitergehen wird, und man weiß nicht, warum das so ist.

Wir werden daher in diesem Kapitel die Grundlagen unseres Kommunikationsverhaltens tiefergehend betrachten und sehen, inwieweit wir zu einem bewussteren Umgang mit unserer Sprache finden können. Dieser wird dann zu einem sich klarer entwickelnden privaten Universum führen.

Kommunikationstechnisch betrachtet ist ein Gespräch ein gemischtes Doppel: auf beiden Seiten des Netzes stehen je eine linke und eine rechte Gehirnhälfte. Auf beiden Seiten sind dadurch Vernunft (primär eine Funktion der linken Gehirnhälfte) und Gefühl (primär eine Funktion der rechten Hälfte) beteiligt. Die kulturelle Dominanz der "vernünftigen" linken Gehirnhälfte führt aber dazu, dass die beiden linken Gehirnhälften versuchen, das Match als Einzel zu spielen und die beiden rechten, emotionalen Gehirnhälften an den Rand und überhaupt aus dem Spiel zu drängen. Das führt dazu, dass unsere Kommunikation sehr stark von Symbolen dominiert wird. Ich werde das im Folgenden näher erläutern.

Nehmen wir als Beispiel eine relativ neue Kommunikationsform, die nicht auditive (zu hörende) sondern visuelle (sichtbare) Symbole verwendet, die also nicht gehört sondern gelesen wird. Unzweifelhaft kennen Sie das:

Ohne nachzudenken erkennen wir die obigen Symbole als einen Mann, eine Frau, eine Hand und ein lachendes Gesicht. Wenn ich Sie jetzt darauf hinweise, dass ein wirklicher Mann, eine wirkliche Frau, eine Hand und ein Gesicht ganz anders aussehen, reagiert Ihr linkes Gehirn wahrscheinlich ein bisschen unwirsch ... *ist doch klar ... was soll das ... das ist doch nichts Neues ...*

Stimmt. Interessant wird es aber dann, wenn wir versuchen, selbst zum Beispiel eine Hand zu zeichnen. In aller Regel sieht diese Hand dann fast genauso aus wie das oben gezeigte Symbol. Sie ist sogar noch einfacher, weil normalerweise der Daumen wie ein ganz normaler fünfter Finger gezeichnet wird. Und wenn Sie dann gar versuchen würden, einen Menschen oder ein Gesicht zu zeichnen, dann käme es wahrscheinlich zur unfreiwilligen Kennzeichnung einer Toilettentür oder zur klassischen Technik punkti-punkti-strichi-strichi-fertig-ist-das-mondgesichti. Obwohl noch vor einem Absatz, also vor wenigen Sekunden, alles klar und langweilig war, ist es den meisten Menschen ziemlich peinlich, solche Zeichnungen anzufertigen. Irgendwie ist uns also die ungeheure Diskrepanz zwischen den flachen Symbolen und der lebendigen Realität bewusst.

Trotzdem sind wir in der Regel ohne geschulte Unterweisung nicht imstande, uns von den inneren Symbolen zu lösen. Obwohl es nach Aussagen professioneller Künstler und erfahrener Kunstlehrer ganz einfach wäre, das, was wir sehen, aufs Papier zu bringen, drängen sich die Symbole vor. Spätestens da erkennt man die ungeheure Dominanz extrem vereinfachter Symbole in unserem rationalen Denken.

Dem symbolhaften Denken muss ohne Zweifel ein gewichtiger Rang in der menschlichen Entwicklung zuerkannt werden. Die Formelsprache in den Naturwissenschaften und die Schrift wären ohne symbolhaftes Denken nicht möglich. Und symbolhaftes Denken vereinfacht ohne Zweifel auch zahlreiche simple Kommunikationssituationen in beeindruckender Weise. Ein landendes Flugzeug ist als Symbol von einem startenden Flugzeug leicht zu unterscheiden und dadurch lassen sich die Ankunfts- von den Abflugbereichen einfach und ohne die Problematik unterschiedlicher Landessprachen trennen. Was hier zur Diskussion steht, ist die Dominanz, die dieses Denken auch in jenen Bereichen gewonnen hat, in denen es zu ungenügenden Ergebnissen führt.

Denn genau diese Symboldominanz regiert nicht nur unsere Wahrnehmung, sondern auch unsere Sprache. Sie ist dort auf den ersten Blick genauso unauffällig, selbstverständlich und gewohnt, wie es die Symbole auf einem Flughafen sind. Und in gleicher Weise ist sie vielfach einfach, praktisch, schnell und effizient. Aber sie hat die Vorherrschaft in einer Weise an sich gerissen, dass ihre Nachteile auch dort nicht mehr wahrgenommen werden, wo sie gefährlich und zerstörerisch werden können.

Wir denken, sprechen und hören in Symbolen. Entgegen den naiven Annahmen der linken Gehirnhälfte besteht dadurch wenig bis gar kein Bezug zur realen Welt, also zu dem, was wirklich läuft.

Ein kleines Beispiel wird zeigen, was hier gemeint ist, und wie schnell und alltäglich eine Situation sich daneben entwickeln kann.

A: *Wie geht es deiner Tochter in der Schule?*
B: *Sie hat Lernschwierigkeiten.*
A: *Ja, das kenne ich von meinen Kindern.*

Scheinbar haben A und B miteinander gesprochen, sich irgend etwas mitgeteilt. Tatsächlich aber ist Nullinformation hin- und hergewandert. Denn "Lernschwierigkeiten" ist nur ein Wort. Es ist nichts, das es in der Realität gibt. "Lernschwierigkeiten" ist ein Etikett, ein Symbol, das keinerlei Aussagekraft über das hat, was wirklich vorliegen mag. Das Kind mag Sorgen haben, es könnte sich von einem Lehrer missachtet fühlen, es könnte zu Hause missbraucht werden, es kann unter Erfolgsdruck leiden, unter Streitereien der Eltern leiden oder die Schule und das Lernen ablehnen. Es gibt tausende Möglichkeiten, was wirklich los sein mag. Es kann sich um Notenprobleme in einem einzelnen Fach oder um mehr handeln. Vielleicht zieht das Kind auf diese Weise Aufmerksamkeit auf sich und und und.

Nichts davon kommt in obigem Gespräch vor. A wird wahrscheinlich zu Hause seiner Frau erzählen. ... *ich habe heute B getroffen. Seine Tochter hat Lernschwierigkeiten* ... Und schon ist ein Etikett geschaffen, eine Lade, in die das Kind hineingesteckt wird. Eigentlich belanglos, wenn nicht anzunehmen wäre, dass diese Information auch dem Kind in gleicher Weise zugeht. ... *du hast Lernschwierigkeiten* ... Lade auf - Kind hinein - Lade zu - Etikett drauf:

Inhalt: Lernschwierigkeiten

Ein anderes Beispiel:

Mitarbeiter: Ich werde den versprochenen Termin nicht halten können. Chef: Um Gottes Willen, das darf nicht sein, was das kostet, sind sie von allen guten Geistern verlassen, ich habe ausdrücklich gesagt, wie wichtig gerade dieses Projekt ist .....

"Termin nicht halten" ist hier ebenfalls ein Symbol. Es beinhaltet Sorgen, Pönalezahlungen, Ärger mit Vorgesetzten, Rechtsanwaltskosten, Streitereien ohne Ende usw. usf. Und der Vorgesetzte reagiert prompt auf dieses Symbol. Die Worte werden dadurch von einer schlichten Information zu einer einzigen Katastrophe:

"TerminnichthaltenbedeutetjedeMengeSchwierigkeitenfür
michichwerdewiedernichtrechtzeitignachHausekommenundmeine
FrauwirdmirwiederunserenarrogantenDummkopfvonNachbarnvor
haltendernatürlichschonlangevormirzuHauseistundangeblichviel
mehrGeldverdientundderGolfterministebenfallsimEimerallesistaus
undderIdiothiervormiristalleindaranschuldichhasseihn".

Tatsächlich ist die Sache vielleicht ganz problemlos. Menschen drücken sich oft ungeschickt aus. Sie verwenden Symbole leichtfertig, weil sie um die kommunikativen Zusammenhänge nicht Bescheid wissen. Es mag ganz etwas Anderes vorliegen. Vielleicht hat der Mitarbeiter nur ein Problem mit einem Kollegen, der einen versprochenen Beitrag nicht rechtzeitig liefert und er möchte Hilfe von seinem Vorgesetzten. Er hätte in diesem Fall ohne Zweifel besser gesagt:

... das Projekt läuft zufriedenstellend. Es gibt aber eine Sache, die zu einer Verzögerung führen könnte und dabei brauche ich ihre Hilfe. Kann ich das jetzt mit ihnen besprechen? ...

Durch den positiven Beginn wäre der Druck heraußen. Aber wer hat das je systematisch gelernt? Wer bereitet sich auf ein (angeblich) schlichtes Gespräch in Ruhe vor? Und noch dazu kommunikationstechnisch? Wir bereiten Gespräche inhaltlich, also sachlich meistens gut vor. Argumente werden bedacht und Gegenargumente vorbereitet. Dem Gespräch selbst, seiner Dynamik, seinem Ablauf, den am Gespräch beteiligten Personen widmen wir meistens keine Aufmerksamkeit, bis es eskaliert und damit oft schon zu spät ist. *... das habe ich ganz anders gemeint ... ich sag ja nichts, ich meine ja nur ...* Klassische Reaktionen, die wohl jeder schon oft gehört und selbst verwendet hat.

Worte sind nur Symbole, nicht die Wirklichkeit

Worte sind nur Symbole, nichts weiter. Sie übertragen grobkörnige Durchschnittsinformationen, die über das, was wirklich vorliegt, meist wenig aussagen. Bleiben Sie lernbereit und misstrauen Sie der symbolischen Kurzfassung.

Als Zuhörer gehen Sie innerlich am besten immer davon aus, dass Sie keine Ahnung davon haben, was der Sprecher eigentlich meint. Damit liegen Sie ziemlich sicher richtig. Im folgenden Beispiel können Sie spüren, wie anders das Gespräch weiterläuft, wenn es nicht nach der weiter oben dargestellten kenn-ich-weiß-ich-hab-ich-schon-gesehen-Methode abläuft:

Zuhörer: *Wie geht es deiner Tochter in der Schule?*
Sprecher: *Sie hat Lernschwierigkeiten.*
Zuhörer: *Aha, was meinst du damit?*

Der Zuhörer reagiert nicht auf das sprachliche Symbol, sondern hinterfragt es. Er hat damit auf die Einladung zur Lade-auf-Problem-hinein-Lade-zu-Etikett-drauf-Technik widerstanden und ein wirkliches Gespräch begonnen. Jetzt erst wird es Kommunikation, ein wirkliches Gespräch unter Menschen.

Der Sprecher kann jetzt tiefer auf das tatsächliche Geschehen eingehen. Vielleicht erzählt er eine völlig andere Geschichte als Sie spontan angenommen hätten. Vielleicht erzählt er von familiären Schwierigkeiten, die seine Tochter bedrücken, von seiner bevorstehenden Scheidung oder vielleicht gibt er dem Gespräch eine andere unerwartete Wendung. Vielleicht erzählt er tatsächlich von Schule und Lernen, aber eben nur vielleicht. Und auf jeden Fall wird dieses Darüber-Sprechen eine befreiende Wirkung auf ihn haben. Und Sie haben dann die Möglichkeit, das Etikett abzulösen, indem Sie zum Beispiel sagen:

... das sind gar keine Lernschwierigkeiten, das ist ganz normal, ich war auch so ... oder ... meine Kinder haben auch so reagiert ...

Das wirkt wie eine ENERGIE-INJEKTION. Es kann bei Ihrem Gesprächspartner die Haltung auslösen *... dann ist das ja gar nicht so schlimm ... dann komme ich damit auch zurecht ...*

Die Fähigkeit, ein Problem zu lösen, ist direkt proportional dem Selbstwertgefühl in Bezug auf die Angelegenheit.

Der Eindruck, man könne etwas lösen, man könne mit etwas fertig werden, ist der erste, größte und wichtigste Schritt zur tatsächlichen Lösung. Alles weitere ist nur noch Arbeit, tun, dran-bleiben. Weiter oben habe ich das unter dem Begriff des Netto-Problems dargestellt.

Ob Ihr Gesprächspartner darauf so positiv reagiert oder nicht, liegt an ihm. Auch die ausgefeilteste Kommunikationstechnik soll Menschen nicht manipulieren. Jeder Mensch hat das Recht auf seine eigenen Erfahrungen, die manchmal Schmerz erfordern. Es ist arrogant anzunehmen, jemand anderer würde das, was wir ausgehalten haben, nicht ebenfalls ertragen können.

Letztlich ist es unsere erste Aufgabe als Zuhörer, nicht in den Problemen unseres Gesprächspartners zu versinken. Mitfühlen ist besser als Mitleiden.

Wenn jemand aus einem Sumpf um Hilfe ruft, in dem er zu versinken droht, ist es nutzlos, ihm nach zu springen. Bleiben Sie am sicheren Rand, holen Sie eine Leiter, ein Brett, einen Ast, ein Seil. Rufen Sie weitere Hilfe. Tun Sie alles, was Sie können, um den Versinkenden zu beruhigen und ihm jede nur denkbare Hilfe zu organisieren. Aber springen Sie nicht hinein. Sie würden dann ebenfalls Hilfe benötigen und besonneneren Rettern noch mehr Arbeit bereiten.

Das zweite Beispiel lässt sich mit der beschriebenen Technik, sensibel auf Symbole zu reagieren, ebenfalls lösen:

Mitarbeiter: Ich werde den versprochenen Termin nicht halten können.
Chef: Aha, was heißt das genau?

Sie erkennen wieder dieselbe Grundtechnik. Der Chef schnappt diesmal nicht wie ein Karpfen nach dem Symbol "Termin-nicht-halten". Im selben Beispiel weiter oben hat der Chef sofort und wie ein Automat ausschließlich auf dieses Symbol reagiert. Vermutlich macht er das jedes Mal und in jeder Stress-Situation so. Er hat es so gelernt.

Diesmal, durch die schlichte Technik, das Symbol als Null-Information zu erkennen, entspannt sich diesmal der Vorgesetzte. Er möchte wissen, was wirklich dahinter steckt. Er ist eher neugierig als erschreckt.

Denn so wie die Variable "x" in einer Gleichung erst im Laufe der Lösung ihren wirklichen Wert erhält, so stellt sich erst im Laufe des Gesprächs heraus, was mit dem Symbol "Termin-nicht-halten" wirklich gemeint ist.

Vielleicht ist es - wie oben bereits dargestellt - weitgehend harmlos.

Es ist ein Erfahrungswert, dass sich rund 90% aller Problemsituationen allein durch diese lernende Haltung des Zuhörens fast von selbst lösen.

Und neben den positiven Auswirkungen auf das Klima und die Ergebnisse schont diese Technik auch die Magennerven der Beteiligten und ist dadurch ein wesentlicher Beitrag zu einem leichteren und auch körperlich gesünderen Leben.

Und wieder - so wie im Beispiel mit dem Kind - können Sie damit als Zuhörer ENERGIE auf den Sprecher übertragen. Allein schon die Tatsache, dass Sie die Situation gelassen sehen, wird dem Mitarbeiter Kraft geben, die er unmittelbar für die Lösung seines Problems einsetzen kann. Er wird Vorschläge entwickeln, was er tun könnte oder er wird einen Vorschlag haben, wie Sie ihm helfen könnten. Wenn er/sie keinen Vorschlag hat: Fordern Sie einen an! Das überträgt Energie, weil es zeigt ... ich traue dir das zu *... ich weiß, du kannst das ... du bist mindestens so stark wie ich, vielleicht sogar besser als ich ...*

Denken Sie an die Fordern-Fördern-Matrix. Nur zu fördern, zu unterstützen, zu helfen, das haben wir als zu wenig gefunden. Es ist wichtig, jemanden auch heraus zu fordern, seine Grenzen in Frage zu stellen, ihm mehr zuzutrauen als er sich selbst bisher zumutete. Machen Sie selber keinen Vorschlag. Es ist nicht Ihr Problem. Sobald Sie sich des Problems bemächtigen, entziehen Sie dem Gesprächspartner Energie ... *sieh her, ich spiele mich mit diesem Problem ... für mich ist das ein Klacks ... wie kann man nur an so was leiden?* ... Das gibt definitiv keine Kraft, sondern entzieht sogar noch jede Menge davon. Wenn man das Gefühl bekommt, andere schaffen alles leichter, ist das schmerzhaft und man fühlt sich schwach und klein und erfolglos, ein Verlierer auf der steilen Strasse nach unten.

In Wahrheit haben alle Menschen irgend welche Probleme zu lösen. Sonst würden sie aufhören zu lernen und zu wachsen. Das heißt nicht, dass alle Menschen unter ihren Problemen leiden. Man muss nicht automatisch leiden, wenn man ein Problem hat. Das Leiden unter einem Problem ist eine unnotwendige Extra-Zutat, die zur Lösung nichts beiträgt. Das Leben hat unsere Fähigkeit zu leiden trotzdem erfunden, weil wir sonst aus Bequemlichkeit im Fernsehsessel verharren würden. Erst der Leidensdruck bringt uns in Bewegung, so wie erst der Hunger den Löwen in Bewegung setzt.

Es ist eine faszinierende Beobachtung, wie scheinbar klein alle Probleme sind, unter denen andere Menschen leiden. Wir lösen sie im Vorbeigehen ... *warum machst du nicht dies, oder das oder jenes ... probier doch einfach das ... warum kommst du nicht und nicht weiter? ... du bist selbst schuld ...*

Warum sehen unsere eigenen Schwierigkeiten im Vergleich dazu so groß aus? WIR bemühen uns wirklich und redlich.

UNSERE Probleme sind hartnäckig. ... *die Anderen haben leicht reden ... wenn die wüssten, was wirklich läuft ... gerne würde ich tauschen ... ich verstehe überhaupt nicht, warum jemand Anderer jammern kann, der nicht so leidet wie ich ...*

Die Wahrheit ist diese: Jeder löst seine eigenen Probleme am schwersten, denn alles was er leicht lösen kann, das hat er schon gelöst. Also ist das, was uns wirklich nervt, verfolgt, belastet, der FÜR UNS schwierige Rest. Und - man fasst es nicht - genauso geht es allen anderen auch!

Also ist es besser zuzuhören und zu verstehen, dass genau die Sache, über die jemand spricht, für ihn eine riesige Wachstumschance ist. Und es ist besser, voll Demut an die eigenen Probleme zu denken, für die dasselbe gilt. Die Probleme Anderer können wir oft nicht verstehen. Sehr wohl aber können wir das Gefühl verstehen, vor einem unbezwingbaren Berg zu stehen, den man nicht zu erklimmen wagt, obwohl er für andere wie ein flacher Hügel wirken mag. In diesem Gefühl sind wir alle gleich. Die Ausnahmen erkennt man an den weißen Flügeln und dem gelben Schein über dem Kopf.

Zusammengefasst ergibt das die folgenden Empfehlungen für den Zuhörer:

→ Schnappen Sie nicht nach jedem Köder
→ Die weitaus meisten Probleme können die Betroffenen selbst lösen
→ Nutzen Sie Ihre Fähigkeit, Energie zu übertragen

Schnappen Sie nicht nach jedem Köder

Das ist die erste Regel für einen Fisch, der alt werden will. Es ist der entscheidende Lernschritt, der darüber entscheiden wird, ob er lange Jahre vor sich hat oder ob er relativ bald in der Pfanne landen wird. Fische, die diesen Lernschritt ablehnen, werden nie in Ruhe überprüfen, ob auf einem schmackhaft aussehenden Wurm nicht möglicherweise ´made in Hong Kong´ draufsteht. Sie sehen den Köder kommen und sie bemerken nicht einmal, dass die erfahrenen Fische abdrehen. Sie halten sich naiverweise für mutiger. Allerdings nur für kurze Zeit. Dann haben sie es überstanden.

Das ist der wesentliche Unterschied zum Menschen, die denselben Fehler über lange Jahre machen können. Die tausenden Streitgespräche wegen nichts und wieder nichts wirken nicht besonders schnell. Magengeschwüre und andere ebenso ungesunde Partystopper brauchen in der Regel lange Zeit, bevor sie uns auffallen. Was die dauernden Streitereien aber lange zuvor anrichten, ist eine langsame Zerstörung unserer Lebensfreude, unserer Partnerschaften und unserer Freundschaften. Sie zerstören das, was die eigentliche Quintessenz des Lebens ausmacht: die Freude am Dasein, das Genießen der endlosen Schönheiten unserer inneren und äußeren Welt.

Wenn Sie das nächste Mal als Zuhörer den Köder kommen sehen - und ich meine damit eines der besprochenen Symbole - dann drehen Sie lässig bei und lassen einen anderen danach schnappen. Es findet sich immer jemand, der sich schlauer, schneller, kräftiger und mutiger wähnt.

Eines Ihrer Kinder kommt und *... hat von der Schule endgültig die Nase voll ....* **Vorsicht Köder!** Nicht zuschnappen und die endlose

Litanei beginnen über die Undankbarkeit der heutigen Jugend im Allgemeinen und Ihrer Kinder im Besonderen und über die enormen Chancen, die Sie gerne gehabt hätten. Es ist nur ein Symbol, das in Ihnen aufpoppt und Ihnen allerhand Sachen erzählt über verschiedene Kollegen, die nur auf eine Niederlage in Ihrer Familie warten, und über arbeitslose Kinder, die Sie noch im Alter von 70 Jahren ernähren werden müssen. Es ist nur ein Symbol. Fragen Sie zuerst einfach in Ruhe nach. Oder sagen Sie *... ich bin jetzt zu müde, besprechen wir das in einer Stunde, okay? ...* Erinnern Sie sich: Was war noch die wichtigste Regel für den erfolgreichen Fisch? Genau: Vorsicht Köder!

Einer Ihrer Mitarbeiter kommt und ... *sieht Probleme in diesem und jenem Projekt und überhaupt wird die Konkurrenz stärker und stärker* ... **Vorsicht Köder!** Nicht zuschnappen und sofort verzweifelt nach Lösungen suchen, nach Auswegen und Alternativen. Es ist nur ein Symbol, das in Ihnen aufpoppt und Sie verwirrt mit tausend schlimmen Konsequenzen. Es ist nur ein Symbol. Fragen Sie in Ruhe nach. ... *Sie sehen derzeit mehr Probleme als Sie sich wünschen würden, stimmts?...* Und dann hören Sie zu. Sorgen machen können Sie sich später immer noch. Vielleicht hat der Mitarbeiter ganz andere Probleme als Sie spontan angenommen haben. Vielleicht ist er überfordert oder hat private Probleme, die ihn die Welt so negativ sehen lassen. Was auch immer dahinter stehen mag. Vergessen Sie nicht die wichtigste Regel für den erfolgreichen Fisch: Vorsicht Köder!

Sie kommen nach Hause und Ihr Partner sagt ... *typisch für dich. Nichts im Kühlschrank. Aber zum Einkaufen hast du ja mich, natürlich. Wozu denn sonst? ...* **Vorsicht Köder!** Nicht zuschnappen und extra fest zu(rück)beißen. Es ist nur ein Symbol, das in Ihnen aufpoppt. Vielleicht möchte Ihr Partner nur fest in die Arme genommen werden, weil ihn/sie die ganzen Idioten da draußen in der Welt außerhalb Ihrer vier Wände kaputt machen und weil scheinbar die ganze Welt gegen sie/ihn ist. Vielleicht möchte er/sie nur hören ... *du hast recht. Und deshalb gehen wir heute in unser Lieblingsrestaurant. Ganz gemütlich, nichts Stressiges. Vielleicht verzeihst du mir und freust dich* ... Vielleicht wird es der schönste Abend der letzten 10.000 Jahre Menschheitsgeschichte. Und warum? Weil Sie die schlichte Regel für den erfolgreichen Fisch nicht vergessen haben: Vorsicht Köder!

Die weitaus meisten Probleme können die Betroffenen selbst lösen

Das gilt für Sie selbst und auch für die Menschen, von denen Sie glauben, dass Sie unbedingt Ihre Unterstützung brauchen. Es gibt kein Problem ohne Lösung. Im Gegenteil. Probleme kondensieren um einen Lösungskern, so wie sich Hagelkörner um ein winziges Staubteilchen in der Luft bilden. Probleme können ohne Lösung gar nicht existieren! Kein Staub in der Luft, kein Hagel. Keine Lösung, kein Problem.

Das ist ein sehr beruhigender Gedanke. Er erlöst uns von der Furcht, wir könnten eines Tages vor einem unlösbaren Problem stehen. Sogar Menschen, die sehr erfolgreich sind, kennen die innere nagende Angst, eines Tages könnte die Glückssträhne vorbei sein und alles würde zusammenstürzen.

Der geniale Songschreiber Brian Wilson hat das in "Don´t Worry Baby" mit den wunderbaren Worten ausgedrückt:

Well it has been building up inside of me for oh I do not know how long.

I don't know why but I keep thinking something is bound to go wrong.

Oh, ich weiß nicht seit wie langer Zeit wächst in mir ein Gefühl.

Ich weiß nicht warum, aber ich ahne, irgendetwas wird schief gehen.

Keine Sorge, das wird es nicht. Es kann immer wieder einmal Probleme geben, weil wir sie manchmal brauchen, um zu wachsen. Aber sie sind dazu da, um gelöst zu werden, nicht um darunter zu leiden. Darum lautet der Refrain des Songs von Brian Wilson auch "Don´t Worry Baby, everything is gonna be alright", mach Dir keine Sorgen, Liebling, alles wird gut ausgehen.

Das ist eine feststehende Tatsache. Alles ist gut. Nehmen Sie das nicht als mystische Feststellung, als Opium für das Volk. Es ist eine Tatsache, hier und jetzt. Die Kraft, die diese Welt geschaffen hat, hat sie nicht vergessen. Sie ist nach wie vor präsent. Die größten Geister der Menschheit aus allen Epochen sind sich darin einig und die Physiker unserer Tage beginnen gerade, es zu verstehen. Unser physisches Universum, das wir erleben und das wir als wahr wahr-nehmen, das ist - wenn man es mit den modernsten technischen Mitteln stark genug vergrößert - nicht mehr da! Es bleibt hinter den Atomen, Atomkernen, Elektronen, Positronen, Quarks und allen anderen "kleinsten" Teilchen nichts - außer einer unsichtbaren Kraft, die alles zusammenhält, was man dann wieder sieht, wenn man die Vergrößerung wieder zurückschraubt.

Don´t worry! Machen Sie sich keine Sorgen! Weder um sich selbst, noch um Ihre Lieben, noch um alles das, was Sie erreichen möchten. Sie sind beschützt und Sie werden Ihre Ziele erreichen. Sie können sich in der Zwischenzeit Sorgen machen so viel Sie wollen. Aber außer Falten werden diese Sorgen wenig bewirken. Niemand kommt seinen Zielen dadurch schneller näher, dass er sich möglichst viele Sorgen macht. Niemand verbessert das Verhältnis zu seinen Kindern dadurch, dass er sich um sie Sorgen macht. Im Gegenteil, Sie werden die Energie, die Sie in Ihre Sorgen investieren, woanders vermissen. Sie werden schlechter schlafen und gerädert aufwachen.

Vielleicht haben Sie bereits jetzt einmal in der Woche einen Tag, an dem Sie zum Beispiel aus Diätgründen weniger oder manches überhaupt nicht essen oder an dem Sie sonst irgend etwas weglassen. Erweitern Sie diesen Tag auf Ihre Sorgen. Also zum Beispiel ... *Am Donnerstag esse ich nur Obst und mache ich mir keine Sorgen* .... Sie werden sehen, dass Ihnen die Sorgen-Diät mindestens so gut bekommt wie Ihre Ernährungsdiät. Und Sie werden dadurch vor allem eines sehen, was Sie ohne diese Erfahrung nie und nimmer glauben werden: Nichts läuft deshalb schlechter als vorher, wo Sie 7 Tage in der Woche 24 Stunden lang Sorgen-Dienst hatten.

Vielleicht fragen Sie sich, wie geht das überhaupt, sich nicht zu sorgen? Sie haben keine Übung darin. Also hier ein paar Anregungen. Sobald Sie den Dreh begriffen haben, werden Sie problemlos neue Anwendungen finden. Ich bin ziemlich sicher, dass Ihr normaler Alltag jede Menge an Gelegenheiten bietet, Sorgen auszuweichen.

Nehmen wir an, an Ihrem Diättag klingelt das Telefon und jemand, um den Sie sich normalerweise Sorgen machen würden, erzählt eine schlimme Geschichte von Wehklagen und Mühsal. Gestern hätten Sie sofort Magenschmerzen bekommen und sich eingeschaltet, Ihre Hilfe angeboten und alles unternommen, um ja "lieb" und "gut" zu sein. Aber heute - leider, muss man sagen - ist Ihr ich-mach-mir-keine-Sorgen-Tag. Also werden Sie zum Beispiel sagen, ... *ach, das ist sicher alles halb so schlimm … mach dir keine Sorgen, ich mach mir auch keine ….* Seien Sie sicher, dass man sie für gefühllos halten wird, für einen herzlosen Stein. Bleiben Sie trotzdem bei Ihrer Diät: Heute keine Sorgen. Wenn der Anrufer andeutet, dass er ja jemanden Anderen anrufen kann, der mehr Verständnis hat, dann unterdrücken Sie ihren Jubelruf bis er oder sie aufgelegt hat. Oder unterdrücken sie ihn auch nicht, die Welt soll sich mit Ihnen freuen!

Wenn Sie von jemandem eingeladen werden, der oder die Sie normalerweise stundenlang anjammert, dann geben Sie dieser Person vielleicht eine letzte Chance … *nur, wenn du kein einziges Mal jammerst … oder Sie sagen vielleicht gleich … nein heute nicht, dir geht es nicht gut, du solltest dich besser hinlegen, da heult es sich leichter* …. Auch hier können Sie sicher sein, dass Ihre Bekannten fassungslos sein werden über Ihre Entwicklung. Man wird sich ernstlich überlegen, Sie in Zukunft zu den regelmäßigen worry-ins einzuladen. Auch hier müssen Sie dann entscheiden, ob Sie sofort in Halleluja-Rufe ausbrechen oder ob Sie im Stillen dem Herrgott oder wem auch immer dafür danken, dass er Ihnen die Quälgeister so einfach abgenommen hat.

Im Büro geht die kollektive Depression um, aber Sie verweigern an Ihrem Diättag die Teilnahme. Wenn Sie Chef sind, sagen Sie zum Beispiel … *ich mache mir keine Sorgen, denn ihr kriegt das sicher hin* …. Wenn Sie Kollege sind, dann sagen Sie vielleicht (egal ob zu einem Mann oder einer Frau) … *diese Sorgenfalten stehen dir total gut, so männlich und so viel älter, ich beneide dich ….*

Und am nächsten Tag können Sie sich dann wieder sorgen, so viel Sie wollen. Dadurch haben Sie eine Vergleichsbasis, was Ihnen besser tut und wann Sie sich besser fühlen.

Möglicherweise werden Sie feststellen, dass Ihre Sorgen niemandem fehlen. Die Welt wird nicht um einen Deut schlechter, weil Sie sich nicht mehr sorgen. Sie werden eine weitere und am Anfang tatsächlich etwas erschreckende Erkenntnis gewinnen: Für die Lösung jedweden Problems sind Sie selbst ziemlich unwichtig. Das Problem löst sich auf jeden Fall. Die Lösung drängt an die Oberfläche, egal, ob Sie sie dabei unterstützen oder nicht. Ein Problem, dessen Lösungszeit gekommen ist, kann nicht ungelöst bleiben. Und ein Problem, für dessen Lösung die Betroffenen noch nicht reif sind, weil sie es tief innerlich noch brauchen und sogar irgendwie genießen, so ein Problem lösen auch Sie nicht.

Vielleicht sind Sie ein Puzzlesteinchen auf dem Weg, den die Lösung auf ihrem Durchbruch benutzt. Dann ist es gut und Sie werden etwas beitragen. Ihr Beitrag kann Fördern sein oder Fordern. Sie wissen es nicht. Sie tun, wonach es Sie drängt, nicht das, wovon Sie denken, dass man es von Ihnen erwartet.

Wenn Sie aber für die Lösung gar nicht notwendig sind, dann mischen Sie sich auch nicht ein, sondern gehen Sie mit Ihrem Partner oder mit Freunden ins Kino oder tun Sie sonst etwas, das Ihnen Spaß macht und das Sie in ruhiger Erwartung des besten denkbaren Ergebnisses hält.

Es ist nicht selbstverständlich, diese Ruhe und Kraft in sich zu finden. Unsere Zeit bevorzugt den kritischen, intellektuellen Typ, der zwar wenig beiträgt, aber sorgenvoll mitdenkt. Er ist selten glücklich und auch selten wirklich erfolgreich. Er badet in allen möglichen Problemen, die er bespricht, statt sie zu lösen.

Damit Menschen auch in unserer Zeit diese innere Kraft in sich finden können, benötigen sie oft einen Zuhörer, der ihnen die Lösung zutraut. Sie benötigen oft einen Spiegel, der ihnen nicht das Bild zurückwirft, das sie aktuell selbst von sich haben und in dem ihre Probleme übergroß erscheinen, sondern einen Spiegel, der ihnen zeigt, dass sie die Lösung jedenfalls finden werden. PALES© sind solche Spiegelbilder. Sie reflektieren das Beste an Ihrem Gesprächspartner oder an der Gruppe. Sie reflektieren Eigenschaften und Fähigkeiten, die dem Anderen oft gar nicht bewusst sind. Aber ist nicht genau das die Funktion eines Spiegels? Uns das zu zeigen was wir ohne ihn nicht gewusst hätten? Mehr ist sehr oft gar nicht verlangt, wenn Menschen zu uns kommen und über ihre Sorgen sprechen.

Für Ihr ego ist das harte Kost, die es nicht gerne verdaut. Wir alle sind gerne wichtig. Aber wenn Sie einmal in Ruhe nachdenken, dann ist das in Wirklichkeit gar nicht bedeutsam. Sie haben Ziele und Sie arbeiten daran, diese zu erreichen. Den Weg dorthin genießen Sie. Auf diesem Weg bellen oft die Hunde, aber die Karawane zieht trotzdem weiter. Wenn man Sie um Rat fragt oder um Hilfe, dann raten Sie oder helfen Sie. Wenn man Sie ausnützt, helfen Sie weiter oder hören Sie damit auf. Tun Sie, was Ihnen richtig scheint. Ob jemand Anderer das beklatscht oder ob jemand Anderer das für falsch hält ... die Karawane zieht weiter.

Ob wir es gerne hören oder nicht: Wenn das Leben eine bestimmte Angelegenheit in bestimmter Weise lösen möchte, dann fragt es dazu vorher nicht bei uns nach. Unsere Meinung ist daher zu den wirklich wichtigen Fragen irrelevant. Wir mögen bei Unwichtigem diskutieren, uns aufplustern und unseren Senf gefragt und ungefragt dazu geben. Aber die wirklich wichtigen

Dinge sind davon unberührt. Die Sonne geht auf. Sie geht unter. Kinder kommen zur Welt. Menschen sterben. Der Winter kommt. Der Frühling, der Sommer, der Herbst folgen. Ob Statistiken die heißesten und die kältesten Tage berechnen oder nicht, macht keinen Unterschied.

Das bisschen, das uns an Aktionen bleibt, ist einfach und grundlegend. Ein starkes, mutiges, eindeutiges Wort an jemanden, der gerade zweifelt. Eine tatkräftige Hilfe für jemanden, der sich völlig alleine glaubt. Eine anonyme Spende an jemanden, der in seiner Verzweiflung glaubt, Gott habe ihn vergessen. Ein Kuss für unseren Partner und unsere Kinder. Ein liebes Wort an wen auch immer. Das wird in der Endabrechung auf der Habenseite stehen. Und es wird genug sein. Weil uns das Leben liebt.

Und doch werden wir selbst wissen, dass so viel mehr möglich gewesen wäre. So viel mehr mutige Worte, mehr tatkräftige Hilfe, mehr Spenden und mehr Küsse. Und wir werden froh sein, wiederkommen zu dürfen, um es beim nächsten Mal besser zu machen. Wenn Sie jetzt erkennen, dass genau jetzt, wo Sie diese Zeilen lesen, bereits dieses nächste Mal ist, dass Sie schon unendlich viele Anläufe gemacht haben und dass es diesmal, genau diesmal, der alles entscheidende Anlauf ist, dann haben Sie JETZT den entscheidenden Schritt gemacht und der Sinn dieses Augenblicks ist erfüllt.

Es bleiben die wenigen Probleme, bei denen unsere Kraft nicht auszureichen scheint, bei denen wir über die Kraft des Lebens nicht direkt verfügen, sondern bei denen wir die Hilfe anderer Menschen benötigen. Wann immer Sie ein solches Problem vermuten, berücksichtigen Sie die folgende einfache Regel:

Sprechen Sie mit niemandem über Ihre Probleme, der oder die Ihnen nicht helfen kann.

Sprechen Sie ausschließlich mit kompetenten und erfolgreichen Menschen über Ihre Sorgen. Erfolglose Menschen werden dazu neigen, Ihre Probleme zu vergrößern, indem sie über ihre eigenen Fehlschläge berichten und die scheinbare Hoffnungslosigkeit allen Bemühens aufzeigen. Das kann Sie leicht entmutigen und Ihre Widerstandskraft gegen Sorgen und Probleme weiter schwächen. Inkompetente Menschen werden inkompetente Ratschläge geben und damit Ihren aktuellen Sorgen neue hinzufügen.

Faszinierender Weise sind es aber gerade diese Menschen, die am freigiebigsten mit ihren Ratschlägen sind. … *wenn man mich fragen würde, dann … na, dem hätte ich es aber gezeigt … warum lässt du dich nicht einfach scheiden?* …. Von niemandem können Sie mehr und ausführlichere Tipps zur Partnerschaft bekommen als von geschiedenen und betrogenen Menschen. Diese glauben, "die Männer" oder "die Frauen" zu kennen wie niemand sonst. … *typisch! … na endlich siehst du es auch … ich hab es kommen sehen* …. Jeder, der oder die die Dinge anders und positiver sieht, ist naiv und hat einfach nicht den Durchblick. Wenn Sie selbst gerade ein Beziehungsproblem haben, dann werden Sie durch diese beredten Schilderungen wohl kaum den Eindruck gewinnen, Sie könnten Ihrem Partner trauen oder es stünde dafür, wieder mehr in die Partnerschaft zu investieren.

Wenden Sie sich an Menschen, die auf dem Gebiet erfolgreich sind, auf dem Sie Hilfe benötigen. Wenn Sie abnehmen möchten, dann hat es keinen Sinn, wenn Sie sich mit anderen Übergewichtigen beraten. Bemerkungen in der Qualität von … *ich nehme schon zu, wenn ich nur eine fett gedruckte Überschrift in der Zei-*

tung lese … gegen schwere Knochen ist keine Hilfe möglich … und ähnliches werden Ihnen wohl kaum Mut machen, die Sache entschieden anzugehen. Erfolgversprechender ist es da wohl, professionelle Hilfe in Anspruch zu nehmen.

Diese Beispiele mögen selbstverständlich klingen, aber der Verstoß gegen sie ist tägliche millionenfache Realität. Studienentscheidungen nach dem Schulabschluss werden primär aufgrund einer Befragung im Freundeskreis getroffen … *was studierst denn du? … hört sich gut an, mach ich auch ….*

In Erziehungsfragen werden Freunde konsultiert, die mit ihren Kindern auch nicht zurande kommen. Dadurch entsteht dann kollektiver Unsinn wie zum Beispiel die so genannte Pubertät. Weil die meisten Eltern Probleme mit ihren halbwüchsigen Kindern haben, wird flugs eine Art genetisch bedingte "Entwicklungskrankheit" konstruiert. Dadurch braucht sich niemand mehr zu ändern. Probleme mit den Kindern? Alles klar, das ist die - wie heißt das doch gleich? - ach ja, die Pubertät. Anstelle sich zu fragen, was man ändern könnte und warum bestimmte Dinge in bestimmter Weise laufen, glaubt man Zusammenhänge zu erkennen, die in Wahrheit gar nicht existieren. *… ja das kenne ich, das ist eine schlimme Zeit … wir waren auch so ….* Auf die Idee, das könnte an bestimmten Fehlern im Umgang miteinander liegen, und dass die so ähnlichen Reaktionen der Jugendlichen an den ebenso ähnlichen Verhaltensmustern der Erwachsenen liegen könnten, kommt man dadurch gar nicht. Es scheint unabänderlich, sozusagen genetisch bedingt zu sein und - Hand auf's Herz - … *was soll man gegen die Natur schon ausrichten? …*

Es ist als würde man sich im Gebirge verirren und statt am Handy die Bergrettung zu informieren sucht man nach weiteren Verirrten und berät sich mit diesen. Prüfen Sie, ob dahinter nicht Ihre Angst steckt, etwas ändern zu müssen. Irgendwie scheint es beruhigender, sich mit erfolglosen und inkompetenten Leidensgenossen zu beraten, denn dann ist man in seinen Sorgen wenigstens nicht allein. Allerdings löst man so auch das Problem nicht. Mit professioneller Gruppentherapie, wo man gemeinsam mit anderen in die Struktur des Problems eindringt, das Gemeinsame und damit den Kern der Sache erkennen kann, sollten Sie das gemeinsame Gejammer am Tresen, im Kaffeehaus oder am Stammtisch keinesfalls verwechseln.

A: Wie geht´s Dir?
B: Ich bin sehr zufrieden.
A: Na so was, Du hast keine Sorgen?
B: Nicht mehr als jeder Andere auch.

Experimentieren Sie also in den nächsten Tagen einmal mit der obigen Regel: Sprechen Sie mit niemandem über Ihre Probleme, der Ihnen dabei nicht helfen kann.

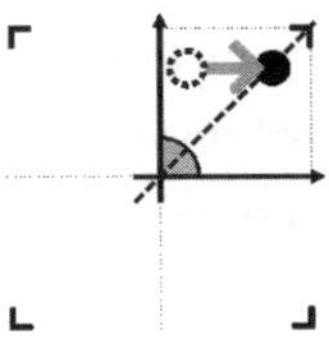

Techniken zur Stärkung der Dimension Fordern

Feedback: Klares Senden als Voraussetzung für jede Änderung

Wenn es um die Lösung von Konflikten geht oder um die schlichte Mitteilung von Anforderungen, dann haben Förderer oft Hemmungen und Forderer schießen gerne über das Ziel hinaus.

Förderer neigen dazu, sich unklar auszudrücken und um den heißen Brei herumzureden. ... *könnten sie vielleicht ... wäre es möglich ... wenn es ihnen nichts ausmacht* .... Wie um alles in der Welt soll der Zuhörer jetzt wissen, ob es sich um Anregungen handelt, so nach dem Motto ... *wenn es leicht geht* ..., oder um Anweisungen, die jedenfalls zu befolgen sind? Förderer haben Angst, etwas zu verlangen und lästig zu fallen. Sie hoffen auf freiwillige Gefolgschaft. Wenn das dauerhaft überhaupt nicht funktioniert, dann rasten sie gelegentlich aus.

Forderer neigen dazu, zu übertreiben und das Kind mit dem Bade auszuschütten. Sie vermuten hinter jedem kleinen Problem eine grundsätzliche Verschwörung und möchten jedes Übel sofort an der Wurzel packen.

Beide Strategien sind ziemlich erfolglos. Der Förderer erreicht typischerweise überhaupt nichts und der Forderer bekommt zwar das, was er so lautstark fordert, endet aber letztlich genauso einsam wie der Förderer, weil niemand mitdenkt und die Aufgaben lust- und seelenlos erledigt werden.

Es gibt einen einfachen dritten Weg. Er besteht darin, die eigenen Wünsche und Gefühle klar und eindeutig zum Ausdruck zu bringen.

Die Techniken dazu sind das Feedback und das Lichtschwert. Während das Lichtschwert, das im nächsten Kapitel dargestellt wird, bereits klare Anforderungen an den Zuhörer stellt, beschränkt sich die Feedback-Technik darauf, zu sagen, was man gerne geändert hätte, ohne schon eine eindeutige Lösungsstrategie vorzuschlagen.

Sehen wir uns dazu ein Beispiel an. Ein Paar sitzt wie jeden Tag beim Frühstück und der Partner liest die Morgenzeitung. Dieses Idyll wird dadurch getrübt, dass die Partnerin seit langer Zeit von diesem Verhalten genervt wird. Und wir erleben jetzt den Zeitpunkt mit, an dem es ihr reicht.

Sie: … du bist wirklich ein grenzenloser Egoist. Neben dir könnte man tot umfallen und du würdest es nicht einmal bemerken …
Er: … wie bitte? was ist denn plötzlich mit dir los. Ich lese hier ganz friedlich meine Zeitung und auf einmal muss ich mir das da anhören?

Sie: … das ist typisch für dich. Nur deine Wünsche zählen. Der Pascha möchte Zeitung lesen, und was ich will, das ist nebensächlich
Er: … hör mal, das kann doch nicht dein Ernst sein, oder? Was habe ich denn verbrochen? Darf man nicht einmal mehr Zeitung lesen, bevor man sich den ganzen Tag abrackert wie ein Verrückter …

Offensichtlich hat sich hier eine ganz Menge Frust angestaut, der plötzlich über den ahnungslosen Zeitungsleser hereinbricht. Allerdings wird damit das Problem wohl kaum gelöst, eher kommen durch den beginnenden Streit neue Probleme hinzu.

Ganz typisch für solche Situationen ist es, dass das eigentliche Problem nicht zur Sprache kommt. Statt dessen wird psychologisiert … *du bist ein Egoist* … und verallgemeinert … *das ist typisch für dich* …. Das mag ja durchaus stimmen, aber daraus ist auch beim besten Willen nicht zu erkennen, dass es ganz schlicht darum geht, dass es nervt, wenn man die Zeitung liest während andere mit einem reden möchten.

Feedback ist eine sehr wirkungsvolle Technik zum Umgang mit derartigen Situationen. Feedback ist ursprünglich ein Begriff aus der Elektrotechnik, speziell der Akustik, und bezeichnet das bekannte Phänomen, dass ein Mikrofon rückkoppelt, wenn es einem Lautsprecher zu nahe kommt. Die Rückkopplung kommt dadurch zustande, dass die Schallwellen des Lautsprechers vom Mikrofon aufgenommen werden und dadurch erneut zum Lautsprecher gelangen, der sie wieder ins Mikrofon sendet und dadurch einen Kreislauf erzeugt, der in einem lauten und schrillen Pfeifton mündet.

In der Kommunikation bezeichnet Feedback das Zurückspielen des Verhaltens eines Menschen an diesen selbst. Im speziellen Fall ist dem Zeitungsleser ja überhaupt nicht bewusst, dass sein Verhalten seine Partnerin stört. Natürlich könnte er durchaus soviel Benehmen und Sensibilität aufbringen, selbst darauf zu kommen, aber durch derartige philosophische Überlegungen hat noch niemand seine Zeitung auf die Seite gelegt. Es geht also darum, ihm dieses Verhalten bewusst zu machen, es an ihn rückzukoppeln. Je klarer und eindeutiger das erfolgt, desto besser.

Sehen wir uns die Anwendung des Feedback an diesem Beispiel an. Grundsätzlich ist zu überlegen, ob der frühe Morgen die richtige Zeit ist, um ein Problem anzusprechen und auch zu lösen. Wahrscheinlich ist die Zeit zu knapp, um eine befriedigende Lösung zustande zu bringen. Also wäre es besser, die Sache am Abend zur Sprache zu bringen. Das ist eine Grundregel für optimales Feedback: Wähle bewusst eine passende Gelegenheit. Wenn eine Problem gerade akut ist, ist es selten lösbar. Die Wogen gehen zu schnell hoch und nichts wird gewonnen außer neuem Streit.

Gehen wir also davon aus, dass dasselbe Paar ohne den Streit am Morgen am Abend erneut beisammen sitzt und gehen wir auch davon aus, dass der Fernseher nicht eingeschaltet ist. Die Partnerin hat sich die Sache gut überlegt und möchte eine Änderung der morgendlichen Routine erreichen.

Sie: … schön, dass wir einmal in Ruhe beisammen sitzen. Ich habe mich den ganzen Tag darauf gefreut. Ich möchte etwas mit dir besprechen, geht das jetzt? …
Er: … ich bin auch froh über den Abend. Was liegt denn an? …
Sie: … Es liegt mir ziemlich am Herzen. Wenn wir morgens beim Frühstück beisammen sitzen, dann würde ich gerne noch mit dir reden, bevor wir ins Büro müssen. Aber das geht nicht, weil du immer die

Zeitung liest. Ich schau dir dann beim Lesen zu und das macht mich ganz krank …
Er: … Na ja, ich komme ja danach nicht mehr dazu, in die Zeitung zu schauen. Du kennst das ja aus deinem Job, wie es den ganze Tag zugeht …
Sie: … ja das stimmt, den ganzen Tag geht es rund. Und genau deshalb möchte ich die halbe Stunde mit dir genießen. Wenn ich statt dir nur die Rückseite der Zeitung sehe, macht mich das ganz fertig …
Er: … wann soll ich denn dann Zeitung lesen, wie stellst du dir das denn vor bei meinem Stress? …
Sie: … ich verstehe dich, aber verstehe mich bitte auch. Ich muss dir jeden Tag beim Lesen der Zeitung zusehen und das macht mich auf die Dauer fertig …
Er: … Also darf ich keine Zeitung mehr lesen, nicht einmal mehr zuhause? …
Sie: … oh, ich verstehe dich, aber für mich ist das so auf die Dauer einfach nicht lustig. Es macht mich fertig …
Er: … soll ich etwa deshalb eine halbe Stunde früher aufstehen? …
Sie: … ich weiß nicht. Aber wenn du so gerne in der Zeitung liest, wäre das vielleicht eine Lösung …

Bei diesem Ablauf konzentriert sich das Gespräch auf das, was die Partnerin stört. Sie formuliert es in Form der sogenannten "Ich-Botschaft". Sie sagt nicht … *du machst etwas falsch* …. Sie sagt … *ich halte etwas nicht aus* …. Dadurch macht Sie dem Partner keinen Vorwurf. Das Gespräch bleibt viel friedlicher und ruhiger. Und es bleibt eng am wirklichen Problem dran. Es gibt kein Psychologisieren und keine pauschalen Verallgemeinerungen.

Andererseits ist die Partnerin hier viel deutlicher und konkreter. Sie sagt, was sie stört und sie bleibt auch dabei, wenn der Partner ausweichen will. Wenn er einen Lösungsvorschlag verlangt, den er dann mit Sicherheit als unmöglich abtun würde, bleibt sie ganz ruhig bei ihrem Anliegen. Sie schlägt keine Lösung vor, sie mischt sich nicht ein. Sie erwartet von ihrem Partner, dass er aus Eigenem auf sie Rücksicht nimmt.

Sie versucht nicht, ihren Partner zu ändern. Sie versucht keinen neuen Menschen aus ihm zu machen. Sie versucht stattdessen, sein Verhalten in einem ganz bestimmten Fall zu ändern. Das ist ein viel realistischeres Ziel.

In vielen Fällen wird ein solches Gespräch eine Besserung herbeiführen. Wenn nicht, dann ist es Zeit, zum Lichtschwert zu greifen, das im nächsten Abschnitt dargestellt wird.

Klarheit und Eindeutigkeit: Das Lichtschwert

Das Lichtschwert ist in meiner Philosophie das kommunikative Werkzeug, um klar und eindeutig Ihre Position zu vertreten, friedlich und doch mit äußerster Bestimmtheit. Es ist ein Werkzeug, das Ihnen hilft, Ihre Verhältnisse zu ordnen, klare Ziele zu verfolgen und Ihr wirklich eigenes Leben zu führen, also genau das Leben, das Sie zufrieden und glücklich machen wird.

Licht bedeutet die Klarheit und Eindeutigkeit Ihrer Worte, Schwert bedeutet Ihre Bereitschaft, auch harte Konsequenzen zu ziehen.

Im Wortteil "Licht" kommen die Klarheit und die Eindeutigkeit zum Ausdruck, die nur im hellen Licht gegeben sind. In der

Nacht und bei schlechten Sichtverhältnissen ist genau diese eindeutige Sicht nicht gegeben. Ohne Licht sehen Sie nur verschwommen und undeutlich. Genau so ist Ihre Kommunikation öfter als Ihnen bewusst ist … *ich hätte gerne, dass du etwas Bestimmtes für mich erledigst, aber wenn es dir nicht ausgeht, macht es auch nichts* …. Man möchte Ihnen zurufen, … *warum sagst du nicht endlich einmal klar und deutlich, was du willst?* …. Sie lassen Ihre Umwelt im Unklaren über das, was für Sie wichtig ist.

Wie oft sagen Sie einem Kind, … *du musst heute um 11.00 Uhr zuhause sein* …, und wenn es dann tatsächlich 11.15 geworden ist, dann akzeptieren Sie das auch. Ist 11.00 jetzt eine klare Grenze oder nicht? Wenn 11.15 geht, dann geht 11.16 auch und dann 11.17 usw.

Und wenn es dann 11.30 ist, regen Sie sich plötzlich auf. Warum eigentlich? 11.30 ist nur eine Minute später als 11.29 und das wiederum nur eine Minute später als 11.28 und so weiter, bis wir bei 11.15 sind, das ja auch okay war.

Mütter machen sich um ihre Töchter Sorgen, weil diese schon mit 15 Jahren zu lange ausbleiben und mit den falschen Leuten unterwegs sind. … *tu das nicht, du weißt nicht, was passieren kann … das Leben liegt noch vor dir … du versäumst nichts … ich hätte gerne, dass du früher zuhause bist* …. Was heißt das, früher zu Hause sein? Ist das Klarheit? Und wenn man eine bestimmte Zeit ausgemacht hat und diese wird nicht eingehalten, dann … *muss man das verstehen, wir waren ja auch einmal jung* ….

Was nützen die mütterlichen Sorgen, wenn sie zu keinen Konsequenzen führen? Wird Ihre Tochter von Ihren Sorgen beschützt? Passiert Ihr nichts, weil sich die halbwüchsigen Freunde denken … *wir fahren heute vorsichtig mit dem Moped, denn die Mut-*

ter unserer Begleiterin macht sich Sorgen …? Nein, Ihre Sorgen sind wirkungslos, wenn man von den frühen tiefen Falten auf Ihrer Stirn absieht. Wie soll Ihre Tochter verstehen, dass es Ihnen ernst ist? Wie soll Sie Ihnen glauben, dass eine einzige Nacht ihr Leben tiefgreifend verändern kann? Woher soll Sie mit 15 Jahren wissen, dass nicht alle Menschen besorgte, liebevolle und verantwortungsvolle Wesen sind?

Das **Licht**schwert vermittelt Ihr Denken in klarer und eindeutiger Weise. Und es ist ein Schwert, weil es Ihnen hilft, sich durchzusetzen. Sie haben in vielen Ihrer Beziehungen eine klare Aufgabe. Wenn wir noch kurz beim Beispiel zwischen Mutter und Tochter bleiben, dann ist es Ihre Aufgabe als erfahrener Mensch, Ihr Kind so lange zu beschützen, bis es allein zurecht kommt. Verstehen Sie mich recht. Sie haben keine Verantwortung dafür, weil letztendlich Ihr Kind bestimmt, was es aus Ihrer Beziehung für sein eigenes Leben macht. Manche Menschen beginnen zu trinken, weil ihre Eltern getrunken haben und manche tun es genau deshalb nicht. Sie haben also keine Verantwortung für die Ergebnisse. Aber Sie haben eine Aufgabe zu erledigen. Sie erledigen Ihren Job und mehr können Sie nicht tun. Aber Ihren Job nicht zu machen, das ist ein Versäumen Ihres Lebenszweckes.

Also werden Sie Ihrer Tochter zuerst erklären, dass Sie es für nicht richtig halten, wenn Sie am Abend mit bestimmten Leuten zu lange unterwegs ist. Und dann werden Sie eine klare Anweisung geben. Sie könnte lauten … *und deshalb hätte ich gerne, dass du um … Uhr zuhause bist. Ich meine damit pünktlich um … Uhr, nicht eine Minute später, okay?* …. Das Okay am Schluss fragt nicht ab, ob Ihre Tochter damit einverstanden ist, sondern ob sie es verstanden hat. Sie wird nicht einverstanden sein, das ist ziemlich sicher. Wer von uns hat damals nicht gedacht, dass mit 18

Jahren das Leben zu Ende ist, dass man das, was man bis dann nicht erlebt haben wird, nie mehr erleben wird können? Sie können für diesen Widerstand volles und ehrliches Verständnis haben, aber Sie wissen, dass die wunderbare Weltsicht Ihres Kindes an den Gefahren nichts ändert.

Sehen wir uns diesen Lichtschwert-Dialog genauer an:

M: … und deshalb hätte ich gerne, dass du um … Uhr zuhause bist. Ich meine damit pünktlich um … Uhr, nicht eine Minute später, okay?
T: … um … Uhr? Da brauche ich ja gar nicht wegzugehen …
M: … oh, ich kann das verstehen, mir ging es als Kind genau so. Aber das ändert nichts an meiner Entscheidung …
T: … du bist gemein …
M: … ich erwarte nicht, dass du meine Gründe verstehst. Aber ich erwarte dich pünktlich zu Hause …
T: … ich mag dich nicht …
M: … ich dich schon und darum beschütze ich dich …

Nehmen wir an, der töchterliche Haustorschlüssel dreht sich um eine Minute nach der vereinbarten Zeit … *der Bus … der Regen … das Taxi …*, eine ganze Kaskade an Begründungen stürzt auf Sie ein. Jetzt kommt der zweite Wortteil des Licht**schwertes** zum Einsatz. Ziehen Sie Konsequenzen. Seien Sie nicht grausam, strafen Sie nicht, sondern machen Sie durch Konsequenzen klar, dass Sie es wirklich ernst meinen. Beachten Sie, dass Sie die Konsequenzen durchziehen müssen, nicht darüber reden sollen. Das ist das Schwert! Nicht darüber reden, sondern handeln, das ist das Entscheidende.

Aus der Erfahrung weiß ich, dass viele Menschen den Unterschied zwischen dem Lichtschwert und primitivem Bestrafen nicht sofort erkennen können. Jede Konsequenz scheint eine Strafe zu sein. Der Unterschied ist folgender: Strafen sind Racheakte und rückwärts gerichtet. Strafen sind Demonstrationen von Macht. Das Lichtschwert ist dagegen ausschließlich nach vorne gerichtet. Es vermittelt Klarheit, wie es reines Geschwätz nie vermag. Ich möchte es daher nochmals ausdrücklich betonen: Strafen Sie nicht.

Sehen wir uns diesen Fall am Abend um eine Minute nach der vereinbarten Zeit weiter an:

T: … bin schon da …
M: … du bist zu spät …
T: … och, nur eine Minute …
M: … du bist zu spät …
T: … der Bus … der Regen … das Taxi … komm, sei jetzt nicht böse …
M: … ich bin nicht böse, aber ich dulde das nicht …
T: … du bist kleinlich …
M: … du gehst eine Woche lang nicht mehr aus. Das bedeutet, du bist jeden Tag spätestens um 19.00 daheim …
T: … du bist gemein, ich mag dich nicht, das hatten wir nicht vereinbart …
M: … was wir vereinbart hatten, daran hast du dich nicht gehalten …
T: … das ist Erpressung, das ist Schiebung, das ist unfair …
M: … kann sein. Ich habe es nicht heraufbeschworen. Du bist zu spät gekommen, nicht ich, also schimpf mit dir, nicht mit mir …
T: … du hast versprochen, mich nie zu bestrafen …
M: … daran halte ich mich. Alles was ich tue ist dich zu beschützen. Dass du das verstehst erwarte ich nicht von dir …
T: … die anderen Mütter sind sowieso netter … … … usw usf …

M: … Ich bin jetzt müde. Die Regelung gilt ab sofort und endet, wenn du dich daran hältst, in einer Woche. Schlaf gut. Ich liebe dich …

Es mag sein, dass Ihnen diese konsequente Haltung sehr streng erscheint. Es mag sein, dass die hier geschilderte Reaktion übertrieben erscheint: … *ist ja nur eine Minute, wir waren doch auch einmal jung* …. Verständnislose Strenge scheint da keine angemessene Reaktion. Sie haben recht.

Andererseits kann ein Kind durch eine ewig nachlässige Haltung nicht begreifen, wann es Ihnen wirklich wichtig ist. Sie setzen zwar Grenzen, nehmen diese selbst aber nicht ernst. Dadurch werden alle Ihre Anordnungen zu unverbindlichen Ratschlägen. Für ein Kind hört sich das so an, als würden Sie es ihm in Wahrheit frei stellen, wann es nach Hause kommen soll. … *Sieh zu, dass Du um … zu Hause bist, aber wenn es nicht klappt, dann macht das auch nichts* …. Früher oder später gilt das dann für alle Ihre Bemerkungen. Sie werden als nicht besonders wichtig eingestuft. Das scheint wohl auch nicht besonders erstrebenswert.

Die hier geschilderte Technik des Lichtschwertes soll es Ihnen leichter machen, Ihre persönliche Lösung zwischen diesen Extremen zu finden. Vielleicht möchten Sie Konsequenzen erst nach mehreren Überziehungen der Uhrzeit ziehen, vielleicht auch gar keine. Es ist Ihre persönliche Entscheidung. Bedenken Sie dabei aber, dass es für beide Seiten keine besonders angenehme Erfahrung ist, wenn an die Stelle klarer Konsequenzen ewige Streitereien und Vorwürfe treten.

Vergleichen Sie die ruhige und klare Haltung der Mutter in diesem Beispiel mit der tausendfachen Realität von Vorwürfen, Streitereien und endlosen Zerwürfnissen … *wo warst du so lange? … hab ich dir nicht gesagt, du sollst pünktlich sein? … immer dasselbe mit dir … wenn ich das früher gemacht hätte, da hätte es was gegeben … warum kannst du mir nie eine Freude machen? ….* Nur reden, reden, reden, aber keine Konsequenzen, die zeigen würden, dass die Sache ernst und wichtig ist.

Wenn Ihr Kind jetzt als Ausgleich Freunde einladen möchte, dann ist das eine gute Idee. Sie wollen ja nicht strafen. Sie wollen nur und ausschließlich hinüberbringen, wie wichtig Ihnen bestimmte Dinge sind, also zum Beispiel das Nachhausekommen zu einer bestimmten Zeit. Das Lichtschwert ist ein Kommunikationsinstrument, kein Instrument zur Demonstration Ihrer Macht.

Nehmen wir eine Business-Situation. Ein Mitarbeiter vernachlässigt seine Pflichten, kommt zu Terminen mit seinem Vorgesetzten zu spät, verschleppt Projekte und ist immer wieder einmal gereizt, wenn es um Aufgaben und Termine geht. Manche Chefs würden mit der Keule draufschlagen, immer wieder einmal herumschreien … *so geht das nicht … wie oft habe ich das schon gesagt … wenn ich nur so Leute hätte wie Sie, dann wäre ich geliefert … verschwinden Sie aus meinem Büro ….* Danach wird der Vorgesetzte das Gefühl haben, diesmal wirklich deutlich seine Meinung gesagt zu haben. *… wäre ja noch schöner, wenn man sich das gefallen ließe ….* Und dann macht er sich daran, die Sache entweder selber zu erledigen oder er sucht sich einen seiner anderen Mitarbeiter und bürdet ihm das Ganze auf.

Andere Chefs würden Gespräche mit dem Mitarbeiter führen, in denen sie ihm erklären, warum das so nicht geht und in denen sie sich die tausend Begründungen anhören, warum es einfach nicht anders ging und vor allem, warum der betreffende Mitarbeiter an diesen Dingen völlig unschuldig ist … *ich bin überpünktlich, aber dann kommt noch ein Telefonat und noch eines … ich will alle meine Projekte termingerecht abschließen, aber ich bekomme die Unterlagen nicht geliefert und das Sekretariat in unserer Abteilung … die vielen Krankenstände anderer Mitarbeiter … usw. usf …*, ein Sammelsurium an Ausreden, die im Kern nur eines aussagen sollen: … *ich war es nicht, die Anderen sind schuld ….*

Und dann wird gemeinsam ein Lösungsweg gesucht, der letztlich darin mündet, dass einen Teil der Arbeit der Chef übernimmt und einen anderen Teil ein anderer Mitarbeiter und schon ist das Projekt in guten Händen. Dieser Chef ist ebenfalls mit sich zufrieden. Er hat die Ruhe bewahrt und die Übersicht, er war verständnisvoll, und ohne großes Gebrüll ist die Sache fast schon gelöst.

In beiden Fällen gibt es einen Gewinner und es ist immer derselbe, der Mitarbeiter nämlich, der seine Aufgaben nicht erledigt. Und es gibt immer dieselben Verlierer, den Vorgesetzten und die Mitarbeiter, die so dumm sind, dass sie korrekt arbeiten und dafür dann auch noch die Arbeit Anderer aufgebrummt bekommen.

Experimentieren Sie das nächste Mal in einer solchen Situation mit dem Lichtschwert. Um es klar zu sagen: Sie sollen das Lichtschwert benutzen, nicht darüber reden! Sehen wir uns einen möglichen Ablauf eines solchen Gesprächs zwischen Vorgesetztem (V) und Mitarbeiter (M) an:

V: … ich bin unzufrieden mit Ihrer Arbeitsauffassung. Sie kommen regelmäßig zu spät und erledigen Ihre Projekte nicht termingerecht …
M: … oh, ich verstehe. In Wahrheit bin ich überpünktlich, aber dann kommt noch ein Telefonat und noch eines … ich will alle meine Projekte termingerecht abschließen, aber ich bekomme die Unterlagen

nicht geliefert und das Sekretariat in unserer Abteilung … die vielen Krankenstände anderer Mitarbeiter … usw. usf …

V: … ich sehe dabei nicht länger zu. Sowohl ich als auch manche ihrer Kollegen kommen dabei zum Handkuss und erledigen die Arbeit zusätzlich, die eigentlich Sie machen müssten …

M: … ich werde sofort mit dem Sekretariat reden und wenn die Krankenstände weniger werden, dann müsste sich das ja umgehend von selbst erledigen …

V: … weder das Sekretariat noch die Krankenstände sind Ihre Kompetenz. Ich erwarte bis morgen früh um 8.00 Uhr eine Zusammenstellung aller Ihrer offenen Projekte auf meinem Schreibtisch samt der vereinbarten Endtermine. Wenn Sie Ihren Job behalten möchten, dann sollten Sie das äußerst ernst nehmen. Ich werde Ihr Verhalten nicht länger dulden. Habe ich mich klar ausgedrückt? …

M: … äh, morgen ist gerade ungünstig …

V: … morgen um 8.00 Uhr früh. Das wäre für heute alles …

Morgen früh werden Sie dann weiter sehen. Bleiben Sie auch dann noch weiter am Ball, wenn die Unterlagen am Tisch liegen und grundsätzlich okay sind. Geben Sie die Endtermine an Ihr Sekretariat oder überwachen Sie diese persönlich per automatischer Computererinnerung am jeweils vereinbarten Endtermin. Oder fordern Sie einen Statusbericht jeweils eine Woche vor Fälligkeit jedes einzelnen Projektes an.

Es ist eine gute Idee, wenn Sie in so einem Fall als Termin nicht nur ein Datum vereinbaren, sondern dazu noch eine genaue Uhrzeit, zB 10.00 vormittags. Das unterstreicht Ihre Botschaft, dass Sie Pünktlichkeit wünschen, viel besser als tausend langatmige Erklärungen.

Liegen die Unterlagen nicht am Tisch, dann kommt das Schwert zum Einsatz. Beenden Sie das Arbeitsverhältnis. Bleiben Sie dabei konstruktiv und hilfreich. Der Mitarbeiter ist für den augenblicklichen Job nicht der richtige und umgekehrt ist dieser Job ganz offensichtlich nicht das, was diesen Mitarbeiter motiviert und anspornt und ihn erfolgreich und zufrieden macht. Sie werden sehen, dass eine klare und entschiedene Lösung solcher Verhältnisse in Ihrer Firma oder in Ihrer Abteilung ein Aufatmen bewirken wird. Die konstruktiven Mitarbeiter erkennen daraus, dass es Sinn macht, die übernommenen Aufgaben korrekt zu erledigen und dass das Management die Kraft und den Mut hat, klare Entscheidungen zu treffen.

Sie werden aus einer solchen Situation lernen, dass kraftvolle Entscheidungen immer positive Folgen haben. Das Hinauszögern, das gebetsmühlenhafte Wiederholen der immer gleichen Beschwörungen hat weder zuhause noch im Unternehmensumfeld irgendeine Änderung zur Folge. Im Gegenteil, es geht den Mitarbeitern genauso wie den Kindern und Jugendlichen irgendwann einmal furchtbar auf die Nerven. *... warum tut er/sie denn nichts? ... warum jammert er/sie immer nur herum? ....*

Die wichtigste Voraussetzung, ja sogar ein unverzichtbarer Bestandteil der Schwertübung ist die Klarheit im Denken. Sie müssen sich vorher überlegen, was Sie an einer Situation stört, wie weit Sie kompromissbereit sind und wo Ihre definitiven Grenzen sind. Sie werden dann sehen, dass das Durchführen, das darüber Sprechen viel leichter ist als angenommen. Wenn Sie wissen, was Sie wollen, wenn Sie den Weg kennen, den Sie gehen möchten, dann ist alles einfach. Sie packen Ihren Ranzen und machen den ersten Schritt.

Üben Sie sich darin jeden Tag. Ihr Leben ist kurz, wenn Sie bedenken, was es alles zu erleben gilt, wie viel Sie noch lernen können und wie wunderbar die Welt ist, wenn Sie lernen, sie in

Ruhe zu betrachten und zu genießen. Also vergeuden Sie nicht Ihre Zeit, keinen Tag und keine Stunde.

Sie werden dann erst sehen, wie wunderbar Ihre Kinder sind, wenn Sie nicht mehr von tausend Sorgen und Ängsten und auch nicht von Ärger und Verbitterung getrieben werden. Sie werden ganz deutlich sehen, welche kreativen und bemühten Mitarbeiter Sie in Ihrem Team haben. Bisher haben die Problemfälle Ihre ganze Aufmerksamkeit auf sich gezogen. Vor lauter Ärger und Problemen mit diesen haben Sie die anderen Mitarbeiter vernachlässigt. Wer seinen Job gut erledigte, fiel gar nicht auf. Das wird sich mit dem Lichtschwert ändern. Sie werden Verletzungen der Regeln nicht mehr länger als wichtiger empfinden als das ganz normale Funktionieren. Beides gehört dazu und beidem fühlen Sie sich gewachsen. Wenn Sie vor Konflikten und Auseinandersetzungen keine Angst mehr haben, beherrschen diese auch nicht mehr Ihr Denken. Sie sind dadurch viel freier für die Schönheiten Ihrer Familie, Ihres Jobs, des Lebens allgemein.

Es wird weiterhin Probleme geben, aber Sie werden diese akzeptieren als normalen Bestandteil eines (noch) nicht vollkommenen Lebens. Sie werden klare Grenzen setzen und innerhalb dieser Grenzen werden Sie ebenso verlässlich sein wie am Grenzposten, wo Sie mit dem Lichtschwert Wache halten. Sie werden ruhig schlafen und spüren, dass es Ihr Job auf dieser Welt ist, Ihr Leben zu leben. Sie werden Ihre Kinder intensiver lieben als zuvor, weil Sie nicht mehr konzentriert sind auf die Kleinigkeiten, die nicht und nicht funktionieren wollen. Sie fühlen sich nicht mehr machtlos. Sie werden erkennen, dass nett sein nicht dumm sein heißt. Sie werden erkennen, dass Sie auch als netter Mensch Ihr eigenes Leben beschützen dürfen, ja sogar beschützen müssen, wenn Sie seinen Zweck und Ihre Aufgabe nicht versäumen wollen.

Das Verhältnis zwischen Verstehen auf der einen Seite und Verstanden werden wollen auf der anderen Seite führt uns zum nächsten Thema, zur Fordern-Fördern-Matrix, einem Instrument, das Ihnen dabei helfen wird, ein ausgewogenes Leben zu führen und Ihre eigenen Interessen nicht mehr und nicht weniger zu achten als die Interessen der Menschen um Sie herum.

Zur Anwendung von Feedback und Lichtschwert gibt es einige Ergänzungen, die aus diesen beiden Werkzeugen wunderbare Instrumente machen, die beiden Seiten dienen:

→ Es hat keinen Sinn, die tausend Scharmützel des Alltages zu gewinnen, wenn damit alles zugrunde geht was wichtig ist: Liebe, Vertrauen, Ruhe, Sicherheit. Im Gegenteil, es sind diese kleinen Verwundungen, an denen eine Beziehung und an denen Ihr Lebenserfolg zugrunde geht.

→ Es ist niemandem damit gedient, wenn Sie Angst verbreiten. Angst ist der Killer #1. Alle Grausamkeiten dieser Welt sind die Abkömmlinge einer einzigen Fehlentwicklung, des fehlenden Vertrauens in die Zuneigung des Lebens und genau dieser Mangel heißt Angst.

→ Achten Sie darauf, wie oft Sie sich in Dinge einmischen, von denen Sie in Wahrheit nichts verstehen und die Sie genau genommen auch wenig bis gar nichts angehen. Achten Sie darauf, wie oft Menschen nur reden wollen, wie oft sie jemanden suchen, dem sie sich anvertrauen können und der ihnen zuhört. Und erkennen Sie, dass öfter als man gemeinhin annimmt, unsere Meinung nicht gefragt ist und wir sie daher ruhig für uns behalten können.

Diese drei Ergänzungen werden im Folgenden detaillierter besprochen.

Vermeiden Sie es, Schlachten zu gewinnen, wenn Sie damit Ihre Beziehungen zerstören

Sie haben in den Ausführungen über Symbole gesehen, dass in einzelnen Worten ganze Welten an Nebenbedeutungen mitschwingen können, auch wenn Sie keine einzige dieser Bedeutungen gemeint haben mögen. Ihre Gesprächspartner können sich nun an jede dieser Bedeutungen anhängen und sie als Köder benutzen. Dass das nicht vernünftig ist, habe ich im vorhergehenden Abschnitt bei den Ausführungen über das "Aktive Zuhören als Medium zur Übertragung von Energie" beschrieben. Aber wie oft haben Sie vernünftige, ruhig und klug abwägende Zuhörer? Wie oft können Sie sich darauf verlassen, dass man versuchen wird, Sie zu verstehen? In der Regel werden Ihre Gesprächspartner, ohne es bewusst zu wollen, kritisch auf Fehler in Ihren Worten warten, um diese sofort aufzuzeigen.

Viele Gespräche sind in Wahrheit Kämpfe um die Vorherrschaft, manchmal nur in der aktuellen Situation, manchmal aber ganz grundsätzlich in der Beziehung. Es wird Sie überraschen, wie oft Ihnen Gespräche auffallen werden, in denen die Gesprächspartner sich belauern ... *also das ist ja wirklich eine Zumutung* ..., jeden belanglosen Fehler sofort korrigieren ... *nein, es war nicht am Dienstag, es war am Montag* ..., und wie in einem Stellungskampf jeden Vorteil gnadenlos ausnützen. Viele Menschen führen keine Partnerschaft und keine Ehe, sondern Krieg.

Achten Sie auf Ihr eigenes Verhalten. Prüfen Sie ganz für sich, inwieweit Sie als Sprecher Angriffsstrategien einsetzen. Sie sind erfolglos, auch wenn Sie damit gewinnen sollten. Denn was bringt Ihnen ein gewonnenes Gesprächsduell, wenn Ihre Partnerschaft dabei zugrunde geht? Was bringt Ihnen eine gewonnene Argumentation, wenn Sie dadurch einen Freund oder einen Kollegen verlieren? Was bringt es Ihnen, Recht zu haben, wenn Sie dadurch Ihren Chef oder einen Kollegen oder einen Freund bloßstellen und damit zu Ihrem Feind machen?

Die meisten Gespräche werden nicht durch brutale Beleidigungen sondern durch ganz harmlos scheinende Bemerkungen zu Titanic-Situationen. Alles scheint bestens zu laufen, alles ist optimal und dann plötzlich geht die Sache schief.

Wer kennt nicht die klassische Situation, wenn ein befreundetes Paar am Tisch sitzt und plötzlich einer der Beiden eine an sich harmlose Bemerkung macht und alle - außer den beiden Betroffenen - wissen, wo der Zug jetzt hingehen wird. Der Partner springt sofort auf die Bemerkung auf. Er möchte plötzlich ganz genau wissen, was damit gemeint ist. Der ursprüngliche Sprecher ist auch nicht faul und kann sich plötzlich an Dinge erinnern, die Jahre zurück liegen. Die anwesenden Freunde versuchen die beiden auseinander zu drängen wie Schiedsrichter zwei Boxer im Ring. Aber die beiden haben sich nicht umsonst aufgewärmt. Sie wollen es wissen - und zwar jetzt. Der Abend ist im Eimer.

Er: Ich denke gerade mit Bewunderung daran, wie Du voriges Jahr für 30 Teilnehmer an unserem Vereinsausflug Lunchpakete gemacht hast.
Sie: Es waren 42 Pakete, es ist typisch, dass meine Leistungen nie anerkannt werden.

Er: Nein, nein, es hatten sich ja so viele Leute abgemeldet, erinnerst Du dich nicht mehr?
Sie: Ich weiß es ganz genau, denn ich habe Dich sogar gebeten mir zu helfen, aber wie meistens war ich allein beim Vorbereiten ...
Er: Wie soll ich das verstehen? Heißt das, ich helfe Dir nie?

Wie man sich vorstellen kann, entspinnt sich daraus eine längere Unterhaltung, die aber eines sicher nicht ist: der angenehme Abend, den sich die beiden vorgestellt und gewünscht und wahrscheinlich auch redlich verdient haben.

Das Beispiel zeigt eindringlich, wie sogar ein gut gemeinter Anfang zu einem ausgewachsenen Streit werden kann. Kommunikation ist immer energiewirksam. Sie ist nie wertfrei. Was jemand sagen will, wird fast belanglos neben den, durch die Vergangenheit des Zuhörers, ausgelösten Erinnerungen.

In jedem Gespräch sind neben dem Verstand intensive Emotionen dabei und dadurch tendieren auch die scheinbar sachlichsten Beiträge immer in eine emotionelle Richtung.

Wie angenehm könnte das obige Gespräch ablaufen, wenn beide Partner auf den wirklichen Inhalt hören würden, statt auf die Symbole zu hören und daraus Reizworte zu machen.

Vielleicht hilft der Partner wirklich nie in der Küche. Aber das ändert nichts daran, dass das obige Gespräch, in dem er ein Kompliment machen wollte, eine denkbar ungünstige Gelegenheit ist, einen Streit über die Aufgabenverteilung vom Zaun zu brechen. Wäre nicht eine andere Antwort, zB ... *wie schön, dass Du dich daran erinnerst ...* eine bessere Fortsetzung des Gesprächs und würde es nicht möglicherweise dadurch genau zu dieser

Anerkennung kommen können, die bisher ausblieb und vielleicht sogar zu einem Hilfeangebot?

Und es wäre doch auch eine schöne Vorstellung, wenn "er" nicht sofort auf Kampf schalten, sondern zuhören würde, sobald er erkennt, dass "sie" sich allein gelassen fühlt?

Die folgenden häufigen Vorgehensweisen sind unproduktive Angriffsstrategien, die in einem Gespräch nichts zu suchen haben, wenn es ein Ergebnis haben soll:

➜ Zynismus: *... sehr fein, mach nur ruhig so weiter ....* Zynismus und sein kleiner Bruder, die Ironie, sind feine Klingen, die tief dringen und schwer verletzen können. Viele Menschen verstehen Zynismus und Ironie nicht. Speziell Kinder können damit nicht umgehen. Sie nehmen den Sprecher beim Wort und sind dann naturgemäß erschreckt über die Konsequenzen. Ein zynisches *... mach nur weiter so ...* das wird von einem Kind als Lob und Ermutigung verstanden. Wenn es dann wirklich weitermacht und zu hören kriegt *... sag, was soll denn das? Ich habe Dir doch gesagt, Du sollst das lassen ...*, dann ist das wirklich schwer auf die Reihe zu kriegen.

➜ Ausbessern kleiner Details: Das ist ein Lieblingsspiel unter Paaren. *... gestern um 9 Uhr waren wir im Kino ...* wird sofort korrigiert mit *... es war um ½ 8! ....* Es ist zwar völlig egal, wann es genau war, aber das stört die beiden nicht. Die Säbel sind durch diese Einleitung gezückt und ab geht es in die erste Runde. Worum es bei der Geschichte überhaupt gehen sollte, also warum das Kino Erwähnung fand, geht dabei normalerweise im Kampfgetümmel unter.

→ Psychologisieren: Obwohl eine solide pädagogische Ausbildung bei dieser Angriffstechnik eine große Hilfe darstellt, kann auch ein Minimalwissen über die Theorien von Freud oder das Lesen der gängigen Horoskope bereits tiefe Wunden zufügen. … *Du bist wie Deine Mutter* … oder … *Dein Verhalten ist typisch für ein Einzelkind* … oder … *solche Probleme sind typisch für einen Stier* …. Es ist schwer sich dagegen zu wehren, vor allem, wenn man eigentlich über das Zusammenräumen der Küche sprechen wollte.

→ Verallgemeinern: Wenn Sie dabei sind, ein Gesprächsduell zu verlieren, weil ihre Argumente sich als völlig unsinnig herausstellen, dann greifen erfahrene Partystopper gerne zu … *das sagen alle* …. Wie alle vorhergehenden Techniken auch, ist das kaum zu widerlegen und drängt den Gesprächspartner - oder sollte ich besser sagen - Sparringpartner tief in seine Seilecke zurück.

→ Persönliche Diskussionen vor Dritten: Besprechen Sie für Ihren Partner unangenehme Themen, bei denen er ausweichen könnte, nur vor Dritten, wenn Sie Ihre Partnerschaft schnell und sicher in den Abgrund treiben möchten. Nichts vermag ihm ein schlimmeres Gefühl der Hilflosigkeit und Scham zu bereiten als das. Wenn Sie zu Freunden in ein neues Auto steigen, dann sollten Sie ihren Partner umgehend fragen … *warum eigentlich fahren wir immer noch unser altes Auto?* … und wenn er sich wehrt … *so alt ist es ja noch gar nicht* …, dann holen Sie zum finalen Schlag aus … *du verdienst halt einfach nicht genug* ….

→ Lügen: Lügen zerstört alles, was es berührt. Es gibt nichts Schlimmeres was Sie einer Partnerschaft antun können. Jede Kommunikation beruht auf einem gewissen Vertrauen der

Gesprächspartner zueinander. Wenn Sie lügen, dann zerstören Sie dieses feine Band, das nur sehr schwer wieder gesponnen werden kann. … *wer einmal lügt, dem glaubt man nicht, auch wenn er dann die Wahrheit spricht* …. Lügen zerstört die Trägerfrequenz. Was auch immer ein Lügner beteuern mag, es ist nicht zu entscheiden, ob er es diesmal ernst meint oder nicht. Betrug und Untreue sind nicht primär sexuelle Verfehlungen. Das Schlimme daran sind die immer damit verbundenen Lügen. … *ich muss noch ins Büro* …. Dieser Satz ist unendlich schlimmer als das darauf folgende Treffen mit einer oder einem heimlichen Geliebten. Wenn Sie aus allen kommunikativen Fehlern nur einen ausmerzen möchten, dann wählen Sie die Lüge, wenn Sie bei ehrlicher Selbstbetrachtung feststellen sollten, dass Sie dazu neigen.

Wenn Sie als Zuhörer mit diesen kommunikativen Aggressionen konfrontiert werden, dann lesen Sie das Kapitel über den Energievampir. Wenn Sie mit einem Lügner zu tun haben, dann wenden Sie sich umgehend und konsequent anderen Menschen zu. Lügen haben wie viele mentale Eigenschaften die Tendenz zur Generalisierung. Das bedeutet, dass sie sich ausdehnen und schnell auch auf Bereiche übergreifen, in denen vorher Ehrlichkeit zuhause war. Wenn Sie miterleben, wie jemand andere Menschen belügt und betrügt, dann seien Sie sich über eines im Klaren: Auch Sie sind eines der Opfer. Die Idee, ausgerechnet man selbst sei ausgenommen, ist eine fixe gemeinsame Vorstellung aller Opfer. Die Schwüre … *bei Dir ist alles anders* … und … *ab sofort ändere ich mich* … sind die normale Einleitung der nächsten Betrügerei, deren Planung in Angriff genommen wird, sobald Ruhe und Frieden eingekehrt ist.

Machen Sie niemandem Angst

Die Symbole unserer Sprache sind immer emotionsbeladen. Denn die Gefühle sind nie aus dem Spiel, auch wenn unsere Vernunft das noch so gerne hätte. Im Gegenteil, durch unsere Konzentration auf die Vernunft können unsere Emotionen sich ungestört in uns ausbreiten.

Die rechte Gehirnhälfte stellt zu jeder Situation dieselbe Frage: Löst die Situation Angst aus oder Vertrauen? Diese grundlegende Frage liegt auf, unter, vor und hinter jedem Kommunikationsbeitrag. Sie ist der gigantische emotionale Eisberg unter der ganz kleinen intellektuellen Spitze, die wir normalerweise erkennen und mit der wir uns normalerweise befassen.

Angst oder Vertrauen, das sind die beiden grundlegenden Möglichkeiten, die sich gegenseitig ausschließen. Wer vor einem Menschen Angst hat, kann ihm nicht zugleich vertrauen, wer einem Menschen vertraut, fürchtet ihn nicht. Das grundlegende Gefühl ist Vertrauen. Angst ist kein eigenständiges Gefühl, sondern entsteht durch die Abwesenheit von Vertrauen. Das ist eine wichtige Tatsache. Sie gleicht dem Verhältnis zwischen Licht und Dunkelheit. Dunkelheit ist nichts Eigenständiges. Sie ist nur die Wahrnehmung der Abwesenheit von Licht. Im Auge haben wir keine Rezeptoren für Dunkelheit, sondern nur Rezeptoren für Licht und Farben. Wenn wir kein Licht wahrnehmen, dann sprechen wir von Dunkelheit, die aber keine eigene Existenz besitzt.

In gleicher Weise nehmen wir als unser ureigenstes Gefühl Vertrauen wahr, einen leicht wahrnehmbaren Abkömmling des ungewohnten Gefühls Liebe. Vertrauen ist das Gefühl, das uns fördert, das uns emotionell ernährt. Vertrauen kann ohne große Schwierigkeiten so stark empfunden werden, dass der Betreffende meint, es physisch wahrzunehmen. Für Angst haben wir in der Seele keine eigenen Rezeptoren. Sie ist nicht tatsächlich wahrnehmbar, weil sie nur in der gleichen Weise zu existieren scheint wie Dunkelheit. Angst ist das, was wir empfinden, wenn wir kein Vertrauen haben. Für viele Menschen ist das ein am Anfang unakzeptabler Gedanke. Angst scheint so viel stärker zu sein als andere Gefühle, dass man nicht glauben kann, dass sie nicht existieren soll. Tatsächlich ist es aber so, dass Vertrauen so wichtig ist, so überlebensnotwendig, dass ihr Fehlen so intensiv empfunden wird. Angst ist wie ein Loch in der Seele, ein Vakuum in unseren Gefühlen.

Angst ist daher so zu bekämpfen wie Dunkelheit. Letztere weicht dem Licht. Der Schein einer einzigen Kerze kann in einem Zimmer die Dunkelheit vertreiben. Jeder kleinste Anflug von Vertrauen vertreibt die Angst. Eine andere Möglichkeit, Angst zu vermindern, gibt es nicht. Diese allerdings wirkt sicher und umgehend. Schaffen Sie Vertrauen, wenn Sie jemandem die Angst nehmen möchten. Gewinnen Sie Vertrauen, wenn Sie Ihre eigenen Ängste loswerden möchten.

Die weit verbreitete Gewohnheit, Angst und Vertrauen zu kombinieren, ist immer zum Scheitern verurteilt. Wenn Sie jemandem Angst einflößen, dann kann Ihnen dieser Mensch nicht vertrauen, weil das Erzeugen von Angst ja genau dem Entzug von Vertrauen entspricht. Dieser Mensch, Ihr Kind zum Beispiel, wird es vielleicht trotzdem versuchen, weil Vertrauen ein so starkes Gefühl ist und so unbedingt notwendig, dass wir es leicht und schnell wiedergewinnen. Aber es wird nicht funktionieren, wenn der Versuch immer wieder mit Angst beantwortet wird.

Für unser Thema Kommunikation bedeutet das, dass Sie kein Vertrauen aufbauen können, wenn Sie Angst ins Spiel bringen. Das ist einer der wesentlichsten Gründe, warum unsere Gespräche so oft daneben gehen. Wir sind es von Kind auf so sehr gewohnt, mit Angst gelenkt zu werden, dass wir schon fast automatisch mit Angst reagieren. Anders gesagt: Wir erleben so oft, dass unser Vertrauen missbraucht und ausgenutzt wird, dass wir wie von selbst in jeder neuen Gesprächssituation und jeder neuen Beziehung ebenfalls davon ausgehen.

Die Dimension Fordern aus der Fordern-Fördern-Matrix rührt sehr schnell an diesem Thema. Forderungen können Angst auslösen. Verständlicherweise stellen sensible Menschen daher nicht gerne Forderungen, weil sie fürchten, damit Angst auszulösen. Im Gegenteil, sie versuchen, ängstlichen Menschen jede Forderung, jede Schwierigkeit abzunehmen. Dadurch soll vermieden werden, Angst zu erzeugen.

Das führt zu völlig unwirksamen Strategien. Menschen, die Angst haben, brauchen nicht weniger Forderungen, sondern mehr Vertrauen. Das Lichtschwert als eine der Kommunikationstechniken, die ich Ihnen in diesem Buch empfehle, darf darum nicht verwechselt werden mit den üblichen Drohungen unserer Kultur.

Nehmen wir als Beispiel die alltägliche Situation, dass ein kleines Kind vom Spielplatz nicht nach Hause gehen möchte. Die millionenfach angewendete Technik, *... dann geh ich eben ohne Dich ...* anzukündigen, ist die Anwendung von Angst. Dass sie in aller Regel nicht wirksam ist, zeigt, nicht mehr und nicht weniger, als wie vertraut das Kind mit derartigen Angriffen ist und dass es die Worte seiner Eltern nicht mehr ernst nimmt.

Wenn Vertrauen zwischen Eltern und Kind herrscht, dann genügt die Information, dass die Eltern jetzt bald gehen werden und das Kind wird beginnen, sich auf seine Weise vom Spielplatz zu verabschieden. Es weiß, dass es seine Eltern braucht und es vertraut ihnen. Also wird es ihre Worte ernst nehmen und seinen Anteil am gemeinsamen Tun leicht und mühelos leisten. Die starke und sichere Erwartung, dass das Kind vernünftig reagieren wird, ist eine Forderung im Sinne der Fordern-Fördern-Matrix. Sie bedeutet ... *wir wissen, dass Du das kannst ... wir vertrauen Dir* .... Dieses Vertrauen stärkt das Kind in einer anders nicht zu erzielenden Weise. Das Kind erlebt sich als vertrauenswürdig und vertraut dadurch auch sich selbst. Die Forderung, das Spielen abzubrechen und mitzukommen, wird in einer mit Vertrauen erfüllten Situation gar nicht als solche wahrgenommen und es ist daher nicht die mindeste Angst im Spiel.

Wenn Sie eine solche Situation beobachten dürfen, dann nehmen Sie diese intensiv in sich auf. Vertrauen ist immer ein heilsames Gefühl. Es wahrzunehmen bedeutet immer, es in sich zu spüren und damit selber zu erleben. Jedes Mal wird dadurch eine Wunde in Ihren Gefühlen geschlossen, ohne dass Sie das bemerken müssen und ohne dass Sie von der Existenz der Wunde überhaupt wissen mussten.

In vollkommen gleicher Weise können Sie auch Erwachsenen helfen. Konfrontieren Sie diese mit starken und sicheren Erwartungen. ... *wir wissen, dass Sie das können ... wir vertrauen Ihnen* .... Anders als wenn Kinder von Anfang an in diesem Stil aufwachsen, blicken Erwachsene oft auf eine lange und völlig andere Geschichte zurück und das Jetzt wird von der Vergangenheit oft überlagert. Das bedeutet, dass Erwachsene (und vielfach auch schon Kinder und Jugendliche) gar nicht mehr wahrnehmen, was jetzt geschieht, sondern fast vollständig in ihren Erinnerungen und alten Verwundungen leben. ... *alle Männer betrügen Frauen ... alle Frauen betrügen Männer ... alle Eltern lügen ... alle Machthaber betrügen ihre Schützlinge ...*, solche Weisheiten beruhen in der Regel auf einzelnen Erfahrungen und werden auf jede neue Situation übertragen. Es scheint für solche Menschen gar keine neuen Situationen zu geben. Alles scheint sich zu wiederholen, immer und immer wieder. Dass dadurch die Gegenwart gar keine Chance hat, wird nicht erkannt. Und wenn sich die Gegenwart dadurch zwangsläufig ähnlich entwickelt wie die alten Erfahrungen, wird das Vorurteil ein weiteres Mal bestätigt.

Es müssen nicht dieselben Menschen sein, auf die diese alten Erfahrungen übertragen werden. Dann wäre die Übertragung ja gar nicht so abwegig. Es genügt dazu, dass sich die Situationen emotionell ähneln. Die grundlegendste Erfahrung unseres Lebens ist naturgemäß die Eltern-Kind-Beziehung und daher wird sie am häufigsten als unbewusstes Muster für gegenwärtige Beziehungen verwendet.

Daher kann es sein, dass manche Menschen Drohungen hören, auch wenn nur Informationen gegeben werden. Sie kennen vielleicht solche Situationen. Die Information ... *wenn das Projekt nicht rechtzeitig fertig wird, zahlen wir eine hohe Vertragsstrafe* ... kann mit dem Satz ... *mach mir keinen Stress* ... beantwortet werden. Offensichtlich hört der Zuhörer nicht die Information, sondern etwas das ihm Angst macht, etwas, das ihn unter Druck setzt, vielleicht sogar eine Drohung. Fragen Sie sich, bevor Sie weiter lesen, wie Sie auf eine solche Information reagieren würden, wenn Sie verantwortlicher Projektleiter wären. Meine persönliche Erfahrung ist, dass viele Menschen sich gar keine andere Reaktion vorstellen können als die geschilderte.

Sehen wir uns einen anderen Ablauf an, in dem der Projektleiter nicht mit uralten Ängsten aus seiner Vergangenheit reagiert, sondern auf die Gegenwart. Eine ruhige und angemessene Reaktion in einem solchen Gespräch zwischen einem Projektleiter (PL) und einem im Projekt mitarbeitenden Kollegen (K) wäre zum Beispiel die folgende:

K: … wenn das Projekt nicht rechtzeitig fertig wird, zahlen wir eine hohe Vertragsstrafe …
PL: … ja, und wenn wir mit der derzeitigen Geschwindigkeit weitermachen, dann sieht es ganz so aus, als hätten wir zu zahlen …
K: … es sind immerhin 100.000 Euro, die dann fällig werden. Dann wackelt auch unser Job und die Karriere ist dann auch im Eimer …
PL: … wir sollten überlegen, wie wir schneller weiterkommen könnten. Wenn wir für die verbleibende Zeit ein paar Leute mehr ins Team nehmen, dann könnten wir es schaffen, und es kostet weit weniger als die Vertragsstrafe ausmacht …
K: … eine gute Idee. Hast du schon an jemanden Bestimmten gedacht? …

In diesem Gespräch machen sich die beiden Partner gegenseitig keine Angst. Wenn sie sprechen, dann drohen sie nicht und sie beschuldigen sich nicht. Und als Zuhörer reagieren sie ebenfalls ohne Angst. Wie Sie deutlich sehen können, wird die Situation nicht beschönigt. Die Tatsache, dass die Vertragsstrafe sehr wahrscheinlich ist und dass es außerdem ganz persönliche und unangenehme Karriereprobleme bedeuten würde, wird klar ausgesprochen. Aber sowohl die innere Stabilität der beiden Sprecher als auch die Qualität der Trägerfrequenz sind hoch genug, dass schnell eine mögliche Lösung gefunden werden kann.

Wenn der Kollege Angst auslösen hätte wollen, dann hätte sein zweiter Satz zum Beispiel lauten können ... *dann wackelt auch DEIN Job und die Karriere ist dann auch im Eimer* .... In dieser Version hätte er zum Ausdruck gebracht, dass er sich abseilen wird, wenn es ernst wird. Die Ratte hätte dann schon begonnen, das Schiff zu verlassen. Eine mögliche Angstreaktion des Projektleiters habe ich oben schon beschrieben *(... mach mir keinen Stress ...)*, eine andere könnte sein ... *das musst genau du sagen, der nie einen Termin einhält* ....

In gleicher Weise kann es auch sein, dass Informationen über das, was Sie selbst tun werden, wenn bestimmte Ereignisse eintreten oder nicht, ebenfalls als Drohung wahrgenommen werden. ... *wenn Sie Ihr Verhalten nicht ändern, dann werden Sie Ihren Job hier verlieren* ..., das ist keine Drohung, sondern eine Information. Allerdings sind viele Menschen nicht imstande, diesen Unterschied wahrzunehmen. Sie reagieren mit Widerstand, anstelle die Information zur Kenntnis zu nehmen. ... *das lasse ich mir nicht gefallen ... was bildet der sich ein? ... das ist typisch für diese Firma* ..., das sind häufige Reaktionen auf jede Art von Information. Auch Kinder reagieren häufig in dieser Weise ... *wenn du nicht pünktlich zuhause bist, dann kann ich dich nicht mehr so lange weggehen lassen* .... *das lasse ich mir nicht gefallen ... was bildet der/die sich ein? ... das ist typisch für meine Eltern* ..., diese Reaktionen klingen so, als ob hier von den Eltern gedroht worden wäre. Wenn ein Lehrer ankündigt ... *wenn du die nächste Schularbeit wieder nicht mitschreibst, dann kann ich dich nicht beurteilen* ..., dann führt das bei manchen Jugendlichen zu denselben völlig unangemessenen Reaktionen. Unglaublicherweise reagieren viele Studenten ganz gleich. Der

Unterschied zwischen Drohung und Information scheint für manche Menschen nicht wahrnehmbar zu sein.

Dadurch reagieren Sie auch auf schlichte Informationen mit Angst. Diese ist ein oder vielleicht sogar DER Erfolgskiller schlechthin. Sie führt zu völlig unangemessenen Reaktionen. Wenn sie Angst spüren, dann sollten Sie in Zukunft erkennen, dass Sie zu wenig Vertrauen haben, vermutlich nicht nur zu wenig Vertrauen zu Ihren Mitmenschen sondern - was noch viel schlimmer ist - zu wenig Vertrauen zu sich selbst und zu Ihrer Fähigkeit, mit Ihrem Leben erfolgreich zu Rande zu kommen.

Machen Sie sich dann bewusst, dass es immer eine Lösung gibt. Und machen Sie sich auch bewusst, dass diese Lösung Sie sucht. Lassen Sie sich finden und gehorchen Sie Ihrer inneren Stimme. Mehr brauchen Sie nicht zu tun.

Unterscheiden Sie Gesprächssituationen danach, wen sie primär betreffen

Gesprächssituationen lassen sich sehr praxisnah danach unterscheiden, ob nur einer der beiden Gesprächspartner vom Thema betroffen ist oder ob es beide sind.

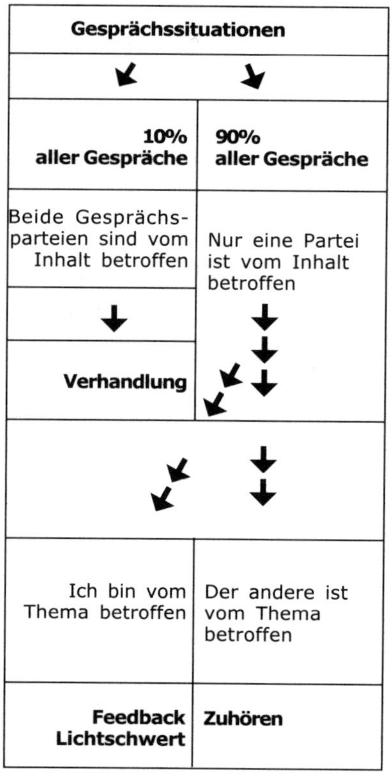

Umschalten I

Die meisten Gespräche betreffen nur einen der Sprecher. Alle anderen Mitsprecher mischen sich nur ein!

In den wenigen Fällen, in denen das Thema beide Sprecher betrifft, kommt es zum Gesprächstyp "Verhandlung". Beide Seiten wechseln dann zwischen Zuhören und dem Äußern der eigenen Meinung, Feedback und Lichtschwert.

Wenn nur eine der beiden Parteien betroffen ist, also entweder ich selbst oder mein Gesprächspartner, dann kommt es zum Umschalten II.

Umschalten II

Wenn ich etwas ändern möchte, dann bin nur ich betroffen. Wenn der andere ein Problem hat, dann ist nur er es. Diese beiden Situationen erfordern jeweils unterschiedliche Gesprächsfähigkeiten.

Es ist am Anfang oft erstaunlich, wenn man hört, dass 90% aller Gesprächssituationen nur einen der Gesprächspartner betreffen. Üblicher Weise geht man ja davon aus, dass alles, was Menschen jemandem anderen mitteilen, diesen anderen auch betrifft, ihn etwas angeht. Tatsächlich ist das aber zum überwiegenden Teil nicht der Fall. Menschen wollen und müssen über Dinge, die sie beschäftigen, reden. Dieses Reden hat oft befreiende Wirkung, wie sie seit tausenden Jahren bekannt ist. Die Zuhörer sind dann eine Art Resonanzboden, der die Schwingungen des Redners auf- und sie ihm damit oft genug abnimmt.

Nehmen wir die Sätze ... *ich werde meinen Schulabschluss nicht machen* ... oder ... *das Projekt wird nicht fertig* .... Beides sind Sätze, von denen die betroffenen Eltern oder der zuständige Vorgesetzte sehr wohl annehmen, sie seien betroffen von den mitgeteilten Tatsachen. Aber dem ist nicht so.

Es sind Probleme, die ausschließlich den Sprecher betreffen. An anderer Stelle gehe ich auf die richtige Reaktion genauer ein, hier genügt es, klar zu machen, dass es keine beidseitigen Probleme sind. Der Schulabschluss der Eltern liegt lange zurück, egal ob positiv oder negativ. Heute jedenfalls geht es nicht um ihren Abschluss, sondern um den Abschluss eines ihrer Kinder. Dasselbe gilt für das Projekt. Der Vorgesetzte war möglicherweise selber lange Projektleiter, aber heute ist er es nicht mehr. Es ist allein das Problem des Mitarbeiters.

Das bedeutet nicht, dass es nicht richtig wäre, dem Kind oder dem Mitarbeiter bei der Bewältigung der Sache beizustehen. Im Gegenteil, nur dadurch, dass Sie verstehen, dass es nicht das eigene Problem ist, das besprochen wird, sind Sie in der Lage wirkungsvoll zu helfen.

Zwischen den Extremen Mitleiden und Gefühllosigkeit gibt es ein Drittes, das weder die Kälte der Gefühllosigkeit noch die Überhitzung des Mitleidens aufweist, nämlich das Mitfühlen, ein klares Verständnis für die Lage und die Gefühle des anderen, ohne diese Gefühle zu übernehmen. Eltern, die die Ankündigung des geplanten Schulabbruchs in sich aufnehmen als wäre es ein persönliches Unglück, können nicht mehr helfen. Sie lösen nur noch ihre eigenen Probleme ... *was werden die Leute sagen? ... was bedeutet das finanziell? ....* Auf die Wünsche und Probleme des Kindes können sie daneben nicht mehr Rücksicht nehmen. Genau so ergeht es dem Vorgesetzten, wenn er das mögliche Scheitern des Projektes nicht mehr ruhig und professionell betrachtet, sondern sich emotional hineinreißen lässt in den Gefühlsstrudel, in dem sein Mitarbeiter sich ebenfalls befindet.

Der häufige Einwand dagegen besteht darin, dass man sagt, *... aber wenn das Projekt nicht korrekt abgeschlossen wird, dann fällt das doch mir als Vorgesetztem auf den Kopf, also ist es doch mein Problem ....* Tatsächlich kann das passieren. Aber noch ist es nicht so weit. Sich jetzt schon aufzuregen, weil etwas vielleicht zu einem Problem werden könnte, ist zwar üblich, aber trotzdem unprofessionell und unsinnig. Wenn wir das Gespräch mit Ruhe und Umsicht führen, dann kann es sein, dass das Problem überhaupt nie zu unserem wird, weil es überhaupt vermieden werden kann.

Also ist das "Umschalten I" so wichtig. Nur selten ist unsere Meinung wichtig und gefragt. Zum Großteil suchen die Menschen einen Zuhörer.

Das Umschalten II betrifft die Entscheidung, wer denn nun tatsächlich das Problem hat. Das scheint trivial zu sein, ist aber keinesfalls immer einfach zu entscheiden. Wenn zum Beispiel jemand müde nach Hause kommt, dann kann es passieren, dass er genervt von den unterschiedlichen Klängen, die mit der Lautstärke eines startenden Düsenjets aus den Kinderzimmern dringen, … *ihr seid zu laut* … ruft. Der Nachwuchs wird dem jubelnd zustimmen, denn laut sein ist in einem bestimmten Alter eine unverzichtbare Zutat zum Wachsein. Die Kinder haben kein Problem, obwohl erkennbar ist, dass sie eines bekommen dürften, wenn sie den Start der Jets nicht abbrechen. Aber die mit … *ihr seid* … beginnende Formulierung zeigt, dass der heimkehrende Elternteil das Problem nicht bei sich sondern woanders, nämlich bei den Kindern, sucht. Tatsache ist, er (oder sie) hat ein Problem mit der Lautstärke, die Kinder haben keines. Eine bessere Formulierung (oder zumindest eine bessere innere Einsicht) wäre es, das Problem dort zu belassen wo es ist und zu sagen … *ich halte diese Lautstärke nicht aus, also schaltet die Anlage auf Zimmerlautstärke* …. Der Nachwuchs wird zwar argumentieren … *if it is too loud, you are too old* …, aber das ändert nichts daran, dass das Lichtschwert zum Einsatz kommen wird, wenn die jugendlichen Flugplatzwärter mit dem Abregeln der Triebwerke nicht schnell genug zu Rande kommen.

In der letzten Zeile der Tabelle auf Seite 178 sind die wesentlichen Techniken (Zuhören, Feedback, Lichtschwert) angeführt, die zu den jeweiligen Gesprächstypen gehören.

DIE BEDEUTUNG IHRES ENERGIENIVEAUS - STIMMUNGEN UND GEFÜHLE SIND ANSTECKEND

Stimmungen und Gefühle sind Privatsache, so möchte man meinen. Sie zählen zu unseren intimsten Geheimnissen und wir sind der Meinung, dass niemand sie erkennen kann, wenn wir nicht ausdrücklich über sie sprechen. Wenn uns jemand nach unserem Befinden fragt, dann antworten wir das, was wir nach außen zeigen möchten und nicht das, was wirklich in uns vorgeht. Wahrscheinlich wäre es für die meisten Menschen keine sehr angenehme Vorstellung, wollte man ihnen erklären, dass sie ihre Gefühle ziemlich offen vor sich hertragen, ob sie das wollen oder nicht.

Tatsächlich zeigt aber das folgende Experiment genau diese Tatsache. Zwar sind wir nicht geübt darin, die Gefühlsbotschaften anderer Menschen zu lesen. Wir nehmen sie aber trotzdem wahr und wir reagieren auf sie - und das sogar ziemlich intensiv.

Das ist in zweierlei Hinsicht bedeutsam. Zum einen heißt es, dass unsere eigenen Gefühle andere Menschen gefühlsmäßig beeinflussen und zum anderen heißt es, dass wir von den Gefühlen anderer beeinflusst werden. Hört sich an, als wäre es keine große Sache. Aber wie sieht das aus, wenn wir zum Beispiel jemandem Mut machen möchten, obwohl wir uns selbst vor demselben Ereignis fürchten, das wir als gar nicht so gefährlich darstellen möchten? Wenn sich zum Beispiel ein Kind vor einer Schularbeit fürchtet und wir selbst in Erinnerung an unsere Kindheit die gleichen Zweifel verspüren? Oder wenn wir am Krankenbett eines Menschen stehen und ihm Mut machen möchten, obwohl wir in Wahrheit selbst keinen Grund dazu erkennen können? Wir werden dann alles tun, um unsere wirklichen Gefühle zu verheimlichen. Aber was wäre, wenn uns das nicht gelingen kann, weil sich unsere Gefühle auf einem uns nicht bekannten und daher von uns nicht kontrollierbaren Weg mitteilen und - mehr noch - den anderen damit infizieren?

Das ganze Thema Motivation und Energie erscheint dann in einem völlig anderen Licht. Andere zu motivieren, was nichts Anderes heißt, als ihnen zu helfen, ihre eigenen Energiequellen zu öffnen, wäre dann eine Sache, die mehr mit uns selbst zu tun hat als mit dem Menschen, den wir eigentlich motivieren möchten.

Manager, Eltern, Lehrer, Krankenschwestern, Ärzte, alle Menschen, die darauf angewiesen sind, dass die von ihnen Betreuten ihre eigenen Kräfte mobilisieren, sie alle müssten von dieser Erkenntnis profitieren. Sie könnten dann ihre bisherigen Versuche neu bewerten und völlig neue Ansätze entwickeln.

Das folgende Experiment zeigt, dass genau diese Neubewertung überfällig ist. Menschen nehmen unbewusst, schnell und leicht die Stimmung oder anders gesagt, das innere Energieniveau anderer Menschen wahr. Und wie Sie sehen werden, braucht es dazu weder eine besondere Aktivität noch lange (Einwirkungs-) Zeit.

Sehen wir uns dieses Experiment *(2)* in vier Schritten näher an:

➔ Erster Schritt: Die an dem Experiment teilnehmenden Personen füllen als erstes einen Fragebogen (❐) aus, der das Ausmaß ihrer Expressivität untersucht. Unter Expressivität verstehen die Autoren des Fragebogens die Fähigkeit, Gefühle nonverbal auszudrücken und auch die damit verbundene Schwierigkeit, dieselben zu verstecken. Als Ergebnis des Fragebogens kann jemand als expressiv oder als nicht-expressiv beurteilt werden. Expressive Menschen vermitteln ihre Gefühle leicht und schnell, nicht-expressive Menschen tun sich damit eher schwer.

➔ Zweiter Schritt: Dann füllen alle Personen einen Befindlichkeits-Fragebogen (ⓘ) aus.

➔ Dritter Schritt: Danach setzt man je eine expressive Person und zwei nicht-expressive Personen in einen Raum. Zwei Minuten lang. Sie dürfen sich nicht unterhalten, schweigen sich also diese zwei Minuten lang an.

➔ Vierter Schritt: Danach füllen alle erneut den Befindlichkeits-Fragebogen aus.

Grafisch dargestellt sieht der Ablauf folgendermaßen aus:

1.Schritt		2.Schritt		3.Schritt		4.Schritt
Expressivitätstest	teilt in	Expressive + NichtExpressive	danach	3er Gruppen	danach	erneuter Test
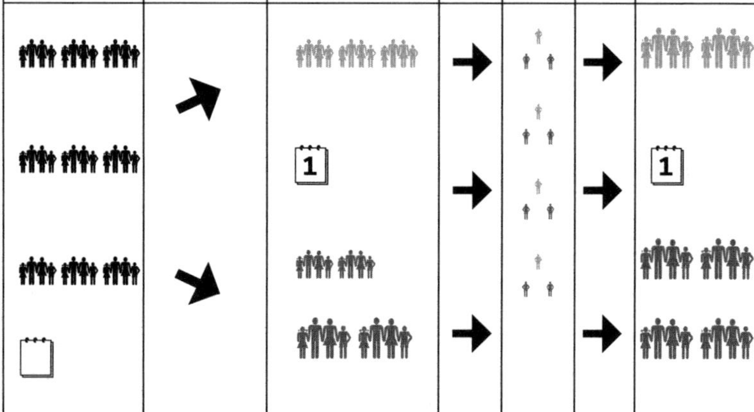						
Alle Teilnehmer (TM) füllen den Expressivitäts-Fragebogen aus	Entsprechend den Ergebnissen werden die TN in expressiv und nicht expressiv eingeteilt	Alle, also sowohl Expressive als auch Nicht-Expressive, füllen einen Befindlichkeitsfragebogen aus		2 Min. schweigend		Erneut füllen alle den Befindlichkeitsfragebogen aus

Die Ergebnisse dieses Experiments sind völlig unerwartet. Egal, ob die expressiven Personen sich vorher besser oder schlechter fühlten als die nicht-expressiven:

➔ Die Nicht-Expressiven veränderten ihr Gefühlsniveau in Richtung auf die Expressiven

➔ Das Gefühlsniveau der Expressiven blieb unverändert

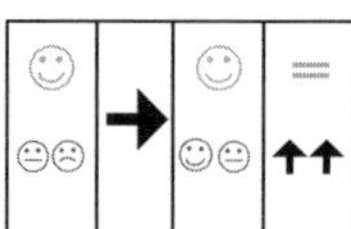	Wenn die expressive Person besser gestimmt war als die beiden anderen, fühlten sich die beiden anderen nach den beiden Schweigeminuten besser als zuvor.

😐 🙂☹	➡	😐 😐😐	= ↓↑	Wenn die expressive Person besser gestimmt war als eine der beiden anderen und schlechter als die zweite, dann fiel die Stimmung der zuvor besseren und stieg die der anderen in den beiden Schweigeminuten.

☹ 🙂😐	➡	☹ 😐🙂	= ↓↓	Wenn die expressive Person schlechter gestimmt war als die beiden anderen, fühlten sich die beiden anderen nach den beiden Schweigeminuten schlechter als zuvor.

Dieses Ergebnis war keineswegs zu erwarten. Eine Beeinflussung in nur zwei Minuten und außerdem in völligem Schweigen ist mehr als unwahrscheinlich. Ebenso unerwartet, im nachhinein aber logisch, ist die Tatsache, dass die Beeinflussung nicht gegenseitig erfolgte, sondern in einer bestimmten Richtung.

Im Einzelnen bedeutet dieses Ergebnis:

Expressive Menschen sind imstande, andere Menschen innerhalb kurzer Zeit und auch unter ungewöhnlichen Umständen in ihrem inneren Erleben zu beeinflussen, werden aber selbst nicht von der Stimmung der anderen tangiert.

Nicht expressive Menschen lassen sich beeinflussen und beeinflussen selber nicht. Sie kippen in Richtung der "Vorgaben".

Die Tendenz des Einflusses, also ob die Stimmung besser wird oder im Gegenteil in den Keller geht, ist für dieses Kippen unmaßgeblich.

Offensichtlich sind innere Einstellungen ansteckend, wobei manche Menschen mehr, andere weniger "Einstellungs-Viren" versprühen. Die Wirkung der Expressiven ist aus dem Experiment deutlich ablesbar und im Folgenden der großen Bedeutung wegen nochmals dargestellt.

	Stimmung des/der Expressiven	
	gut aufgelegt	schlecht aufgelegt
Wirkung auf die anderen Gesprächsteilnehmer bzw die Gruppe	↑↑	↓↓

Expressive Menschen tragen damit - eine ihnen meist nicht bewusste - Verantwortung für die Gruppe und deren Erfolg. Ihre eigene Stimmung prägt das Gruppenklima und zwar innerhalb kürzester Zeit sowohl nach oben als auch nach unten, je nach ihrer eigenen Stimmung.

Nicht-Expressive lassen die Stimmung entweder gleich oder ziehen sie der verbreiteten Tendenz zum Negativen entsprechend nach unten. Denn wer nichts Positives beiträgt, unterstützt diese allgemeine Tendenz und macht sich damit am schlechten Gruppenklima mitschuldig.

	Stimmung des/der Expressiven	
	gut aufgelegt	schlecht aufgelegt
Wirkung auf die anderen Gesprächsteilnehmer bzw die Gruppe	↔ ↘	↔ ↘

Aus diesem Experiment resultieren sofort einige praktische Fragen. Zu welchem Typ zählen Sie sich? Beeinflussen Sie oder werden Sie beeinflusst? Und wenn Sie beeinflussen, in welche Richtung geht dann Ihre Ansteckung?

Sind Sie expressiv oder nicht-expressiv?

Expressive Personen scheinen nach diesem Experiment auf den ersten Blick außergewöhnliche Persönlichkeiten zu sein. Immerhin gelingt es ihnen, andere Menschen innerhalb kürzester Zeit durch ihre bloße Anwesenheit optimistischer oder pessimistischer zu stimmen. Der zur Identifikation der Expressiven verwendete Fragenkatalog namens ACT (Affective Communications Test *(3)*) ist diesbezüglich eine Überraschung. Es handelt sich nämlich um ziemlich gewöhnlich klingende Kriterien, die trotzdem trennscharf genug für die oben dargestellten Ergebnisse sind. Maßgebend sind so allgemeine Beobachtungen wie

- ➔ When I hear good dance music, I can hardly keep still (wenn ich gute Tanzmusik höre, dann kann ich kaum ruhig bleiben)
- ➔ I often touch friends during conversations (ich berühre oft Freunde während eines Gesprächs)
- ➔ I show that I like someone by hugging or touching that person (ich zeige, dass ich jemanden mag, indem ich diese Person umarme oder berühre)
- ➔ I can easily express emotion over the telephone (ich kann Gefühle leicht über das Telefon ausdrücken)
- ➔ At small parties I am the center of attention (auf kleinen Partys bin ich der Mittelpunkt der Aufmerksamkeit)

Offensichtlich sind das alles keine besonders gefinkelten Feststellungen, sondern schlichte Beobachtungen aus dem täglichen Leben. Trotzdem hat sich dieser Fragebogen in verschiedenen Situationen bewährt. So hat sich zum Beispiel gezeigt, dass die Ergebnisse des Fragenkatalogs sehr gut mit der Einschätzung durch Freunde und Kollegen übereinstimmen. Wer von Freunden nach einer kurzen Erläuterung des Begriffes als expressiv eingeschätzt wird, ist es auch nach den Ergebnissen dieses Tests und umgekehrt.

Wenn Sie expressiv sind, dann hat Ihre innere Stimmungslage großen Einfluss auf die Menschen Ihrer Umgebung. Und das in beide Richtungen, ins Positive und ins Negative, und zwar vor allem in Bezug auf angstbezogene Parameter, die entweder verstärkt oder abgeschwächt werden. Expressive Menschen haben daher eine ganz besondere Verantwortung, was ihre innere Stimmungslage betrifft. Sie sind "hoch ansteckend" und ihre Stimmung ist deshalb keine reine Privatangelegenheit.

Hoch expressive Menschen haben eine Belastung zu verkraften, die auf den ersten Blick gar nicht so ohne weiteres erkennbar ist. Die weniger expressiven Menschen ihrer Umgebung werden nämlich sehr leicht nach der Droge "Expressivität" süchtig. Sie erwarten von den expressiven Personen ihrer Umgebung dann jeden Tag und zu jeder Stunde ihre dringend benötigte Dosis an aufputschender Energie. Der Begriff Sucht ist tatsächlich zutreffend, da die notwendigen Dosen zunehmen. Die weniger Expressiven gewöhnen sich daran, dass sie gelobt, ermutigt und aufgebaut werden. Irgendwann - und zwar überraschend schnell - erwarten sie das dann so, als wäre es ihr gutes Recht. Sie haben sich daran gewöhnt und ihren eigenen Energiehaushalt darauf abgestimmt, regelmäßig ihre Energieinjektionen zu bekommen. Wenn diese dann einmal ausbleiben, reagieren sie umgehend mit ernsten Symptomen.

Das bedeutet, dass es Expressiven von ihrer Umgebung nicht ′erlaubt′ wird, sich auch einmal schlecht zu fühlen. Man erwartet, dass es einem expressiven Menschen, egal ob Mann oder Frau, gut geht. Aber nicht, weil man es diesem Menschen wünscht und weil man ihm oder ihr Probleme ersparen möchte, sondern weil man selbst davon abhängig ist. Und das ist eine völlig andere Sache. Die Besorgnis kommt nicht aus Mitgefühl oder Zuneigung, sondern aus eigener Bedürftigkeit. Früher oder später wird die Umgebung dann sogar beginnen, dem expressiven Mitglied der Gruppe oder der Familie Vorwürfe zu machen, wenn es ihm schlecht geht, ganz so als ob er oder sie es absichtlich täte.

Als expressiver Mensch sollten Sie daher dafür sorgen, dass Ihre Umgebung selber Energie aufbaut und auch weitergibt, damit Sie diese Verantwortung nicht ewig und einen Tag tragen müssen.

Wenn Sie sich zu den weniger expressiven Menschen zählen, dann wird Ihre Wirkung langsamer und schwächer sein. In Bezug auf negative Stimmungslagen kann das vorteilhaft sein, weil Sie Ihre innere Stimmung weniger nach außen übertragen.

Tragisch kann sich das aber dann auswirken, wenn Sie einmal Positives bewirken möchten. Sie werden dann über wenig Übung und dementsprechend wenig Wirkungsgrad verfügen. Sie kommen dann nicht "aus sich heraus".

In welche Richtung geht Ihre Ansteckung?

Erstaunlich ist ohne Zweifel die Tatsache, dass aus allen möglichen Kombinationen zwischen Expressivität und Nicht-Expressivität und den möglichen Stimmungslagen nur eine einzige in die positive Richtung weist. Drei Viertel der möglichen Kombinationen weisen ins Negative:

→ Ausschließlich expressive und zugleich positiv gestimmte Menschen tragen zur allgemeinen inneren Wetterlage ihrer Umgebung Positives bei.

→ Negativ gestimmte Expressive ziehen die Gruppe nach unten.

→ Nicht-Expressive tendieren - egal ob es ihnen gut oder schlecht geht - durch ihre passive Haltung dazu, die Stimmung in den Keller zu stoßen oder zumindest sehen sie ihr - ohne etwas dagegen zu unternehmen - beim Fallen zu.

Außer der Kombination expressiv/positiv sind alle anderen Konstellationen im besten Fall neutral und in der Regel negativ.

Das erklärt zumindest zu einem gewissen Teil die so schwer zu verstehende Tendenz unserer Kultur zu Depression und Kritik, in der es heißt, only bad news are good news, nur schlechte Nachrichten sind gute Nachrichten, und good news are no news, gute Nachrichten sind gar keine Nachrichten. Das passt genau in dieses Bild und ist keine Ursache, sondern eine Konsequenz der dargestellten Kombinationen.

Nicht-expressive Menschen geben keine Kraft. Sie unterstützen niemanden und sind sich dessen meist nicht bewusst. Es ist wichtig, hier festzuhalten, dass es sich bei den Nicht-Expressiven nicht um grundsätzlich negativ eingestellte Menschen handeln muss. Das Manko nicht-expressiver Menschen ist, dass Sie nichts beitragen, keine Trägerfrequenzen pflegen und keine Energie geben. Sie beobachten. Sie warten ab. Sie mischen sich nicht ein.

Trotzdem können sie innerlich intensiv beteiligt sein. Sie können hart an einer Sache arbeiten. Sie werden aber tendenziell von ihren Kollegen unterschätzt. Die Früchte ihrer Arbeit ernten oft andere. Von den Nicht-Expressiven wird das naturgemäß als ungerecht empfunden. Sie sehen die Erfolgreicheren als Betrüger, die sich mit fremden Federn schmücken. Trotzdem sind sie in der Regel nicht bereit, neue Kommunikationstechniken zu übernehmen. Die strikte Ablehnung aller Kommunikationsüberlegungen, jeder kommunikationstechnischen Vorbereitung, jeder Einbeziehung psychologischer Einsichten hat oft etwas geradezu Fanatisches. Die reine Information, unverbrämt durch jeden kommunikativen Einfluss scheint manchen Menschen ein erhabenes Ideal. *... Ich bin eben so wie ich bin, alles andere wäre Verstellung und Betrug ...* das ist ein oft gehörter Satz gerade unter Fachspezialisten beliebiger Fachgebiete. Gegen Weiterbildung auf ihrem ureigensten Fachgebiet haben sie nichts einzuwenden, aber gegen Weiterbildung auf dem Gebiet des Umgangs miteinander haben sie oft geradezu fanatisch anmutende Widerstände. *... ich bin eben so wie ich bin ...* so als ob unser Verhalten genetisch bedingt wäre, angeboren, Teil unseres innersten Wesens.

Dabei ist unser Verhalten gelernt und genau das unterscheidet uns von Tieren, die weitgehend genormtes Verhalten zeigen. Unser Nervensystem ist das flexibelste der gesamten belebten Natur. Es bietet eine Basis für fast jede Prägung. Und diese Prägungen erfuhren wir zu einem Zeitpunkt wo wir uns weder dafür noch dagegen entscheiden konnten. Jetzt als Erwachsene können wir selber entscheiden, wer wir sein wollen und wie wir uns verhalten wollen. Nur wir Menschen haben dieses enorme Lernpotential. Das nicht zu nutzen ist ein echtes

Versäumnis an Ihren spezifisch menschlichen Möglichkeiten und wirft Sie evolutionstechnisch weit zurück.

Die Unwilligkeit vieler Fachleute, ein erfolgreiches Kommunikationsverhalten zu erlernen, hat weitreichende Folgen. Sie öffnet Scharlatanen und Betrügern Tür und Tor. Denn so wie Fachwissen nicht zwangsläufig zu kommunikativen Fähigkeiten führt, so ist auch die Fähigkeit, zu überzeugen, zu beeinflussen und Vertrauen zu gewinnen, nicht zwangsläufig mit hohen inneren Werten und großem Fachwissen verbunden. Nur die Kombination aus hohen inneren Werten und kommunikativem Können führt dazu, Menschen wertvolle Impulse geben und damit zu ihrer persönlichen Weiterentwicklung beitragen zu können.

Wie hoch ist ihre Widerstandkraft gegen emotionelle Ansteckung?

Aus dem dargestellten Experiment ist noch etwas ersichtlich. Nicht-Expressive sind nicht nur schwache Vermittler, sondern auch schwach in ihrer Widerstandskraft gegen emotionelle Einflüsse. Sie neigen zum "Kippen" in die Richtung stärkerer Beeinflusser. Das ist ihnen aber nicht bewusst. Gefühle werden fast immer rationalisiert, also im nachhinein durch erfundene Gründe gerechtfertigt. Das heißt, dass nicht-expressive Menschen naturgemäß nicht sagen werden ... *mir geht es jetzt deswegen schlecht oder gut, weil ich selber wenig Energie aufbringe und daher von jemandem beeinflusst wurde ....* Sie werden andere Gründe erfinden, ohne dass ihnen das bewusst wäre. Sie glauben dann wirklich und ehrlich an diese Gründe.

Auch dazu gibt es jede Menge experimentelle Befunde. Testteilnehmern wurden Bilder gezeigt und dazu wurden geheime emotionelle Botschaften suggeriert. Nehmen Sie als Beispiel Bilder wunderschöner Landschaften kombiniert mit heimlichen Suggestionen über Streit und Kampf.

Faszinierenderweise reagierten die Testteilnehmer auf die suggerierten Botschaften, erklärten diese aber ausführlich mit den Inhalten der betrachteten Bilder. Irgendwie schienen ihnen die Landschaften eigentümlich und schienen sie an Streit und Kampf zu erinnern.

Obwohl es gar keinen Zusammenhang mit den Bildern gab, wurde dieser von den Testteilnehmern künstlich hergestellt und scheinbar ganz vernünftig begründet. Immer wieder bei solchen Tests gibt es Teilnehmer, die auch nach der Erklärung des Ganzen steif und fest behaupten, dass es ausschließlich die Bilder gewesen seien, die sie zu ihren Reaktionen veranlasst hätten.

Kennt nicht jeder von uns solche Beispiele? Nehmen wir an, Sie bekommen zuhause einen unangenehmen Telefonanruf. Irgendetwas im Büro geht schief und droht Ihnen den erhofften angenehmen Abend zu stören. Wenn dann noch eines Ihrer Kinder oder Ihr Partner mit einem Problem auf Sie zukommt, kann es sein, dass Sie unangemessen aggressiv reagieren. Wenn man Sie darauf aufmerksam macht, werden Sie möglicherweise auf Ihrem Recht beharren, einmal reinen Tisch zu machen. Sie werden es auf einmal *... nicht länger dulden, dass man immer auf Ihnen herumhackt* .... In Wahrheit ist es der Anruf, der Sie innerlich beschäftigt, aber wer kann das schon zugeben, wenn er oder sie gerade so schön in Fahrt ist?

Wir können davon ausgehen, dass wir alle eine gewisse Tendenz zu diesem Verhalten aufweisen. Wir beschönigen unsere Reaktionen, wir binden ihnen ein "vernünftiges" Mäntelchen um. Die Testergebnisse sprechen aber eine klare Sprache. Solange wir nicht klare innere Werte und einen klaren Weg für uns gefunden haben, pendeln wir und hängen unsere emotionelle innere Fahne in den Wind. Das Gefährliche daran ist die Tatsache, dass dieser Wind keinesfalls immer positiv sein muss. Wir haben gesehen, dass die emotionalen Veränderungen der Testteilnehmer in beide Richtungen gingen. Die Stimmung der emotionell beeinflussbaren Menschen ging beliebig nach oben und nach unten, immer in Richtung der Stimmung des expressiven Teilnehmers.

Wichtig sind klare innere Werte und ein stabiles Wissen um die eigenen Ziele. Wenn Sie über eine klare innere Orientierung verfügen, wenn Sie sich angewöhnen, ihrem eigenen inneren Kompass zu folgen, dann werden Sie weniger leicht zu einem Opfer fremder Einflüsse.

Akzeptieren Sie Ihre Beeinflussbarkeit. Am gefährdetsten sind immer die Menschen, die sich für unangreifbar halten. Nie werde ich den Seminarteilnehmer vergessen, der im Brustton der Überzeugung sagte, er sei gegenüber Autowerbung völlig immun, denn er kaufe immer ein Auto derselben Marke!

Am beeinflussbarsten sind die Menschen, die sich immer nach dem Urteil ihrer Umgebung richten, deren Wertmaßstäbe sich an ihren jeweiligen Freunden und Bekannten ausrichten. Oft ist das Angst vor dem Verlust dieser Freunde, vor dem Alleinsein, vor dem Ausgelachtwerden, vor einer Blamage. Je mehr wir uns anpassen, desto eher versäumen wir unseren eigenen Weg, den einzigen, der uns glücklich macht, den einzigen, an dessen zurückgelegter Wegstrecke wir später einmal gemessen werden.

Stabile Ziele und Werte kann man nicht kaufen, nicht im Seminar und nicht im Buchhandel. Sie müssen erarbeitet werden. Sie müssen daran arbeiten, zu erkennen, was Ihnen wichtig ist. Sie müssen wissen, was auf der Fahne steht, die Sie im Ernstfall als letzte in der Hand behalten würden - bis zum Ende. Nur Sie selbst können das für Sie persönlich Wichtigste finden. Und Sie finden es nicht außen. Sie finden es nicht durch Radiointerviews, durch Ratgeber oder Gurus. Sie finden es in sich selbst. Ihre inneren Wünsche, das, was Sie begeistert, das, wonach Sie sich sehnen, das ist Ihre eigentliche Aufgabe. Sobald Sie diese gefunden haben, sind Sie unendlich stabiler als zuvor.

So vermitteln Sie in Problemsituationen Sicherheit

Diese angesprochene Stabilität ist nicht nur für Sie selbst wichtig. Sie ist auch für Ihre Umgebung bedeutsam. Das ist eine wunderbare Nachricht. Denn sie besagt, dass Ihre Umgebung davon profitiert, wenn es Ihnen gut geht. Halten Sie das nicht vorschnell für eine Binsenweisheit. Viele Menschen haben ein schlechtes Gewissen, wenn es ihnen gut geht. Sie haben gelernt, dass es anständiger ist, wenn es einem nicht so besonders gut geht. Irgendwie scheint es edler zu sein, zu leiden. Es scheint Sympathie für die Leidenden auszudrücken. Diese Haltung unterstützen wir hier nicht. Wir halten es für edler, den Leidenden zu helfen und ihnen zu zeigen, dass es einen Weg aus dem Chaos und aus dem Leid gibt. Was wäre dazu besser geeignet als diesen Weg vorzuzeigen, ihn sozusagen zu beweisen.

Dass es immer wieder Menschen gibt, die auf den Erfolg Anderer mit Neid und Minderwertigkeitsgefühlen reagieren, das können Sie nicht ändern. Manche Menschen wollen nicht erkennen, dass sie etwas ändern können, dass sie ihres Glückes Schmied sind und daher nehmen sie erfolgreiche Menschen nicht als Vorbild und Motivation, sondern als Beweis für ihre Benachteiligung. Sie können aber sicher sein, dass diese Menschen auch auf Misserfolge Anderer in einer Weise reagieren, die ebenfalls sicherstellt, dass sie nichts ändern müssen.

Wenn jemand Anderer Erfolg hat, dann sagen diese Menschen nicht ... *hier sehe ich, dass es geht* ... oder ... *wenn dieser Mensch es geschafft hat, dann kann ich es auch schaffen* ... sondern Sie sagen ... *ja, so viel Glück müsste man haben ... wieder ein Beweis für die Ungerechtigkeit des Lebens ....*

Wenn jemand Anderer Misserfolg hat, dann reagieren diese Menschen spontan mit Sätzen wie ... *da sieht man, wohin der Ehrgeiz führt ... ja, ja, Hochmut kommt vor dem Fall ... ich habe es gleich gewusst ....*

Aber der Großteil der Menschen ist Gott sei Dank anders und wartet auf Beispiele, die ihm Mut machen, die zeigen, dass man Probleme bewältigen und dass man seine Ziele erreichen kann. Und genau das ist es, was die meisten Eltern ihren Kindern vermitteln möchten und was auch eine Führungskraft ihren Mitarbeitern vermitteln muss, wenn sie ein erfolgreiches Team haben möchte. Dass das nicht durch Verstellung geht, sondern nur durch wirkliche innere Zufriedenheit, das ist das Wunderbare an den geschilderten Experimenten.

Unser eigenes Lebensglück ist eine Hilfe für unsere gesamte Umgebung.

Nur dadurch, dass wir selbst glücklich sind, vermitteln wir dasselbe Glücksgefühl an unsere Kinder, Freunde, Mitarbeiter, ja sogar an die Menschen in der Straßenbahn und in der U-Bahn, mit denen wir nicht einmal sprechen.

Wie wichtig die Berücksichtigung dieser ebenso einfachen wie wunderbaren Tatsache ist, zeigt das folgende Beispiel:

Nehmen wir an, Eltern möchten einem ihrer Kinder Mut vor einer Herausforderung machen, die das Kind fürchtet, zum Beispiel einer Schularbeit, vor der es sich nicht genügend vorbereitet hat. Meistens fürchten sich die Eltern auch, schon aus der Erinnerung an die eigene Schulzeit heraus. Wenn sie unter sich sind, dann äußern sie diese Zweifel auch ... *ob das gut gehen wird ... wenn man nichts lernt, dann kriegt man eben früher oder später eines auf die Mütze ... na ja, wir werden ja sehen* .... Vor ihrem Kind glauben sie aber, diese Ängste nicht zugeben zu dürfen ... *du brauchst dich nicht fürchten ... du schaffst das schon ... hier musst du durch ... diese Erfahrung haben wir alle gemacht* .... Aber das eben geschilderte Experiment zeigt uns, dass die wahren Gefühle sich doch ihren Weg zum Zuhörer bahnen. Das Kind wird also die Angst seiner Eltern mitbekommen. Es kommt damit in eine schwierige Situation. Es spürt unbewusst die Angst seiner Eltern, kann aber nicht darüber sprechen, weil diese ja so tun als wären sie stark und sicher.

Wenn Sie einmal in eine vergleichbare Situation kommen, dann ist es besser, Sie erkennen, dass Sie zuerst mit Ihren eigenen Gefühlen arbeiten müssen, bevor Sie wirklich wirkungsvoll helfen können. Das muss nicht zuhause sein. Es ist dasselbe mit Problemen im Unternehmen, wenn Mitarbeiter sich einer Sache nicht gewachsen fühlen. Betrachten Sie dann die Situation in Ruhe. Gibt es für das Kind oder den Mitarbeiter eine realistische Chance, die Sache erfolgreich zu überstehen? Wenn ja, dann werden Sie Ihre eigene Angst durch diese Erkenntnis deutlich vermindern können. Wenn es keine Chance gibt, dann ist die Angst berechtigt, solange Ihr Kind oder Ihr Mitarbeiter keine aktiven Maßnahmen setzen, um der Sache doch noch Herr zu werden. Aber sobald Sie Maßnahmen setzen, wird sich die Angst verringern. Denn wir brauchen nie mehr zu tun als wir imstande sind. Unsere Probleme sind nie größer als unsere Kraft, sie zu lösen. Ich teile nicht die verbreitete Haltung, dass unsere Kraft gerade ausreicht, unsere Probleme zu ertragen. Welchen furchtbaren Gott verehren Menschen, die solchen Unsinn glauben? Unsere Kraft ist groß genug, unsere Probleme loszuwerden. Das ist der einzige Sinn von Problemen: Nicht sie zu ertragen, sondern sie zu bewältigen!

Das ist der wesentliche Unterschied zwischen dem, was viele Menschen zwischen positivem Denken verstehen, und dem, was Sie hier lesen. Wenn Sie eine Sache im Grunde Ihres Herzens für aussichtslos halten, dann hat positives Denken nur eine vorübergehend beruhigende, aber keine dauerhaft heilende und problemlösende Funktion. Im Gegenteil, positives Denken ... *ich schaffe das schon ... ich krieg das hin ... irgendein Wunder wird geschehen ...* wird dann tragischerweise genauso wie negatives Denken ... *ich schaffe das nicht ... keine Chance ... typisch für mich ...* den klaren Blick für die Situation vernebeln und damit die immer möglichen Lösungsmaßnahmen hinauszögern oder sogar ganz verhindern.

Was wir hier unter einer positiven Einstellung verstehen, das ist das Wissen, dass es IMMER einen Lösungsweg gibt. Probleme ohne Lösung, das gibt es nicht! Und Sie können sicher sein, diese Lösung auch zu finden. Sie ist nicht versteckt und nicht nur außergewöhnlichen Geistern zugänglich. Gott oder wie immer Sie die Kraft nennen mögen, die diese Welt zusammenhält, ist kein Sadist und er spielt mit uns auch nicht Ostereiersuchen, so nach dem Motto ... *ich habe die Lösung gut versteckt und wer sie findet, der darf sie behalten* .... Das ist eine geradezu kindische Vorstellung. Es gibt IMMER einen Weg aus den Schwierigkeiten heraus, denen sich jemand gegenüber sieht. Dass wir diesen Weg öfter als uns lieb ist nicht zu sehen meinen liegt daran, dass wir meistens feste Vorstellungen darüber haben, wie dieser Weg auszusehen hat. Und dadurch übersehen wir die einfache, klare Lösung, die meist offen vor uns liegt.

Im Falle der Angst eines Kindes vor einer Schularbeit kann die einfachste Lösung darin bestehen, die verbleibende Zeit intensiv zu lernen. Sie kann aber auch darin bestehen, zuhause zu bleiben und sich auf die nächste Schularbeit besser vorzubereiten. Es ist wohl so, dass die meisten Eltern diese Lösung nicht einmal im Traum in Betracht ziehen. Sie denken, dass ihre Kinder dadurch lernen würden, sich vor Herausforderungen und Schwierigkeiten zu drücken. Und tatsächlich wäre das möglich und sogar wahrscheinlich, wenn das Zuhausebleiben die Standardregel wäre. Praktisch ist die Wahrscheinlichkeit dafür allerdings null, denn es geht aus ganz offensichtlichen Gründen gar nicht, bei jeder Schularbeit zuhause zu bleiben. Irgendwann muss die Prüfung ja doch geschafft werden. Also ist diese scheinbar so reale Gefahr in Wahrheit gar nicht existent und sie können sie vergessen. Und wenn Sie Ihr eigenes Leben betrachten: Wünschen Sie sich nicht auch Hilfe, wenn Sie etwas verbockt haben? Wünschen Sie sich nicht auch einen guten Rechtsanwalt, wenn Sie wegen eines Fehlers vor Gericht kämen? Wo bleibt da die heroische Haltung, dass man seine Fehler ausbaden muss? Ich denke, dass wir alle Hilfe ersehnen, wenn wir Fehler gemacht haben. Und das Kind in der beschriebenen Situation braucht ganz offensichtlich Hilfe. Wir alle können uns erinnern, wie es war, als wir in der Nacht vor einer Prüfung aufwachten und das schlechte Gewissen über uns zusammenschlug.

Also ist die Idee, der mit Sicherheit negativen Schularbeit auszuweichen, eine wirklich realistische Lösung. Das Kind könnte dadurch lernen, dass seine Eltern im Notfall wirklich und tatsächlich auf seiner Seite stehen. Das wäre eine Maßnahme auf der Fördern-Dimension der Fordern-Fördern-Matrix. Um in der Balance zu bleiben, setzen Sie auch eine Maßnahme auf der Fordern-Dimension. Sie könnten zum Beispiel verlangen, dass bis zur positiven Erledigung der Prüfung erstens jeden Tag eine bestimmte Zeit für dieses Fach gelernt wird und dass zweitens bis dahin die vereinbarte abendliche Ausgehzeit eine Stunde früher endet. Dadurch wird deutlich, dass Sie dem Kind auf jeden Fall helfen, dass das aber nicht bedeutet, dass Sie den Fehler gutheißen. Etwas verstehen und jemandem aus der Patsche helfen heißt nicht zwangsläufig, auch damit einverstanden zu sein und es zu unterstützen. Vielleicht wird das Kind dann eine mündliche Prüfung anstreben, um diesen Einschränkungen früher zu entkommen. Das wäre eine klare und vernünftige Entscheidung und alle wären zufrieden.

Auch im Berufsalltag können Sie diesen Weg der Entscheidungsfindung anhand der Fordern-Fördern-Matrix einsetzen. Wenn einer Ihrer Mitarbeiter ein Problem an Sie heranträgt, dann achten Sie immer auf eine balancierte Lösung. Wenn das Problem dringend ist, dann helfen (=fördern) Sie umgehend und danach verlangen Sie Maßnahmen, die dieses Problem in Zukunft verhindern können (= fordern). Mit anderen Worten, ... *wenn es dringend ist, dann muss zuerst die Kuh vom Eis, erst dann wird der Zaun um den See gebaut* .... Wenn das Problem nicht dringend ist, dann nehmen Sie sich Zeit (= fördern), um sich die Lösungsvorschläge Ihrer Mitarbeiter anzuhören (= fordern). Wenn es noch keine Lösungsvorschläge gibt, dann verlangen Sie solche umgehend (= fordern) und nehmen Sie sich dann erneut Zeit, um sich diese anzuhören und Ihre Mitarbeiter bei der endgültigen Auswahl einer definitiven Lösung zu unterstützen oder die Lösung selber auszusuchen (= fördern). Mit anderen Worten ... *wenn es nicht dringend ist, dann muss die Kuh selber vom Eis finden* ....

Durch diese Vorgehensweise vermindern Sie Ihre innere Angst. Sie geraten nicht in Panik, wenn Probleme auf Sie zukommen, weil Sie gelernt haben

→ dass es immer eine Lösung gibt. Sie mag unangenehm sein (welches Kind kommt schon gerne eine Stunde früher als seine Freunde nach Hause?), aber sie löst die Sache, vor der wir uns sonst fürchten würden.

→ dass alleine schon diese innere Haltung eine Verminderung der Angst Ihrer Gesprächspartner bewirkt. Das ist faszinierend: Noch bevor eine Lösung da ist, sinkt die Angst vor einem Problem, wenn jemand da ist, der sich von dem Problem nicht einschüchtern lässt. Und dieser Jemand sind in Zukunft SIE!

Sie spüren in sich den Mut, jede anstehende Sache zu lösen. Sie spüren, dass das Problem, das vor Ihnen oder Ihrem Kind oder Ihrem Mitarbeiter liegt, bewältigt werden kann. Und genau dieses Gefühl übertragen Sie dann an Ihre Gesprächspartner. Die Angst Ihres Kindes wird schrittweise abnehmen, weil es spürt, dass Sie auch keine Angst haben. Die Angst der Mitarbeiter wird abnehmen, weil sie spüren, dass Sie sicher sind, die Sache gemeinsam bewältigen zu können.

Das ist ein ungewohntes aber sehr erfolgreiches Vorgehen. Sie konzentrieren sich zuerst nicht auf das Problem und nicht auf den Partner, sondern Sie konzentrieren sich zuerst auf sich selbst. Sie wissen, dass Sie zuerst Ihre eigene Angst bewältigen müssen, bevor Sie Anderen Mut machen können. Und sobald Sie selbst diesen Mut verspüren, wird er sich auf die Gesprächspartner übertragen.

DIE BEDEUTUNG IHRER INNEREN EINSTELLUNG - WIE DER INNERE DIALOG DAS EIGENE LEBEN BESTIMMT

Kommunikation braucht immer einen Sender und einen Empfänger. Das ist eine der Ausgangspositionen dieses Buches. Unter dieser Voraussetzung muss es verwundern, wenn in der Überschrift zu diesem Kapitel von einem inneren Dialog geschrieben wird. Wie kann es denn einen inneren Dialog geben? Wo sind da ein Sender und ein Empfänger? Wer spricht da mit wem?

Wenn wir unsere eigene Erfahrung betrachten, dann wird umgehend klar, dass wir tatsächlich mit uns selbst sprechen. Wenn wir etwas vermasselt haben, dann schimpfen wir innerlich mit uns und tun es manchmal sogar laut *...warum habe ich nicht aufgepasst?...ich habe mir noch vorher gedacht...*

Wir tun das viel öfter als wir gemeinhin annehmen. Und das auf den ersten Blick Verblüffende daran ist die Tatsache, dass wir im allgemeinen kritisch, ja sogar nörglerisch mit uns selbst umgehen. Wir sind mit uns selten zufrieden. Nur dann, wenn wir etwas außerordentlich gut gemeistert haben, kommt kurz Zufriedenheit mit uns selbst auf. Im Normalfall aber sind wir sogar dann innerhalb kurzer Zeit mit uns unzufrieden, wir hätten es ja noch besser machen können.

Stellen Sie sich vor, Sie hätten gerade im Lotto "6 aus 45" einen 5er gewonnen. Zuerst wären Sie verblüfft und erfreut über den unerwarteten Geldzufluss. Aber nach kurzer Zeit würden Sie sich fragen ... *warum habe ich nicht auch die 6. Zahl richtig angekreuzt?* .... Sie würden nicht mehr den Gewinn sehen, sondern den "Verlust", die Differenz auf den 6er.

Auf den zweiten Blick überrascht dieser innere Umgang mit uns selbst nicht. Wir übernehmen einfach die gewohnten Reaktionen unserer Umwelt in unser Innenleben. Wir sind es gewohnt, kritisch betrachtet zu werden und vor allem: Wir sind es gewohnt, andere kritisch zu betrachten. Die innere Distanz zu uns selbst ist die automatische Folge davon. Denn es ist unmöglich, andere zu verurteilen und sich selbst nicht! Durch die kritische Betrachtung unserer Umwelt erzeugen wir zwangsläufig (!) eine Welt, in der wir selbst kritisch betrachtet werden. Und in dieser selbst erzeugten Welt leben wir. Das ist nicht zu ändern, außer durch Aufgabe der Verurteilung Anderer. Auf diesen therapeutischen Aspekt komme ich später erneut zurück.

Kann man denn immer mit sich zufrieden sein?

Allgemein können wir sagen, dass wir nur selten mit uns zufrieden sind. Das führt zu einer nörglerischen Grundtendenz im Umgang mit uns selbst. Vielleicht ist diese Unzufriedenheit manchmal oder sogar oft berechtigt. Vielleicht machen wir wirklich nur ganz selten das Beste aus einer Situation. Vielleicht sind wir wirklich typische Fernseher, Zuschauer statt Akteure.

Die meisten Menschen und daher vermutlich auch Sie als Leser gehen nur selten wirklich über ihre Grenzen. Sie verbleiben wahrscheinlich normalerweise weit innerhalb derselben. Aber wird das dadurch besser, dass Sie mit sich selbst herumnörgeln? Sind Ihre Schulnoten besser geworden, wenn Ihre Eltern an Ihnen herumnörgelten? Ändern sich Ihre Kinder, wenn Sie dasselbe Verfahren an ihnen erneut erproben?

Fragen Sie sich einmal, wie Sie es mit sich selbst halten.

➔ Wie gehen Sie mit sich selbst um?

➔ Sind Sie primär nörglerisch zu sich selbst, oder fürsorglich und liebevoll?

➔ Sind Sie sich selbst gegenüber Kritiker oder Betreuer, Förderer, Unterstützer?

Diese Fragen sind von enormer Bedeutung. Die Antworten darauf bestimmen den Erfolg Ihres Lebens tiefer und einschneidender, als Ihnen das bewusst sein mag.

Generell gilt: Wir können und sollen immer mit uns zufrieden sein.

Das heißt nicht, dass wir so bleiben müssen wie wir heute sind. Selbstverständlich können wir morgen alles besser machen. Selbstverständlich ist es erlaubt, nach Höherem, Besserem, Intensiverem zu streben.

Aber es ist schlichtweg unvernünftig, HEUTE woanders sein zu wollen als Sie sind. Es ist unvernünftig, JETZT jemand Anderer, Besserer, Reicherer, Erfolgreicherer, Gesünderer sein zu wollen. Sie sind jetzt genau an der richtigen Stelle in Ihrem Leben. Bedenken Sie, dass Kommunikation NIE eine Beschreibung der Vergangenheit ist, sondern IMMER die Gestaltung der Zukunft. Wenn Sie mit sich selbst nörglerisch ins Gericht gehen, dann erzeugen Sie damit eine Zukunft, die Ihrer Vergangenheit aufs Haar gleichen wird. Sie beschwören mit einer nörglerischen Einstellung genau die Geister der Vergangenheit, die Sie eigentlich loswerden möchten.

Wenn Sie zu sich selbst sagen, ... *ich hätte damals anders entscheiden sollen* ... oder ... *ich hätte das damals wissen müssen* ... oder ... *ich hätte auf meine Ratgeber hören sollen* ..., dann begehen Sie einen grundsätzlichen logischen Irrtum. Sie tun so, als hätten Sie damals anders entscheiden können. Tatsächlich war es aber nicht so, denn sonst hätten Sie mit Sicherheit anders entschieden. Niemand handelt bewusst und absichtlich gegen seine eigenen Interessen, auch wenn es manchmal so aussehen mag. Wenn wir heute den Eindruck haben, dass wir in der Vergangenheit gegen unsere eigenen Interessen handelten, dann deshalb, weil wir damals von falschen Annahmen ausgegangen sind, weil wir von fehlerhaften Informationen ausgingen, weil wir von Emotionen überschwemmt wurden, oder weil wir irgendeiner anderen Fehleinschätzung erlegen sind.

... heute würde ich anders entscheiden ... - das mag zwar logisch richtig sein, es gibt Ihnen aber nicht die Rechtfertigung, sich zu verurteilen, weil Sie damals in bestimmter Weise entschieden haben. Alle die *... wenn ich damals ... hätte ich damals ...* sind Unsinn. Sie vergeuden damit nur Ihre Zeit und zerstören Ihre Gegenwart und damit auch Ihre Zukunft.

Sie können IMMER mit sich zufrieden sein, weil Sie wissen, dass Sie heute, in dieser Stunde, JETZT, in der Lage sind, Ihr Leben neu zu gestalten. Befassen Sie sich nicht eine einzige Sekunde mehr mit der Frage, wie Sie früher anders hätten entscheiden können, sondern entscheiden Sie JETZT in den aktuellen Entscheidungssituationen besser, informierter, umsichtiger, liebevoller.

Es gibt zwei Wege, mit sich selbst umzugehen.

Der eine Weg ist der "Weg des ego", der andere ist der "Weg des Selbst". Sie unterscheiden sich grundsätzlich voneinander, wie aus der nachstehenden Tabelle zu entnehmen ist:

Weg des ego	**Weg des Selbst**
viele gegenläufige Kräfte	eine geeinte Kraft
←→↑↓ ↔↕ ↖↗↙↘ ↑↓↔↕↖↗ ↙↘←→	→
nachdenken, überlegen	sich hingeben und vertrauen
Alltags-Bewusstsein	Flow-Bewusstsein
Alltags-Kampf	Spitzenleistungen
Recht haben	Erfolgreich sein

Wir leben in einer Welt unterschiedlichster und gegen-einander wirkender Kräfte. Zu jedem Muskel existiert ein Antagonist, ein genau entgegengesetzt wirkender Muskel, zu jeder mentalen Bestrebung gibt es eine Gegenbewegung ... *ich würde gerne, aber ich trau mich nicht ... es wirkt verlockend, aber ob es sich dann später nicht als Fehler herausstellt? ...*

Auch in unserer Umwelt gilt das physikalische Gesetz: Druck schafft Gegendruck. Jede Bestrebung schafft also automatisch ihren eigenen Widerstand.

Diese entgegengesetzt wirkenden Kräfte machen es schwierig, eine starke Leistung zu bringen, die Zeit dabei zu genießen, sich eins zu fühlen mit dem was man tut.

Jede innere Kritik, jeder innere Befehl verstärkt das herrschende Kräftechaos. Anhand eines Golfspielers lässt sich dieser Effekt einfach verständlich illustrieren.

Wenn er/sie anfängt nachzudenken (was 99% der Spieler schon auf dem Weg zum Platz tun!), verstärkt er/sie die widersprüchlichen Tendenzen in sich selbst. ... *steh richtig ... halte den Schläger fest ... verkrampf dich nicht ... konzentrier dich auf den Ball ... hol weit und richtig aus* ... Jeder einzelne Gedanke ist richtig, er lenkt aber die Aufmerksamkeit auf ein bestimmtes Detail, das automatisch auch das gegenläufige Detail in Erinnerung ruft ... *wahrscheinlich stehe ich wieder falsch da ... wenn ich den Schläger nun zu locker halte? ... ich kann mich heute nicht richtig konzentrieren ... letztes Mal habe ich verloren ... heute blendet mich noch dazu die Sonne ... ich fühle mich irgendwie gar nicht gut heute ... oh Gott, jetzt habe ich auch noch Zuseher* ... Es ist nicht möglich, sich willentlich auf zahlreiche Details zugleich zu konzentrieren. Der berühmte Satz, Caesar hätte sieben Dinge zugleich erledigen können, zeigt, dass diese eigentlich bescheidene Zahl in der Praxis bereits enorm hoch ist. Sieben Einzelheiten sind aber bei weitem nicht genug, wenn es darum geht, eine komplexe Leistung zu erbringen.

Spitzenleistungen werden daher regelmäßig in einem anderen Bewusstseinszustand als dem Alltagsbewusstsein erbracht. Genau dieses Bewusstsein nennen wir hier den "Weg des Selbst".

Der Weg des Selbst eignet sich auch für den Alltag und es gibt wohl keinen Menschen, der diesen Zustand nicht bereits erlebt hat. *... im Sommer den Sonnenuntergang beobachten ... im Auto bei offenem Fenster die Lieblingsmusik hören ... mit Freunden zusammensitzen und das Gefühl haben, dass man sich wirklich gut versteht ...* Allerdings zeigt die Erfahrung, dass dieser Zustand für die meisten Menschen nicht einfach und beliebig reproduzierbar ist. Das Gefühl scheint wie aus dem Nichts aufzutauchen und auch wieder dorthin zu entschwinden.

Wissenschaftlich wurde der "Weg des Selbst", in dem kein Zweifel existiert, in dem absolute Sicherheit herrscht, in dem man ein eigentümliches Gefühl der Verbundenheit mit dem was man tut wahrnimmt, vor allem im Spitzensport erforscht und als "Flow-Erlebnis" bekannt. Aber nicht nur im Sport, sondern ganz generell gehen Spitzenleistungen in allen Lebensbereichen, in der Musik, im Business und in Beziehungen regelmäßig mit diesem Gefühl einher.

Es kommt dabei zu einem Aufheben der Gegenläufigkeit der zahlreichen inneren und äußeren Bestrebungen. Alles scheint sich in eine Richtung zu bewegen. Alle Kräfte wirken auf ein einziges Ziel. Der Mensch, der in diesem Zustand handelt, denkt nicht nach, er/sie zögert nicht, er/sie überlegt nicht, was richtig ist (und es fällt ihm/ihr daher auch nicht ein, was falsch wäre!).

In diesem Zustand ändert sich das Zeiterleben. Die Zeit wird langsamer oder schneller, genau so wie es die Situation erfordert. Es gibt keine Schmerzen oder Anstrengungen. Die Aufmerksamkeit ist äußerst konzentriert und nimmt doch zahlreiche Umstände zugleich wahr. Es ist wie die seltsame Umstellung in einem Stück Eisen, wenn es mit einem Magneten in Berührung kommt. Die vorher in unterschiedlichste Richtungen wirkenden Kräfte, die zu einem gegenseitigen Aufheben und einer völligen Kraftlosigkeit und Bewegungslosigkeit führten, wirken plötzlich in eine einzige Richtung und verleihen dem vorher wirkungslosen Stück Metall plötzlich eine ungeheure Macht.

Mental äußert sich dieser Zustand in einem Gefühl der Schwerelosigkeit, des Friedens, des Einsseins mit dem, was man tut. Es gibt keinen Zweifel, weil es kein Nach-Denken gibt.

Wie unterschiedlich und in allem gegensätzlich diese beiden Wege sind, erkennen Sie aus der folgenden Tabelle.

Weg des ego	**Weg des Selbst**
Isoliert	Verbunden
Einsam	Eingebettet
Gefährdet	Beschützt
Schmerzhaft	Liebevoll
Nörglerisch	Einsichtig
Selbstgerecht	Verständnisvoll
Engstirnig	Weiträumig
Neidisch	Großzügig
Aggressiv	Fließend
Es tut weh	Es ist Liebe

Der größte Fehler des ego-Weges ist die Annahme, es gäbe ein isoliertes "ich", ein isoliertes Bewusstsein, das auf sich allein gestellt in einer feindlichen Umgebung schlecht und recht zu überleben lernt. Der Weg des Selbst beruht dagegen auf dem Wissen um die vollständige Verbundenheit alles Seienden. Alle anderen Unterschiede zwischen den beiden Wegen resultieren daraus.

Wenn Sie den Weg des ego gehen, dann erleben Sie das Leben als Dschungel. Sie wandern dann mit der Machete in der Hand umher. Sie fühlen sich permanent bedroht. Sie stufen jedes Ereignis als tendenziell gefährlich ein. Sie nehmen die Ressourcen der Umwelt als begrenzt wahr, als etwas, wovon zu wenig für alle da ist und worum daher ein unvermeidbarer Konkurrenzkampf tobt. Sie werden dann aggressiv sein, um im Zweifel den Vorteil des Angreifenden zu haben. Und es wird schmerzhaft sein, denn es gibt keine Ruhe, keine Gelassenheit, keine Sicherheit, keinen dauerhaften Schutz und Frieden. Anders ausgedrückt: Es tut weh.

Wenn Sie den Weg des Selbst gehen, dann erleben Sie das Leben zunehmend als das versprochene Paradies. Sie erkennen, dass Sie beschützt sind, dass alles auf Ihr Glück hinarbeitet, dass Frieden der eigentliche Zustand der Welt ist. Sie nehmen unbegrenzte Ressourcen wahr. Sie brauchen niemanden anzugreifen, Sie brauchen sich nicht zu verteidigen. Sie spüren und verbreiten Ruhe, Sicherheit, Schutz und Frieden. Anders ausgedrückt: Es ist Liebe.

Weg des ego	**Weg des Selbst**
scheinbar breit und eben	scheinbar eng und hart
tatsächlich der schwere Weg	tatsächlich der leichte Weg

Wenn Sie auf das ego hören, wird es immer und ausnahmslos scheinbar zu Ihrem Vorteil argumentieren und in Wirklichkeit unfehlbar und mit traumwandlerischer Sicherheit Ihren Nachteil bewirken. Sie werden zwischen verschiedenen Alternativen herumgerissen und Sie werden versuchen, das "Richtige" zu tun, ohne wirklich zu wissen, was das ist und wie Sie es erkennen.

Wenn Sie auf Ihr Selbst hören, wird es Sie immer und ausnahmslos klar und eindeutig anweisen, was Sie zu tun haben. Es gibt keine Alternativen sondern lediglich die innere Stimme, die Sie anleitet.

Des Weg des ego erscheint auf den ersten Blick meist als der einfache Weg. Er ist darum dicht begangen. ... *wenig lernen ... wenig arbeiten ... sich nicht anstrengen ... im Zweifel lieber schwindeln ... ein bisschen betrügen ist normal ... jammern ... Anderen und den Umständen die Schuld geben ...* Tatsächlich ist es der schwere Weg. Er führt ins Nichts, in Unsicherheit, Zweifel, Angst.

Der Weg des Selbst scheint auf den ersten Blick hart. Er ist darum weniger häufig. ... *Selbstvertrauen aufbauen durch Arbeit an der eigenen Kompetenz ... sich Herausforderungen stellen, um Erfolgserlebnisse zu ermöglichen ... hohe Ziele konsequent verfolgen ... dankbar sein für das wunderbare Leben, das wir führen dürfen ... großzügig sein, so wie man es selbst auch erleben möchte ... in Beziehungen den Anfang machen statt ewig zuzuwarten ... vierundzwanzig Stunden pro Tag lernen ... Vertrauen aufbauen ...* Es ist der leichte Weg, weil er zu Zufriedenheit führt, zu Erfolgen, zu Selbstvertrauen, Sicherheit, Frieden, Ruhe, Kraft.

So lernen Sie, mit sich selbst besser umzugehen

Offensichtlich ist es von großer Bedeutung, mit sich selbst eine vernünftige Beziehung einzugehen. Aber die Frage ist, wie schaffe ich das? Wie überwinde ich die Tendenz, an mir herumzunörgeln?

Die Antwort auf diese Frage ist einfach: Sehen Sie zu, ob Sie mit sich selbst so umgehen, wie wir es in den vorangegangenen Kapiteln als ideale Kommunikation beschrieben haben.

Überprüfen Sie Ihren inneren Dialog. Wenn Sie nörglerische Tendenzen wahrnehmen, beenden Sie diese sofort. Wenn Sie zum Beispiel zu sich selbst sagen ... *das kann ich nicht ..., dann sagen Sie sofort ... selbstverständlich kann ich das! ...* Wir nennen diese Technik "der Schlange den Kopf abschlagen".

Dulden Sie keine negativen Gedanken über sich selbst mehr. Hören Sie auf, sich selbst herunterzumachen, sich zu kritisieren, an sich selbst herumzumäkeln. Machen Sie sich deutlich, dass Sie SELBSTVERSTÄNDLICH imstande sind, Ihre Herausforderungen zu lösen. Niemand steht vor Problemen, die er/sie nicht bewältigen kann. Jede Angst entsteht nur durch unser Gefühl, eine Schwierigkeit sei zu groß. Nur die Angst vor der Angst lähmt uns. Sie werden JEDES Ihrer Probleme lösen, sobald Sie es sich zutrauen. Nur und ausschließlich in Ihrer Angst liegt das eigentliche Problem. Nie ist das wirkliche Problem so groß wie die Angst davor. Oder anders ausgedrückt:

Die Angst ist immer größer als das Schlimmste, das tatsächlich passieren kann.

Streben Sie so wie in jedem Gespräch auch in Ihrem inneren Dialog mehr als 50% PALES© zu sich selbst an! Das bedeutet, dass auf jede kritische innere Bemerkung mindestens eine positive folgen muss. Später und mit mehr Erfahrung werden Sie dann sehen, dass es wesentlich einfacher ist, die kritischen Bemerkungen gleich wegzulassen. Am Anfang brauchen Sie das nicht anzustreben. Seien Sie auch bei dieser Übung netter zu sich als gewöhnlich. Alle negativen Bemerkungen über sich selbst wegzulassen ist ein unrealistisches Ziel. Am Anfang nehmen Sie solche Bemerkungen erst wahr, wenn Sie mitten drinnen sind. Sie spüren die schmale Ritze in Ihren Gedanken nicht, in der eine solche Bemerkung entsteht. Sie scheint einfach da zu sein, aus dem Nichts zu kommen und sofort mit ganzer Macht wirksam. Wenn Sie es bemerken, ist es für ein Unterlassen schon zu spät. Also haben Sie Geduld mit sich selbst. Schrittweise werden Sie Ihren inneren Dialog verbessern und das ist gut so.

Es ist faszinierend, dass das ego sogar den Versuch, es auszuschalten, zu seinen eigenen Gunsten nützt. Vielleicht spüren auch Sie jetzt immer wieder beim Lesen den Wunsch, alles sofort umzusetzen, PALES©, Zuhören, inneren Dialog verbessern usw. Damit beginnen Sie eine neue Quälerei.

Dieses Buch soll Ihre Lebensqualität verbessern und nicht neue Regeln, Vorschriften und Bürden bedeuten.

Sie müssen nicht alles sofort umsetzen, was Sie als richtig oder wichtig erkennen. In Wahrheit müssen Sie überhaupt nichts umsetzen, wenn Ihnen nicht danach ist. Was Sie wirklich wollen, das gelingt Ihnen leicht. Druck schafft immer Gegendruck. Also hören Sie auf, auf sich selbst Druck auszuüben und Sie werden leicht und wie von selbst in Ihrem Leben Änderungen erleben.

Seien Sie mit sich zufrieden. Sie machen alles gut. Niemand ist perfekt. Sie meistern Ihr Leben beeindruckend. Das ist die Wahrheit. Und wenn es Ihnen gerade nicht so perfekt läuft, dann macht das nichts. Es wird wieder bergauf gehen, mit absoluter 100%iger Sicherheit. Daran gibt es keinen Zweifel. Sie sind mutig genug, fleißig genug und lernbereit genug.

Geben Sie sich selbst Mut, unterstützen Sie sich innerlich. Seien Sie Ihr eigener Betreuer, Ihr eigener Coach. Fördern Sie sich, indem Sie sich positiv fordern. Trauen Sie sich etwas zu. Machen Sie sich keine Vorwürfe, sondern lernen Sie etwas aus Ihren Erfahrungen.

Wie kann das gelingen? Dazu gibt es einen wunderbaren Weg:

Ändern Sie Ihre Gedanken und Ihr Verhalten Anderen gegenüber.

Es ist nicht möglich, mit zweierlei Maß zu messen. Immer werden Sie selbst in der Welt leben, die Sie mit Ihren eigenen Gedanken und den daraus folgenden Handlungen und Unterlassungen erzeugen.

Wir sitzen im Wortsinn im Glashaus. Unser Unterbewusstsein nimmt unsere Gedanken und verallgemeinert diese. Wenn wir jemanden verurteilen, dann erzeugen wir zeitgleich und unvermeidbar eine virtuelle Welt, in der Verurteilen üblich ist. Und genau in dieser Welt leben wir dann. Das ist der Sinn der Worte "Richtet nicht, damit Ihr nicht gerichtet werdet".

Es geht nicht um die übliche Deutung dieser Worte, dass jemand (ein höheres Wesen) uns beurteilt, ob wir wohl nicht gerichtet haben. Das wäre ja auch "gerichtet werden". Es heißt aber ausdrücklich, dass wir nicht gerichtet werden, wenn wir selbst es nicht tun. Unsere Gedanken schaffen eine individuelle Welt. Sie bilden sozusagen einen Filter, der alles, was um uns herum geschieht, einfärbt.

Darum ist die Änderung unserer Gedanken Anderen gegenüber von so entscheidender Bedeutung. Sobald wir Anderen gegenüber geduldiger werden, sie als kompetent wahrnehmen, als Menschen, die ihr Glück auf dem ihnen eigenen Weg suchen, werden wir auch unseren eigenen Erfahrungen gegenüber geduldiger und verständnisvoller werden. Dadurch ändert sich unsere Beschreibung unserer Vergangenheit. Sie wird ebenfalls verständnisvoller und geduldiger ausfallen. Und - weil jede Kommunikation die Zukunft beeinflusst - ändern wir damit automatisch auch unsere Zukunft!

Es bleibt eine letzte Frage: Wie ist es möglich, dass auch Menschen, die sich offensichtlich Mühe geben, nett zu Anderen zu sein, trotzdem unglücklich sein können?

Das ist immer wieder der Fall bei Menschen, die von Berufs wegen einfühlsam und liebevoll mit anderen Menschen umgehen, zum Beispiel Krankenschwestern, Altenpfleger, Sozialarbeiter, Ärzte, Lehrer, Eltern. Sie wissen, dass permanente Überforderung nichts bringt. Sie schonen ihre Schützlinge, beschützen sie, geben Trost und Unterstützung. Sie schaffen ein Klima der Hilfe und Akzeptanz und merken dabei nicht, dass sie permanent in Gefahr sind, ihre Schützlinge zu überfördern.

Obwohl sie sich solche Mühe geben, zu Anderen nett und hilfreich zu sein, sind sie zu sich selbst meist überhaupt nicht nett. Sie sind generell und permanent unzufrieden mit ihrer eigenen Leistung. Sie tendieren dazu, sich selbst zu überfordern. Sie achten ihren eigenen Lebenserfolg gering, halten ihn für nicht wichtig. Mehr noch: Sie achten nicht nur ihren Erfolg, sondern sich selbst als Personen gering, opfern sich auf und verlangen ständig noch mehr von sich selbst.

Wie ist das möglich, wenn doch die Gedanken und Handlungen Anderen gegenüber die innere Welt formen? In diesem Fall ist zu überprüfen, ob die permanente Bereitschaft, Anderen zu helfen, auch auf Kosten des eigenen Lebensglücks, nicht eine Form von Hochmut darstellt. ... *Ich kann es ... ich schaffe die Dinge, die die von mir Betreuten nicht schaffen ... ich beseitige die Ungerechtigkeiten des Lebens ... ich trage die Last der Welt auf meinen Schultern ...*

Ich habe schon an anderer Stelle darauf hingewiesen, dass Menschen - wie alle Lebewesen - nur an ihren Herausforderungen wachsen. Ohne diese Herausforderungen verkümmern unsere Potentiale. Ohne Herausforderungen lernen wir nichts über unsere Grenzen und über unsere Fähigkeiten, diese zu überwinden. Wenn wir anderen Menschen ihre Herausforderungen (ab)nehmen, dann nehmen wir ihnen auch die Chancen, die damit verbunden sind. Auf den Schultern Schwächerer zu stehen, deren Probleme wir problemlos bewältigen, kann eine tiefe Befriedigung mit sich bringen. Und vielleicht lenken wir uns damit von unseren eigenen Herausforderungen ab.

Wirkliche Helfer, wie Mutter Theresa beispielsweise, sind innerlich glücklich. Sie empfinden ihre Aufgabe als befriedigend und als immens erfolgreich. Sie versuchen nicht, die Schwächen des Lebens auszugleichen, sondern sie machen ihren Job.

Sie erfüllen ihren inneren Auftrag und sind damit im Einklang mit sich selbst.

Wenn Sie nicht glücklich sind, dann machen Sie etwas falsch.

Und es ist ein ganz hervorragender Ansatz, wenn Sie als erstes Ihren inneren Dialog überprüfen. Seien Sie nett zu sich selbst, denn Sie sollen Ihren Nächsten lieben wie sich selbst. Wenn Sie also sich selbst nicht lieben, dann wird es auch mit Ihrem Nächsten nichts.

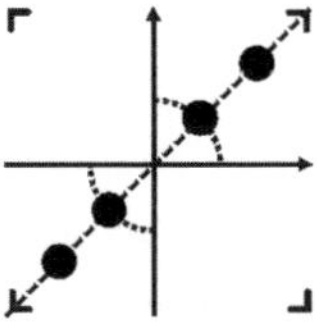

KOMMUNIKATIONSTYPEN

Kommunikative Energie und innere Einstellung sind entscheidend

Im Abschnitt über die Fordern-Fördern-Matrix haben wir die Bedeutung der kommunikativen Energie besprochen. Wir sind dabei stillschweigend davon ausgegangen, dass sowohl Förderer als auch Forderer konstruktive Ziele verfolgen. Beide möchten etwas erreichen, möchten sich und anderen helfen. Die Strategien sind deutlich verschieden und auch die Ziele sind unterschiedlich, aber beide möchten etwas aufbauen.

Die Erfahrung lehrt, dass das nicht bei jedem Menschen so sein muss. Es gibt auch die Möglichkeit, die eigenen Energien in eine destruktive Richtung zu lenken, wo sie nicht aufbauen, sondern wo sie zerstören.

Wie kommt es dazu, dass sich Energie positiv und auch negativ äußern kann? Energie ist grundsätzlich wertfrei. Sie kann unterschiedlich eingesetzt werden. In welche Richtung sie zur Wirkung kommt, das wird bestimmt durch unsere innere Einstellung. Ein optimistisches und positives Weltbild wird die Energie in positive Richtung lenken, ein pessimistisches und negatives Weltbild in negative Richtung.

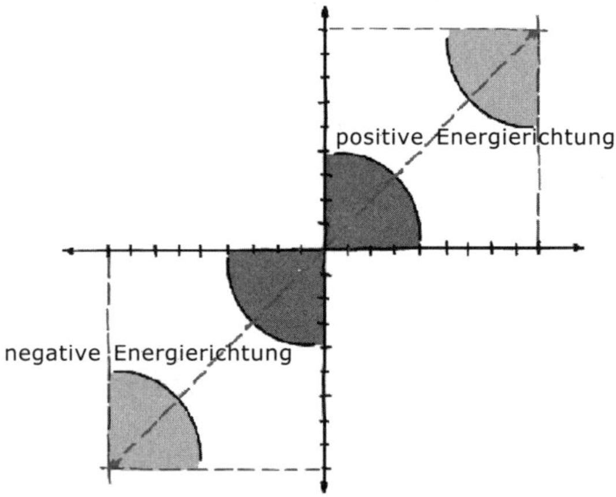

Für beide Einstellungen gibt es keine endgültigen Beweise. Unsere Weltbilder sind die Folge von persönlichen Entscheidungen. Diese mögen geprägt sein von persönlichen Erlebnissen, von Eltern und Erziehern, von Schicksalsschlägen und ähnlichem. Es sind aber nicht diese äußeren Einflüsse, die unser Weltbild formen, sondern es sind unsere eigenen aus diesen Umgebungsbedingungen abgeleiteten Entscheidungen, mit denen wir unsere weitere Entwicklung lenken.

Diese Lenkung ist nach einer Zeit der Gewöhnung kein bewusster und absichtsvoller Vorgang mehr. Wir glauben, von Natur aus so zu sein, wie wir uns erleben. Wir glauben, dass unsere Sicht der Dinge die richtige ist, auch wenn alle unsere

Kollegen und Freunde Anderes behaupten mögen. ... *sie haben ja nicht erlebt, was ich erlebt habe ... sie wissen ja nicht, was ich weiß ....*

Diese innere Einstellung, unser Weltbild, lenkt unsere Energie so wie das Ruder ein Boot. Der Bootsmotor treibt den Propeller immer in gleicher Weise an, unbekümmert um die Richtung, in die das Boot fahren soll. Erst das hinter dem Propeller befindliche Ruder lenkt das von der Kraft des Propellers angetriebene Boot nach links oder rechts.

Das bedeutet, dass in der Fordern-Fördern-Matrix aus dem Ursprung ungerichtete kommunikative Energie entspringt, beim einen mehr, beim anderen weniger. In welche Richtung sich diese Energie wendet, das entscheidet das Weltbild. Dadurch erweitert sich die Fordern-Fördern-Matrix nach links unten. Im folgenden Bild ist diese Erweiterung berücksichtigt und zugleich sind vier Typen eingezeichnet, die sich einerseits durch die Richtung der Energie und andererseits durch die Stärke des Antriebes unterscheiden.

Diese Typen nennen wir Freund, Haubentaucher, Haubenvampir und Energievampir. Die Bezeichnungen versinnbildlichen die Wirkung der vier Typen auf ihre Umwelt. Der Freund unterstützt unser Wachstum durch Fordern und Fördern. Der Haubentaucher hat seinen Namen von einem tauchenden Wasservogel, weil er die meiste Zeit kommunikativ nicht da ist, sondern statt aktiver Beteiligung innerlich untertaucht. Der Energievampir saugt seine Mitmenschen energetisch aus und der Haubenvampir ist eine Kreuzung aus seinen beiden Namensvettern Haubentaucher und Energievampir. Er ist die meiste Zeit kommunikativ abwesend, wenn er oder sie sich aber doch einmal zu Wort meldet, dann ist es meistens kritisch und verletzend. Alle Typen werden in den folgenden Kapiteln einzeln und ausführlich dargestellt.

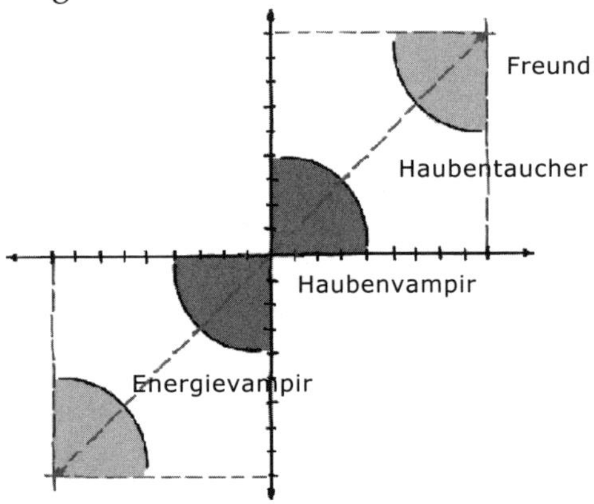

Die Erweiterung der Fordern-Fördern-Matrix in Richtung negativer Energie erlaubt es, viele der scheinbar theoretischen und komplexen Zusammenhänge des Themas Kommunikation entlang der beiden einfachen Parameter ´Stärke der kommunikativen Energie´ und ´Richtung der inneren Einstellung´ zu strukturieren.

Die Stärke der kommunikativen Energie ist durch die Länge der Pfeile vom Ursprung der Matrix bis zum Punkt, an dem man sich einordnet, erkennbar. Es handelt sich nicht um die Gesamtenergie eines Menschen sondern um die Energiemenge, die jemand für Kommunikation mit seiner Umwelt aufwendet. Jemand kann durchaus ein aktiver tatkräftiger Mensch und trotzdem wenig kommunikativ sein. Es gibt viele sehr aktive Menschen, die sich von anderen Menschen lieber zurückziehen. Manche gehen gerne in die Berge weil ihnen die Natur echter und ehrlicher erscheint. Manche bevorzugen Tiere aus demselben Grund. Sie sind von Menschen enttäuscht und meiden daher den Kontakt, außer dort, wo er ihnen unvermeidlich erscheint. Kommunikationstechnisch ist das Energie- und damit das Aktivitätsniveau dieser Menschen niedrig. Dasselbe gilt auch für Menschen, die lieber arbeiten oder sich mit irgendwelchen Hobbys befassen, als mit Menschen Kontakt zu haben.

Hohe kommunikative Energie haben wir im Kapitel über die Übertragung von Gefühlen als Expressivität, niedrige kommunikative Energie als Nicht-Expressivität bezeichnet.

Der zweite Parameter, die innere Einstellung, kann positiv oder negativ sein. Jemand mit einer positiven Einstellung sieht generell mehr Chancen als Probleme, stellt sich Herausforderungen optimistischer und sieht eher das Gute in Menschen und Situationen. Jemand mit negativer Einstellung ist das klare Gegenteil davon. Er konzentriert sich auf die Schwierigkeiten, rechnet sicherheitshalber mit dem Schlimmsten und hat einen klaren und geradezu röntgenartigen Blick für die Schwächen anderer Menschen.

Daraus ergeben sich die vier in die Fordern-Fördern-Matrix eingezeichneten unterschiedlichen Kommunikationstypen. Sie stellen Extremtypen dar, die meist nicht in reiner Form vorkommen. In der Praxis erweisen sich die meisten Menschen als Mischtypen, die je nach Stimmung und Laune ihren gezeigten Typ wechseln.

Im Folgenden sehen Sie die Typen der Fordern-Fördern-Matrix in tabellarischer Form:

		Energieniveau	
		Niedrig (=geringe Expressivität)	Hoch (=starke Expressivität)
Einstellung	positiv	**Haubentaucher**	**Freund**
	negativ	**Haubenvampir**	**Energievampir**

Sie werden im Folgenden viele Ihrer Bekannten wieder erkennen und vielleicht sogar einen Blick auf sich selbst erhaschen. Sie werden viele Verhaltensweisen besser verstehen und manche dadurch leichter ertragen, manche aber auch schmerzhafter wahrnehmen. Im Anschluss an die Beschreibungen werden wir den Umgang mit den einzelnen Typen näher beleuchten.

Haubentaucher: Das Energieniveau ist niedrig, die Einstellung ist positiv

		Energieniveau	
		Niedrig (=geringe Expressivität)	Hoch (=starke Expressivität)
Einstellung	positiv	**Haubentaucher**	Freund
	negativ	Haubenvampir	Energievampir

Das Positive vorweg: Haubentaucher sind positiv eingestellte Menschen. Sie sind loyal und man kann sich auf sie verlassen, wenn es darum geht, etwas zu erledigen, etwas zu arbeiten.

Das Problem eines Haubentauchers ist, dass er oder sie nur eine geringe Energiemenge für kommunikative Zwecke zur Verfügung stellt. Haubentaucher sind nicht-expressiv. Sie sind entweder schüchtern oder arbeitsorientiert oder beides. Sie melden sich nur dann zu Wort, wenn sie ausdrücklich gefragt werden oder wenn ihr Spezialgebiet dazupasst.

Sie brauchen selbst eine Menge positiven Zuspruchs von ihrer Umgebung und nehmen das als selbstverständlich an. Selbst tragen sie aber wenig zur Entwicklung ihrer Umgebung bei.

Haubentaucher lassen ihre Umgebung emotionell verhungern, ohne es zu bemerken. Sie sind der Meinung, dass es besser ist, zu arbeiten und auf diese Weise etwas beizutragen, statt dauernd darüber zu reden, wie gern man sich hat.

Lob und Anerkennung zu geben erscheint manchen Haubentauchern als korrupt und schon harmlose Sätze wie ... *das haben Sie wirklich gut gemacht* ... scheinen ihnen übertrieben. Normalerweise kommentieren sie den erfolgreichen Abschluss eines Projektes durch einen Mitarbeiter mit ... *legen Sie es auf meinen Schreibtisch, ich sehe es mir am Abend an* .... Wenn eine Leistung dann ausnahmsweise auch einem Haubentaucher lobenswert erscheint, dann kann es sein, dass er sich zu einem anerkennend hingemurmelten ... *mmh* ... hinreißen lässt. Sollte es sich um eine nobelpreisverdächtige Leistung handeln, dann ist es sogar denkbar, dass er anerkennend eine Augenbraue hebt. Mehr aber scheint einem Haubentaucher zu viel des Guten.

Haubentaucher kommen gerne und schnell "zum Thema". Die lange Einleitung liegt ihnen nicht. Bevor sie jemandem etwas erklären, machen sie es lieber gleich selber. ... *dann ist es erledigt* .... Sie verfügen häufig über beeindruckende Kompetenz in Fachfragen. Dass sie trotzdem nicht im verdienten Ausmaß geschätzt und befördert werden, ist Quelle intensiver Frustration und weiteren Rückzugs aus Kontakten.

Was Haubentaucher nicht erkennen, ist die folgende schlichte Tatsache:

Wer in einer Besprechung nur Arbeit beiträgt, wer nie lobt oder Kraft gibt, der zieht Energie ab!

Dabei ist es egal, ob das zuhause oder im Unternehmen der Fall ist. Haubentaucher denken oft … *ich sag am besten nichts, dann mach ich auch nichts falsch* …. Das ist ein grundlegender Irrtum. Die Energie einer Gruppe hat die Tendenz, sich zu verflüchtigen. Die meisten Menschen springen blitzschnell auf Probleme auf, reagieren auf jedes ungeschickte Wort und glauben tendenziell eher den Schwarzsehern als den Visionären. Denken Sie nur an das Kapitel über die Symbole in unserer Kommunikation. Ein einziges falsches Wort kann genügen und der Haussegen hängt schief. Nur wenn permanent PALES© formuliert werden, kann die Energie stabilisiert und erhöht werden. Oft gibt es in Sitzungen keinen einzigen Menschen, der sich um die Stimmung kümmert. Die Teilnehmer sitzen noch nicht einmal richtig auf ihren Stühlen, startet der erste schon mit einer Stellungnahme zum Thema oder zum völlig unpassenden Termin oder zu einem anderen Kritikpunkt, den er unbedingt loswerden möchte. Und entweder stimmen die anderen im Chor zu … *nichts passt … typisch für diese Firma … sinnlose Zeitvergeudung … wenn man mich gefragt hätte* …, oder sie schweigen betreten und sehen sich gegenseitig mit verzweifeltem Blick in die Augen … *oh nein, nicht schon wieder … mit Sicherheit geht das jetzt zwei Stunden lang so weiter … was habe ich in meinen früheren Leben verbrochen, dass ich hier dabei sitzen muss?* …. Erstere sind Vampire oder zufällig aufgewachte Haubenvampire, letztere sind Haubentaucher. Sie teilen die dumm-aggressive Haltung der Vampire nicht, aber sie sehen auch keine Möglichkeit, ihnen entgegenzutreten. Dadurch reißen die energiestärkeren Vampire die Führung an sich und leiten die Sitzung zielbewusst dem Abgrund zu. Und wieder einmal zieht eine ganze Gruppe von Managern nach mehreren Stunden frustriert in ihre Büros zurück. Die Zeit ist vertan, außer einer Auflistung von Problemen ist nichts passiert und die eigentliche Arbeit muss wieder einmal am Abend gemacht werden.

Dadurch kommt auf die wenigen Positiv-Expressiven in einer Runde ein enormer Druck. Sie müssen zusätzlich zu ihren fachlichen Beiträgen die ganze Runde energetisch tragen. Schneller als man denkt rinnen diese Menschen dann energetisch aus. Sie können nicht mehr. Auch ihr Reservoir ist irgend wann einmal erschöpft und dann beginnt die rasante Talfahrt der ganzen Gruppe.

Obwohl sie das nicht beabsichtigen, zählen Haubentaucher zu den PALES©-Verbrauchern. Sie möchten aufgemuntert werden und wollen Positives über sich und über ihre Arbeit hören, geben aber nichts dergleichen an die Gruppe oder an ihren PALES©-Lieferanten zurück, wodurch die Energiebilanz für den Haubentaucher positiv, für die Gruppe aber negativ wird. Haubentaucher tragen also durch ihre bloße Anwesenheit dazu bei, dass sich die aktiv-positiven Menschen schneller erschöpfen.

Aber es ist nicht nur dieser Verbrauch an PALES©, der Haubentaucher zu kostspieligen Gruppenteilnehmern macht. Wer sich entweder gar nicht oder zumindest nicht positiv zur Gruppe und zu den Teilnehmern äußert, der verunsichert die anderen Teilnehmer. ... *was denkt Herr oder Frau Haubentaucher? ... mag er uns? ... unterstützt er das, was wir hier gerade besprechen? ... können wir uns auf ihn verlassen?* .... Dadurch zehren Haubentaucher von den Reserven der Gruppe. Sie kosten Kraft!

Wenn Sie selbst sich als Haubentaucher einschätzen, dann machen Sie sich diesen Punkt besonders deutlich. Diese Wirkung ist ja keinesfalls beabsichtigt. Haubentaucher sind positive Menschen. Als Haubentaucher sind Sie interessiert am Erfolg der Gruppe und interessiert am Wohl Ihrer Familie. Wahrscheinlich haben Sie nicht gewusst, dass es nicht stimmt, wenn Sie glauben ... *ich sag ja nichts, also schade ich auch niemandem* .... Sie schaden sehr wohl, wenn Sie sich nicht einbringen. Sie hungern Ihre Umgebung emotionell aus. Und Sie werden dadurch auch selbst in eine Mangelsituation geraten. Speziell Ihre Kinder werden Ihnen früher oder später die Rechnung präsentieren und Sie in ganz ähnlicher Weise allein lassen.

Haubenvampir: Das Energieniveau ist niedrig, die Einstellung ist negativ

		Energieniveau	
		Niedrig (=geringe Expressivität)	Hoch (=starke Expressivität)
Einstellung	positiv	Haubentaucher	Freund
	negativ	**Haubenvampir**	Energievampir

Als Haubenvampire bezeichnen wir Haubentaucher mit einer negativen Weltsicht. Sie sind depressiv und erwarten aus allem und jedem vor allem Unglück. Solange diese Menschen ihre Weltsicht nicht ändern ist ihre kommunikative Faulheit ein Glücksfall für ihre Umwelt.

Haubenvampire sind Haubentaucher, die sich selten, aber manchmal doch zu Wort melden und die dann mit Vorliebe Negatives zum Besten geben. Sie sind normalerweise ruhig und friedlich und schweigen stundenlang vor sich hin. Sie sind - das haben sie vom normalen Haubentaucher - jedem Lob abgeneigt und der effizienten Wortmeldung zugetan. *... keine Nettigkeiten ...* nichts, was uns aufhalten könnte. Vom Vampir haben Sie die Weltsicht, vom Haubentaucher die Maulfaulheit.

Während aber Haubentaucher zwar nicht loben, aber auch selten kritisieren, ist Kritik die Hauptäußerungsform des Haubenvampirs. Ein Haubenvampir als Chef wird die Abgabe eines Berichtes beißend kommentieren … *noch langsamer wäre es nicht gegangen?* …. Es ist beinahe unmöglich, ihm etwas recht zu machen. Ist der Bericht dünn, dann ist die Reaktion … *viel Mühe haben Sie sich ja nicht gegeben* …, ist er dick, dann kommt als Antwort … *wer soll denn das alles lesen?* ….

Schlank und rank formulieren Sie innerhalb ihres Fachgebietes unter Aufbietung aller ihrer Kreativität jedes nur denkbare Problem, das vielleicht irgend wann einmal kommen könnte. Aber … *eigentlich könnte ich mir jeden Kommentar sparen, denn auf mich hört ja eh keiner* ….

Da es sich oft um intelligente Menschen handelt, sind ihre Wortspenden nicht so einfach als das zu erkennen, was sie in Wirklichkeit meistens sind, nämlich unstrukturierte Spontananfälle von pathologischem Pessimismus, ausgelöst durch kreative Ideen ihrer Gesprächspartner.

Energievampir: Das Energieniveau ist hoch, die Einstellung ist negativ

		Energieniveau	
		Niedrig (=geringe Expressivität)	Hoch (=starke Expressivität)
Einstellung	positiv	Haubentaucher	Freund
	negativ	Haubenvampir	**Energievampir**

Der Energievampir ist das Gegenteil des Haubentauchers. Er kombiniert ein hohes kommunikatives Energieniveau mit einer negativen Grundeinstellung gegenüber sich selbst, dem Leben, und Welt im Allgemeinen.

Vampire sind Killer. Daran ändert auch die Tatsache nichts, dass ein Vampir in der Regel behauptet, es gut zu meinen … *ich will ja nur dein Bestes …*, das ist ein Standardsatz, mit dem Vampire jeden nur denkbaren Unsinn begründen. … *ich tue es nur für dich …*. Vampire erwarten in der Regel sogar Dank für ihre mahnenden und besorgten Worte, in denen sie darauf hinweisen, dass nichts geht, dass alles zum Scheitern verurteilt ist, dass die guten Ideen ihrer Gesprächspartner nur wie solche aussehen, aber in Wahrheit mit Sicherheit zum Scheitern verurteilt sind, und dass der generelle Zustand der Welt (der ihnen katastrophal erscheint) darauf zurückzuführen ist, dass man nicht auf ihn, also den Vampir, gehört hat.

Im Umgang mit Vampiren müssen Sie Ihre Lebensfreude, Ihre Begeisterung und Ihre Energie festhalten, denn Vampire ernähren sich davon. Das geben Vampire auch ganz offen zu. Wie ich schon erwähnte, wollen sie ausdrücklich unser Bestes. Daher gilt im Umgang mit Vampiren die Grundregel:

Geben Sie Ihr Bestes auf keinen Fall her!
Behalten Sie es in Zukunft selbst.

Energievampire sehen das Negative im Leben im Allgemeinen und an uns und unseren Ideen im Besonderen. Sie sehen Probleme, wo andere nur Chancen sehen können. Sie finden die sprichwörtliche Nadel nicht im Heuhaufen, das wäre ja ein positives Ergebnis, sondern ausschließlich auf ihren und unseren Sitzen.

Vampire haben Angst vor allem und jedem und vor allem vor Menschen, die ihnen zeigen könnten, dass ihre pessimistische Weltsicht falsch ist. Ihre gesamte Weltsicht bräche zusammen, wenn sie einen Erfolg zugeben müssten. Wenn er sich einmal doch nicht so einfach ableugnen lässt ... *obwohl, wer kann schon wissen, wie es wirklich ist* ... dann weisen sie darauf hin, dass ja immer noch die Chance auf einen Misserfolg besteht ... *warten wir ab, wie lange das noch gut geht!* ....

Energievampire sind dadurch gekennzeichnet, dass Sie uns dabei unterstützen, unsere Potentiale zu vergessen, unsere Begabungen gering zu schätzen, unsere Pläne aufzuschieben und unser Leben zu vergeuden. Sie unterstützen uns dabei, Verlierer zu werden.

Ein Verlierer ist eine Person, die tendenziell Verhaltensweisen wählt, die ihre Potentiale an der Entfaltung hindern.

Die übliche Anschauung eines Verlierers lässt uns an Menschen denken, die gerade Probleme haben oder die zum wiederholten Male an der Erreichung eines Zieles scheitern. Dem widerspricht diese Definition entschieden. Nach dieser Definition ist ein Verlierer jemand, der nicht sein eigenes Leben lebt sondern das Leben, das man von ihm oder ihr erwartet. Es geht um das Verwirklichen der eigenen Ziele statt der Erfüllung der Anforderungen, die die Partner, die Eltern und die Nachbarn stellen. Ein Verlierer hat Angst vor dem Versagen, vor der Kritik Anderer, davor, gesellschaftlichen Standards nicht zu entsprechen und am meisten hat er oder sie Angst vor der eigenen Kraft. Ein Verlierer geht nicht den eigenen Weg, weil er nicht an sich glaubt.

Und genau in diese Kerbe schlagen Energievampire. Sie unterminieren den Glauben und den Mut ihrer Familie, ihrer Arbeitskollegen, ihrer Bekannten und ihrer Freunde. Energievampire ermüden ihre Mitmenschen. Sie machen Angst und nehmen Kraft. Sie sorgen dafür, dass ihre Gesprächspartner am Abend vor dem Einschlafen in tiefe Depression versinken … *er/sie hat recht, ich bin nichts und ich kann nichts … aus mir wird nie etwas* ….

Energievampire sind für die meisten netten Menschen nicht leicht zu erkennen. Denn sie sagen nicht immer einfach … *nein* … oder … *geht nicht* … zu uns. Wenn wir unsere Pläne und Träume realisieren wollen, dann werden sie das ernst und eindringlich mit uns besprechen. Allerdings nicht positiv wie ein Freund, der - wie Sie später sehen werden - mit uns besprechen wird, wie wir es angehen wollen, woran wir schon gedacht haben und ob er uns helfen kann, sondern mit ununterbrochenen Hinweisen auf Probleme, Gefahren, Hindernisse. Sie werden uns fragen ... *warum tust du dir das an? ... hast du das notwendig? ... bist du nicht zu alt dafür? ... hast du dieses und jenes schon bedacht? ... ist dir klar, was das wahrscheinlich kostet? ... was werden die Leute sagen? ... warum tust du MIR das an?* .... Die treibende Kraft ist also nicht Hilfe und Unterstützung sondern primär Verhinderung.

Wie die Vampire im Kino vom Blut ihrer Opfer leben, so leben Energievampire von der Energie ihrer Umwelt. Sie nehmen es instinktiv wahr, sobald sich jemand halbwegs gut fühlt oder - für den Vampir noch besser - wenn jemand gerade optimistisch ist und Ideen entwickelt, die er umsetzen möchte. Der Geruch von Energie, von Lebensfreude und Begeisterung, von optimistischen Plänen und von Erfolg versprechenden Maßnahmen zieht den Vampir magisch an.

Erfahrene Vampire rufen dann an oder sie kommen sogar vorbei. Um ganz klar zu wissen, wo sie zubeißen müssen, lassen sie ihrem Gesprächspartner am Anfang ein wenig Zeit, um seine Ideen auszubreiten, von seinen Hoffnungen zu erzählen und um über seine Pläne zu berichten. Die meist ahnungslosen Opfer zeigen dem Vampir damit ganz genau den Weg zu ihren Energiequellen, zu dem, was sie begeistert und woran sie glauben, es umsetzen und erreichen zu können.

Und dann schlägt der Vampir zu. Er oder sie weiß jetzt ganz genau, wo der Energiestrom fließt und kann damit seinen Angriff exakt planen und durchführen. Erfahrene Vampire entwickeln ihre Strategie schnell und ohne lange nachzudenken.

Nehmen wir an, Sie hätten gerade einem Vampir anvertraut, dass Sie planen, mit einem Bekannten auf einen Berg zu klettern, keine extreme Tour, aber halt doch mehr als eine Wanderung. Wenn Sie das nur so dahinplaudern, wird der Vampir ein anderes Thema suchen, weil er keine ausgiebige Energie spürt, die er Ihnen absaugen könnte. Aber wenn Sie voller Begeisterung sind, dann könnte sich zum Beispiel folgendes Gespräch entspinnen:

Sie: (begeistert) … und dann werden wir noch auf der Hütte übernachten. Es soll dort wunderbar sein, die Fernsicht, der Sonnenuntergang, ich freu mich total.
V: (leise) Ein Nachbar von uns ist voriges Jahr in eine Gletscherspalte gestürzt ….
Sie: (verwirrt) … äh? Was ist?
V: (etwas lauter als zuvor) … ach ich denk nur gerade an die armen Kinder, die jetzt keinen Vater mehr haben …
Sie: (erschreckt) … in eine Gletscherspalte sagst Du, wo denn?

V: (wieder leiser) ich weiß es nicht genau, vielleicht war es gar keine Gletscherspalte, es war jedenfalls furchtbar. Ich muss immer daran denken, was alles passieren kann …
Sie: (verwirrt) ja, das stimmt schon …

Ihre Begeisterung ist weg. Sie sind verwirrt und dadurch auch verunsichert. Jede Wette, dass das Gespräch sich nunmehr einer Geschichte des Vampirs zuwendet. Sie ist mit Sicherheit depressiv und behandelt entweder die Untreue der Männer/Frauen, die Erfolglosigkeit jeder beruflichen Anstrengung, weil ja immer die Falschen befördert werden, die Sinnlosigkeit, sich anzustrengen, weil ja ohnedies alles die Steuer frisst oder die Unfähigkeit der Vorgesetzten, die Dummheit der Politiker oder das Ozonloch. Für einen klar denkenden Aussenstehenden hört es sich an wie eine Orgie an unverdautem Schwachsinn und unbewiesenen Vorwürfen an alles und jeden. Man könnte den Fehler machen, daraus auf mangelnde Intelligenz des Vampirs zu schließen. Weit gefehlt, das Verhalten des Vampirs ist sinnvoll und geplant, denn aus Sicht des Vampirs ist es zwar ebenfalls eine Orgie, aber eine Orgie an Energie, die aus dem Opfer zum Vampir fließt.

Sie glauben das nicht? Dann fragen Sie sich einmal, wo auf einmal Ihre Begeisterung hin verschwunden ist. Sie ist nicht weg, so wie der Kuchen, den jemand heimlich aufgegessen hat, nicht weg ist, sondern im Bauch des Genießers. Von Ihrer Energie lebt der Vampir wieder einige Stunden intensiver als zuvor. So wie ein kleiner Salamander in der Nacht zwar lebt, aber sich wegen der Kälte kaum bewegen kann, so lebt der Vampir zwar auch ohne ihre Energie, aber sobald er jemanden niedermachen konnte, lebt er intensiver. Er oder sie hat dann das Gefühl, jemanden in die Realität zurückgeführt zu haben. Der Vampir hat sogar den Eindruck, ein gutes Werk getan zu haben. Indem er Ihre "Illusionen" schnell und unbarmherzig zerstört hat, hat er eine spätere Enttäuschung verhindert. Zuhause angekommen wird er seinen Vampirfreunden berichten, dass er wieder ein Leben aus den Klauen sinnloser Hoffnungen und Träume gerettet hat.

Sie werden verstehen, dass wirkliche Ruhe beim Vampir erst dann einkehren kann, wenn Sie Ihr Projekt aufgeben, denn dann haben Sie alles hergegeben, was an Energie in Ihnen steckt.

Praktisch könnte diese Endphase des obigen Gesprächs so ablaufen:

Sie: (schon ziemlich ausgelaugt) … ich weiß gar nicht mehr, ob ich überhaupt noch Lust habe, auf den Berg zu steigen …
V: (testet auf noch vorhandene Reserven) … ist dir die Anstrengung doch zu viel?
Sie: (fix und fertig) … ja, die Kinder, der Job, manchmal frage ich mich wozu das alles. Irgendwie mag ich gar nicht mehr …

Das ist für einen Vampir ein korrektes und schönes Ergebnis. Er hat seine Aufgabe gut gemacht und kann sicher sein, dass heute nichts mehr zu holen ist. Am Schluss wird er dafür sorgen, dass Sie nicht ganz verzweifeln, denn er will seine Energiequelle ja nicht verlieren … *Kopf hoch, du schaffst das schon. Ruf mich einfach an, wenn wieder was ist* …. Dann wird er sich verabschieden und neue Jagdgründe suchen.

Diese Technik, am Schluss dann wieder dafür zu sorgen, dass das Opfer nicht aufgibt und die Nacht wieder dazu benutzt um frische Energie aufzubauen, nenne ich das Vampir-Gambit.

Andere Beispiele dafür sind ... *jeder hat Probleme ... so ist es eben ... mach dir nichts draus ... wird schon wieder werden ... Kopf hoch ....*

Wenn Sie auf die Frage nach der Anstrengung zum Beispiel geantwortet hätten ... *nein, die Anstrengung ist es nicht, ich bin gut trainiert und könnte das schon schaffen ...*, dann wäre für den Vampir noch etwas zu holen. Ich möchte Sie jetzt nicht langweilen, daher nur noch eine kurze mögliche Fortsetzung von Seiten des Vampirs ... *oh, läufst du noch regelmäßig? Wie geht es Deinen Gelenken? Man hört da ja so einiges ....* Und schon fließt wieder reine und unverdünnte Energie aus Ihnen ab.

Sie werden bei dieser Kurzgeschichte vielleicht denken, dass das doch nie und nimmer so funktionieren kann. Vielleicht sind Sie ja tatsächlich kein leichtes Opfer für einen Vampir. Um wirklich sicherzugehen, empfehle ich Ihnen, das nächste Mal genau auf den Ablauf Ihrer Telefonate mit Ihren Freundinnen oder Freunden und auf den Ablauf des nächsten Stammtischabends zu achten.

Vampire greifen selten direkt an und sie agieren nicht immer gleich. Sie sind sensibel, was die schwachen Stellen Ihres Gegenüber betrifft. Dadurch variieren sie die Angriffsstrategie von Gesprächspartner zu Gesprächspartner und sind nicht einfach zu erkennen, was sich für Sie nach dem Lesen dieses Kapitels aber sicher ändern wird. Um Ihnen dafür ein Gefühl zu geben, noch ein paar mögliche Eröffnungszüge zum obigen Beispiel. Sie haben also gerade vom Sonnenuntergang und Ihrer Vorfreude erzählt.

Sie: (begeistert) ... und dann werden wir noch auf der Hütte übernachten. Es soll dort wunderbar sein, die Fernsicht, der Sonnenuntergang, ich freu mich total.

Je nach Ihrer Verwundbarkeit könnte der Vampir nun verschiedene Angriffsstrategien wählen, die unter der Bezeichnung "Transsylvanische Eröffnung" zusammengefasst werden. Zum Beispiel wäre der Satz ... *weil du gerade "Sonnenuntergang" sagst fällt mir ein, dass auf den Bergen die Ozonbelastung noch höher ist als in Australien, wo die Fälle an Hautkrebs ganz unglaublich zunehmen* ... eine überlegenswerte Alternative. Ebenfalls gute Bisseigenschaften hätte zum Beispiel der Satz ... *ja wenn einen die vielen Leute auf den Hütten nicht stören* .... Sie sehen, nur selten schlagen Vampire direkt zu ... *das Berggehen ist doch längst out, wo lebst denn du?* .... Dadurch ist ihre Tarnung beinahe perfekt.

Sehen wir uns noch den Besuch eines Vampirs bei einem Freund im Krankenhaus an. Der Patient (P) ist guter Dinge, bald wieder zuhause zu sein. Das ist eine wichtige Voraussetzung für den Vampir (V), denn es deutet auf Optimismus und damit auf Energie hin.

P: ... mach dir keine Sorgen, ich bin nur zu einer Routineuntersuchung hier, ich fühle mich wirklich total gut.

V: ... übertreib das nicht, du siehst ziemlich blass aus. Ruh dich aus, ruh dich aus.

P: ... ich sehe blass aus? Ich fühle mich gar nicht so ...

V: ... die schlimmsten Krankheiten sind die, die man nicht spürt. In einer Minute fühlt man sich noch total gut und in der nächsten, ab in den Himmel ...

P: ... blass sagst du? Warum sagt mir das denn niemand hier? Vielleicht bin ich im falschen Krankenhaus, die Ärzte wirken etwas jung ...

Wahrscheinlich hätten Sie den Vampir diesmal erkannt. Ob Sie darauf reagiert hätten, ist eine andere Frage. Vampire sind fast immer unsere nächsten Freunde, Mitarbeiter und Verwandten. Jemand, von dem wir wissen, dass er uns nicht mag, hat selten Vampirwirkung auf uns. Wenn so jemand zu uns sagt … *das schaffen Sie nie …*, dann kann uns das sogar zu größeren Anstrengungen aufstacheln.

Der professionelle Vampir nähert sich daher mit Vorliebe seinen Liebsten. Stellen Sie sich vor, eine nahe Verwandte, von der Sie seit Ihrer Geburt geliebt werden und die Sie ebenfalls lieben, besucht Sie im obigen Fall im Krankenhaus, sinkt neben Ihrem Bett auf den Besuchersessel und sagt unter Tränen … *ich habe es immer gewusst … du und deine schwache Gesundheit … aber du hörst ja nicht auf mich … wo ich doch selbst nicht auf der Höhe bin* …. Auch wenn Sie sich gerade noch wirklich gut fühlten, wird das schlechte Gewissen, einem geliebten Menschen solchen Kummer zu machen, zu einem erhöhten Puls führen, der die Ärzte verunsichert und Ihrer Besucherin zeigt, dass es doch besser gewesen wäre, Sie hätten auf sie gehört. Nach dem oben geschilderten Hinweis auf Ihre ungesunde Blässe und einer ausgiebigen Schilderung der Gefahren von jeder Art von Arbeit - und verwirrender Weise auch jeder Art von Spaß - werden Sie am Schluss der Besuchszeit in einem derart schwachen Zustand sein, dass es Ihnen gerade noch möglich ist, den behandelnden Arzt zu bitten, noch eine Woche bleiben zu dürfen. Das wird diesen zwar verwundern, weil er Ihnen eben mitteilen wollte, dass Sie gesund und munter sind und nach Hause dürfen. Aber er wird zustimmen müssen, dass Sie gerade tatsächlich nicht gut aussehen. Vermutlich wird er … *ein Rückfall* … murmeln und die Schwester rufen. Ihre einzige Chance auf Wiederherstellung liegt darin, dass die Ärzte mit Rücksicht auf Ihren unerklärlichen Zusammenbruch ... *ein unbekannter Virus? ... eine verschleppte Grippe? ... ein eitriger Zahn? ... AIDS? ...* in den nächsten Tagen die Besuchszeit einschränken und Sie dadurch unabsichtlich vor allzu vielen Vampirbesuchen beschützen.

Achten Sie - wie bei jeder Vampirattacke - auf das Vampir-Gambit am Ende. Ihr Besuch wird am Schluss Ihren mittlerweile total verschwitzten Kopf in die Hände nehmen und sich mit den Worten ... *Kopf hoch ... lass dich nicht so gehen ... was sollen die anderen Patienten denken ...* verabschieden. Dadurch stellt der Vampir sicher, dass die Energie-Kuh, die er am nächsten Tag wieder melken möchte, nicht vorzeitig zugrunde geht, sondern sich nach Kräften abmüht, wieder Energie, Mut und Kraft aufzubauen.

Wenden wir uns nun den Vampiren in Unternehmen zu. Sie haben es dort ungleich schwerer, weil in den meisten Firmen jeweils mehrere Vampire auf einen Energieträger kommen. Dadurch kommen nur die aggressivsten Exemplare wirklich regelmäßig zu einer ausreichenden Menge an Energie. Deshalb müssen die Angriffe schneller und direkter sein und sind leichter zu erkennen. Durch die Gier der anwesenden Vampire und ihre Angst, ein anderer könnte ihnen zuvorkommen, entfällt in der Regel die erste Phase, das Schildern der Projekte und Pläne durch die anderen Besprechungsteilnehmer. Noch bevor irgend jemand mit konstruktiver Arbeit beginnen kann, werden bereits erste Angriffe gestartet. Nahe liegende Ziele sind der Sitzungstermin ... *ausgerechnet heute!* ..., der verspätete Beginn der Sitzung ... *typisch für diese Firma!* ..., die Auswahl der Themen ... *wer hat diesen Schwachsinn zusammengestellt?* ... und die Auswahl der Teilnehmer ... *bevor wir beginnen, sollten wir zuerst einmal diskutieren, ob wir in dieser Frage überhaupt entscheidungsbefugt sind ...*.

Die Fragen

→ nach den Kosten ... *hat überhaupt schon jemand ausgerechnet, was uns das in den nächsten zehn Jahren kosten würde? ...,*

→ nach der Kapazität ... *und wer bitte schön hat so wenig zu tun, dass er das übernehmen kann? ...,*

→ nach dem Projektbudget ... *wer nimmt das samt der vorhersehbaren Überziehungen auf seine Kostenstelle? ...*

sind klassische Überleitungen zum definitiven Vernichten jeder halbwegs kreativen Idee ... *ich bin für dieses Projekt, wenn uns jemand die Einhaltung des Termins, des Budgets und der Ergebnisse mit absoluter Sicherheit garantieren kann. Gerne notiere ich den Namen und die Adresse usw usf ....* Wenn dann nach Stunden jeder Fortschritt verhindert wurde, wird der Vampir, der eigentlich dafür verantwortlich ist, sich mit dem Satz verabschieden ... *jetzt sitzen wir seit Stunden hier herum und diskutieren und diskutieren. Dafür ist mir meine Zeit zu schade. Ich habe einen dringenden Termin und muss jetzt gehen. Viel Spaß noch, meine Damen und Herren ....*

Wenn Sie selbst ein Energievampir sind, vielleicht nicht immer, aber doch öfter als es gut ist, und wenn Sie das gerne ändern möchten, dann ist von allen Kommunikationstechniken das Zuhören die erste Wahl. Das ist, wie Sie vielleicht schon aus eigener Erfahrung wissen, keine leichte Aufgabe für Sie. Aber es ist leichter als die Änderung Ihrer pessimistischen und aggressiven Grundhaltung. Lassen Sie es mich deutlich sagen: Halten Sie zumindest einmal täglich den Mund, auch dann, wenn Sie glauben, Unverzichtbares beitragen zu müssen. Sie werden erleben, dass Ihre Bemerkungen nicht abgehen, ja dass es ohne diese sogar besser läuft. Das wird am Anfang schwer zu akzeptieren sein, aber wenn Sie das Kapitel über den Freund lesen, dann bekommen Sie eine Ahnung davon, was Ihnen bisher entgangen ist und was Sie im Leben noch erreichen können, wenn Sie sich ändern.

Wenn Sie selbst kein Vampir sind, aber mit einem oder mehreren Energievampiren wirklich eng zusammenleben, dann ist es höchste Zeit für eine Änderung. Denn ein Energievampir ist kein Haustier wie ein Kätzchen, das gelegentlich die Tapete zerkratzt. Ein Vampir ist - ich wiederhole mich da - ein ausgewachsener Killer. Neben einem Vampir leben Sie nicht, Sie überleben nur. Sie existieren wie ein Zombie. Ihr Körper erhebt sich morgens und geht seinen Geschäften nach. Sie scheinen nach außen hin zu funktionieren, aber innerlich fühlen Sie sich wie tot. Keine Ihrer Ideen ist gut genug, jeder Vorschlag ist unbrauchbar. Sie sind nie gut, schön, brav, gescheit, geschickt genug. Wenn Sie Ihren Vampir bewundern, dann wird er das als angemessene Huldigung entgegennehmen, aber er wird es nicht würdigen, denn es kommt ja nur von Ihnen. Sie werden sich eine solche Menge an Mist anhören müssen, dass es niemand glauben würde, dem Sie es erzählen würden.

Und vor allem würde niemand verstehen, warum Sie das weiter in Kauf nehmen. Ich verstehe es. Denn das Leben mit einem Vampir kostet so viel Energie, dass man das Gefühl hat, man kann nichts ändern. Die Abteilung wechseln, oder gar die Firma oder seinen Partner verlassen ist da ein kaum vorstellbarer Schritt. Wenn man immer hört, dass man nichts ist und nichts kann, dann beginnt man diesen Unsinn irgendwann zu glauben. *... vielleicht tauge ich wirklich nichts ... vielleicht liebe ich wirklich nicht genug ... vielleicht sollte ich wirklich froh und dankbar sein*

..., alles das geht Ihnen durch den Kopf. Sie haben niemanden, mit dem Sie eine Alternative besprechen könnten. Speziell wenn der Vampir Ihr Partner ist, hat er längst alle Ihre alten Freunde vergrault.

Aber Sie können sicher sein: Solange Ihr Vampir noch da ist, ist auch Ihre Energie noch da. Denn wenn das nicht mehr der Fall ist, dann wird er Sie verlassen. Er wird sich ein neues Opfer suchen und er wird eines finden, das ahnungslos genug ist, seine Wahl als Auszeichnung zu empfinden. Also ist gerade die Anwesenheit des Vampirs das, was Ihnen den Mut geben kann, dass Sie es auch ohne den Vampir schaffen können. Sie haben genug Energie, sobald sie Ihnen nicht permanent abgesaugt wird.

Alles ist besser als das Leben mit einem Vampir. Hören Sie auf, auf eine Änderung zu hoffen. Hören Sie auf, auf die Belohnung für Ihr Durchhaltevermögen zu warten. Weder die Änderung noch die Belohnung werden jemals kommen. Sie haben eine Verpflichtung sich selbst gegenüber. Sie haben die Erlaubnis und Berechtigung, Ihr eigenes Leben zu führen. Liebe, Begeisterung, Lebensfreude, Hoffnung, Frieden, Gesundheit und Wohlstand, das sind unverzichtbare Zutaten zu einem glücklichen Leben. Wenn irgendetwas davon fehlt, dann ist Ihr Leben nicht komplett. Geben Sie nicht auf, nur weil Ihnen irgendjemand sagt, Sie könnten es nicht schaffen. Lassen Sie sich auch nicht kaufen, nicht mit Geld und nicht mit Versprechungen. Wenn sich ein Vampir überhaupt ändert, dann nur durch Schmerz, nie deshalb, weil Sie seinen Schwüren glauben und vertrauen.

Vertrauen Sie statt dessen auf die Kraft, die Sie geschaffen hat und die nach wie vor in Ihnen ist. Niemand kann diese Kraft zerstören. Niemand kann auch nur ein Haar weiß machen. Diese Kraft bewacht und beschützt Sie, und Sie werden das immer deutlicher wahrnehmen, sobald Sie beginnen, sich Ihres eigenen Wertes bewusst zu werden. Sie sind eine individuelle Persönlichkeit, niemand ist wie Sie. Sie fehlen, wenn Sie nicht Sie selbst sind. Sie fehlen der Schöpfung, Sie fehlen jedem Menschen, den Sie treffen und mit dem Sie friedlich plaudern könnten, Sie fehlen jedem Menschen, dem Sie keinen Mut machen können, weil Sie Ihren eigenen Mut nicht akzeptieren und Sie fehlen sich selbst. Sie sind nie allein. Sie können sich allein fühlen, ganz ohne Zweifel. Aber so wie Sie sich in der Nacht vor etwas fürchten können, das bei Lichte besehen völlig ungefährlich ist, so ist auch das Gefühl, allein zu sein, ein Irrtum. Geben Sie niemals auf!

Alles was Sie brauchen, ist Mut. Mehr ist nicht erforderlich. Sie brauchen nur den Mut zu haben, Ihre eigene Zeit und Ihr eigenes Leben wertzuschätzen. Ich habe die Technik dazu im Abschnitt über das Lichtschwert ausführlich geschildert. Im folgenden Abschnitt wird das Lichtschwert in seiner Anwendung gegenüber einem Vampir dargestellt.

Das Lichtschwert im Umgang mit Energievampiren

Vampire können sich ändern. Sie tun es nicht gerne und manche verweigern es sogar ihr ganzes Leben lang. Aber grundsätzlich ist es möglich. Allerdings brauchen sie dazu einen Anstoß, der weit über ... *ich sag es dir jetzt zum letzten Mal* ... hinausgeht.

Vampire brauchen eindeutige Botschaften. Sie müssen sehen, wie sich die Sonne auf dem blanken Metall des Lichtschwertes spiegelt und sie müssen wissen, dass Sie nicht zögern werden, es anzuwenden.

Das Lichtschwert besteht darin, (1.) klare Grenzen zu setzen und klare Anweisungen zu geben und (2.) Konsequenzen zu setzen, wenn diese Grenzen verletzt werden oder den Anweisungen zuwider gehandelt wird.

Das Lichtschwert verträgt sich nicht mit stundenlangen Belehrungen und schon gar nicht mit stundenlangem Gejammer.

Nehmen wir wieder ein Beispiel und sehen wir uns zuerst den Ablauf ohne Lichtschwert an. Danach werde ich zeigen, wie Sie es einfach und wirkungsvoll einsetzen.

Nehmen wir an, eines Ihrer Kinder erhebt sich morgens und ruft ... *wo ist meine Hose?* .... Der normale Ablauf besteht weltweit darin, dass die Mama ins Kinderzimmer hastet. Sie beginnt, in allen Ecken und Enden nach der vermissten Hose zu suchen. Das ist an und für sich in einem Jugendzimmer schon eine schweißtreibende Angelegenheit, die einen normalen Menschen ziemlich ausfüllt. Am frühen Morgen und unter Zeitdruck macht es dich fix und fertig. Trotzdem ist eine normal trainierte Mutter im Normalfall imstande, daneben noch, ohne ein einziges Mal Luft zu holen, einen erstaunlichen Monolog zu halten:

... ich habe dir schon tausend Mal gesagt, du sollst deine Sachen am Abend vorbereiten. Jetzt kann ich wieder deine Hose suchen. Das wird mir langsam zu blöd. Warum kannst du nicht ein einziges Mal selber auf deine Sachen aufpassen? Ich bin doch nicht euer Idiot. Es steht mir bis hierher. Ich wäre froh gewesen, wenn ich in deinem Alter überhaupt eine Hose

gehabt hätte, aber du, du brauchst sie ja nicht einmal selber zu waschen. Dafür hast du ja mich. Es reicht mir. Das habe ich nicht verdient. Was ist denn das da? Sag einmal, räumst du denn überhaupt nie zusammen? Oh Gott, jetzt ist es schon wieder zu spät für den Bus ins Büro. Ich muss wieder ein Taxi nehmen. Weißt du denn überhaupt, was das kostet? Nein, das ist dir ja auch egal. Na da ist die Hose ja. Nächstes Mal räumst du aber Dein Zimmer auf, ja? Versprochen? …

Fräulein Tochter oder Herr Sohn sitzen derweil auf dem Bett und spielen Gameboy oder sie warten in der Küche auf das Frühstück … *wo bleibst du denn so lange, ich muss in die Schule* …. Mutti hetzt derweil herum und ruiniert sich das gerade aufgetragene Makeup, was von den Kindern (aufmerksam sind sie ja, das muss man ihnen lassen) auch entsprechend kommentiert wird … *schau mal wie du wieder aussiehst* …. Nachdem der Sklave dann noch die Brote gerichtet hat, verlässt der Nachwuchs das Haus, nicht ohne Hinweis auf die Langsamkeit des Sklaven … *der 11er Bus ist weg, das habe ich mir ja fast gedacht* ….

Falls Ihnen in dieser Geschichte der Vater fehlt, lesen Sie bitte nochmals den Abschnitt über den Haubentaucher. Im Normalfall hat er sich längst mit der Zeitung zurückgezogen, weil … *diesen Wirbel in der Früh halte ich nicht aus* …. Vielleicht meldet er sich dann später, wenn die Kinder aus dem Haus sind, mit ein paar Ratschlägen zurück, betreffend die Kinder … *du solltest wirklich für mehr Disziplin sorgen, ich kann mich zuhause überhaupt nicht mehr entspannen* … und die häusliche Organisation … *könntest du gelegentlich wieder einmal ein paar Bier in den Kühlschrank stellen? Langsam werde ich sauer, wenn ich mich um alles selber kümmern muss* ….

Wenn ich das jetzt so lese, dann denke ich, Sie studieren bezüglich des Vaters vielleicht doch besser den Abschnitt über den Haubenvampir.

Aber zurück zu den Vampiren und zum Lichtschwert. Das Kind in dieser Geschichte ist, ohne es zu wissen, ein Vampir. Es laugt seine Mutter aus und es fühlt sich gut dabei. Es ist mir klar, dass es nichts dafür kann, denn es wurde ja von seiner Mutter dazu erzogen. Aber jetzt ist der Zeitpunkt da, ihm eine Chance zu geben, wieder zurück zu kommen unter die normalen Menschen und sich zu einem Freund zu entwickeln.

Nehmen wir dieselbe Ausgangssituation wie eben. Wir werden jetzt das Lichtschwert einbauen. Sie werden sehen, dass Sie den Morgen herbeisehnen werden, an dem Sie die im Folgenden erworbenen Fertigkeiten ausprobieren können. Bisher haben Sie vielleicht Situationen wie die eben geschilderte gefürchtet, aber das ist vorbei. Nach wenigen Absätzen werden Sie hoffen und beten, dass bald eine ähnliche Situation passieren möge. Sie werden sich abends strecken und dehnen wie einer der Helden aus den klassischen Schwert und Degen Filmen. Sie werden sich wie Zorro zu Bett begeben im sicheren Wissen, dass Sie imstande sein werden, jedem, der sich Ihnen entgegenstellt, mit dem Lichtschwert ein "Z" in die Wange zu schnitzen, bevor er oder sie noch weiß wie ihm geschieht.

Haben Sie Geduld. Mit Sicherheit wird sich die Gelegenheit ergeben, das Lichtschwert zu ziehen. Denn niemand weiß, dass es Ihnen reicht. Niemand weiß, dass Sie aufhören werden zu reden und zu reden wie eine Gebetsmühle. Niemand weiß, dass Sie gerade dabei sind, in sich Fähigkeiten zu entdecken, die aus Ihnen einen entschiedenen Kämpfer machen werden, wie ihn die Welt noch selten gesehen hat.

Okay, gehen wir es an. Wir betrachten die Geschichte aus der Warte der Mutter, denn Sie ist das Opfer des Vampirs. Väter und kinderlose Leser werden imstande sein, die Sache in ihr Leben zu transponieren.

Wir starten wieder ganz am Anfang der Geschichte: Sie sitzen gerade beim morgendlichen Kaffee und eines Ihrer Kinder ruft ... *wo ist meine Hose?* ....

Analysieren Sie in Ruhe die Situation. Haben Sie die Hose absichtlich versteckt, um Ihre Kinder zu hänseln? Das wäre nicht nett und Sie sollten den Spaß mit einem Hinweis auf das Versteck nach einigen Minuten beenden.

Aber wenn Sie die Hose nicht versteckt haben, dann ist es ernst. Jetzt sind Sie gefordert, wenn Sie Ihr Leben ändern wollen. Was zu tun ist, ist total leicht, achten Sie trotzdem genau auf die folgende Regieanweisung: BLEIBEN SIE RUHIG SITZEN!

Seien Sie froh und glücklich, dass Sie Ihre eigenen Hosen nicht nur problemlos gefunden, sondern sie sogar schon angezogen haben. Stellen Sie sich vor, welcher Stress es wäre, wenn Sie dringend ins Büro müssten und Sie fänden Ihre Kleider nicht. Eine wirklich unangenehme Situation, in der sich Ihr Nachwuchs da befindet. Seien Sie verständnisvoll, seufzen Sie vielleicht ein oder zwei Mal, ABER BLEIBEN SIE RUHIG SITZEN! Genießen Sie das Gefühl der Baumwolle auf Ihren Beinen und überlegen Sie, ob nicht etwas aus Seide morgen besser wäre. Rekeln Sie sich und blicken Sie aus dem Fenster auf den wunderbaren Morgen. Die Sonne ist schon aufgegangen, Sie hören ein paar Vögel zwitschern. Es geht doch nichts über eine gutes Frühstück. SIE SITZEN IMMER NOCH!

Blicken Sie gelegentlich auf die Uhr, damit Sie nicht unter Zeitdruck kommen. Sie wollen doch den Bus erwischen. Und zum Bus zu laufen sähe aus, als hätten Sie keine Zeiteinteilung. SIE SITZEN IMMER NOCH!

Wenn Ihr Kind in die Küche kommt und die Sache mit der Hose erwähnt, dann seien Sie verständnisvoll. Es ist wirklich eine unangenehme Sache, wenn man seine Hosen nicht findet. Und die Zeit schreitet unbarmherzig fort. Blöde Sache, ehrlich. SIE SITZEN IMMER NOCH!

Wenn es sich um eine Tochter handelt, die ihr Beinkleid vermisst und diese Tochter zufällig Ihre Kleidernummer hat, dann könnte es zu einem Intermezzo kommen, in dem Sie gefragt werden ... *kann ich von dir eine Hose anziehen?* ... In diesem Fall wird Ihre Rolle etwas komplexer, denn bisher war es ja eher eine Rolle ohne besondere Sprechaufgaben. Jetzt aber gibt es einen vorgeschriebenen Text. Sie haben ihn im Ernstfall dann hoffentlich gut einstudiert oder Sie haben einen Spickzettel zur Hand. Beides ist möglich. Der Text, den Sie jetzt sprechen müssen, lautet ... *nein* ....

Sie werden vielleicht einwenden, dass das ein eher kurzer Text ist für eine Sprechrolle und ich stimme Ihnen zu. Trotzdem kann hier das Drehbuch nicht geändert werden. Übrigens: SIE SITZEN IMMER NOCH!

Es kann sein, dass die zunehmende Nervosität Ihres Nachwuchses sich auch auf Ihren Ehemann überträgt ... *wo ist denn die verdammte Hose?* .... Er wendet sich damit wahrscheinlich an Sie. Das ist ungerecht, denn Sie haben Ihre Hosen ja an. Wie sehr das stimmt, dass Sie die Hosen anhaben, wird Ihr Ehemann noch früh genug erfahren, wenn Sie mit dem Lichtschwert mehr Erfahrung haben. Aber zurück zum Ablauf.

Sie könnten Ihren Gatten zum Beispiel zurück fragen … *ich weiß nicht. Hast du sie in die Waschmaschine getan? ….* Wenn Sie das dann später im Büro erzählen, würde sich diese kleine Wendung wahrscheinlich gut machen. Unabhängig davon wird es ihn aber mit Sicherheit von weiteren Fragen abhalten. SIE SITZEN IMMER NOCH!

Wahrscheinlich ist mittlerweile die Zeit so weit fortgeschritten, dass Sie aufbrechen sollten. Sie dürfen sich jetzt erheben und verlassen das Haus. Vergessen Sie beim Anziehen der Schuhe keinesfalls den Hinweis … *komm ja nicht zu spät in die Schule. Du weißt, ich mag das nicht ….*

Bewegen Sie sich so wie immer, solange Sie in Sichtweite der Fenster Ihrer Wohnung sind. Erst dann dürfen Sie in die Luft springen und Ihren ersten Sieg feiern. Der weitere Tag gehört Ihnen. Genießen Sie ihn, Sie haben es verdient. Keine weiteren Regieanweisungen mehr.

Ich denke, aus dieser kleinen Episode haben Sie gelernt, worauf es hier ankommt. Sie machen ohne viele Worte klar, dass Sie nicht der Idiot der Familie sind. Allerdings kann es sein, dass es damit noch nicht zu Ende ist. Man wird einen Sklaven nicht so einfach in die Freiheit entlassen wollen.

Sie müssen also bereit sein, am Abend das Schwert erneut auszupacken. Bisher ging es um die Klarheit. Jetzt kommen die Konsequenzen.

Spielen wir es wieder beispielhaft durch. Die Mutter (M) kommt nach Hause und spricht mit ihrem Kind (K).

M: (ruhig und friedlich) … wie war es heute in der Schule? …
K: (trotzig) … wie hätte ich denn ohne Hosen gehen sollen …
M: (ruhig und gefährlich) … heißt das, du warst heute nicht in der Schule? …
K: (leicht verunsichert) … ja wie denn, soll ich nackt gehen? …
M: (deutlich) … ich habe dir ausdrücklich gesagt, nicht zu spät zu kommen …
K: (ziemlich überrascht) … was hätte ich denn tun sollen? Meine Hosen waren weg …
M: (laut) … mich interessieren deine Hosen nicht. Mich interessiert, dass du einfach zuhause bleibst, ohne mich zu fragen. Das dulde ich nicht …
K: (völlig überrascht) … was ist denn heute mit dir los? …
M: (normaler Ton) … ich weiß jetzt nicht genau, was ich tun soll und welche Konsequenzen das haben wird. Aber ich werde es dir heute noch sagen. Jedenfalls werde ich dein Verhalten nicht dulden. Du bleibst jetzt zuhause und wartest, bis ich mich entschieden habe. Ist das klar? …
K: (muffig) … ja

Sie sollten dann umgehend überlegen, wie Sie zeigen können, dass es Ihnen wirklich ernst ist. Suchen Sie keine Strafe. Strafe ist Rache und bewirkt nichts. Suchen Sie dafür etwas, das Ihre Entschlossenheit demonstriert. Es kann das Internet sein, der Chat, die Ausgehzeit, die Verantwortung für den Müll für längere Zeit, was auch immer. Und dann gehen Sie zu Ihrem Nachwuchs und geben Ihre Entscheidung bekannt.

Beachten Sie, dass Sie kein einziges Mal die Hosen erwähnten und Ihre Ermahnungen zu mehr Ordnung. Das ist auch nicht notwendig. Wenn Ihre Entschlossenheit deutlich geworden ist, werden ab sofort von Ihrem Sohn oder Ihrer Tochter Maßnahmen gesetzt, dass so etwas nicht mehr vorkommt. Niemand ist so blöd, wegen einer verlegten Hose zwei Wochenenden zuhause zu bleiben oder auf den Chat verzichten zu müssen.

Sie werden sehen, dass ohne dass darüber gesprochen werden müsste Änderungen erfolgen werden, die Sie sich früher nicht hätten träumen lassen. Ihre Kinder sind nicht dumm. Sie haben bisher einfach nicht gewusst, dass es Ihnen ernst ist. Und Hand aufs Herz, Sie selbst wussten es wahrscheinlich auch nicht.

Die Vampire in der eigenen Familie sind die am schwersten zu behandelnden. Leichter ist es, wenn Ihre Vampire nicht direkt mit Ihnen leben.

Wenn Sie bisher zu den Vampiren gingen, um sie zu besuchen, dann brechen Sie den Kontakt entweder ab oder schränken Sie ihn drastisch ein. Sie haben keine Zeit mehr. Sie sind beschäftigt. Sie haben zu viel zu tun. Oder Sie sagen offen, dass es Ihnen reicht. Alles das ist nicht immer leicht. Aber es ist besser als das regelmäßige gebissen werden.

Sehen wir uns ein Beispiel an, in dem Sie den Grund für Ihre Entscheidung, sich zurückzuziehen, offen legen. Nehmen wir beispielsweise an, dass regelmäßig eine Freundin anruft und Sie wissen genau, dass Sie jetzt eine halbstündige Zusammenstellung an Frustration, Pessimismus und Unbelehrbarkeit erwartet, dann rate ich zu folgendem schlichtem Vorgehen. Lesen Sie die Anleitung genau durch und machen Sie bei der Durchführung keine Änderungen.

Der Ablauf, der Sie einfach und sicher von Ihrem Vampir befreien wird, ist folgender:

1. Schritt: Lassen Sie der Anruferin beim nächsten Mal ein paar Minuten Zeit um sich warm zu reden. Dadurch können Sie sicher sein, dass Sie sich nicht wie durch ein Wunder geändert hat und bereit ist, erstmals auch Ihnen zuzuhören. Und dann - plötzlich und ohne Ankündigung - legen Sie den Hörer kommentarlos auf. Ich weiß, dass Sie das für einen Druckfehler halten werden, also hier die Wiederholung: Sie legen mitten in diesem Gejammer den Hörer auf die Gabel zurück.

2. Schritt: Da man Ihnen als jahrelangem Opfer keinerlei Gegenwehr zutraut und schon gar nicht so eine Herzlosigkeit einem hungrigen Vampir gegenüber, wird das Telefon erneut klingeln und Ihre Gesprächspartnerin (P) wird sagen:

P: … plötzlich war die Leitung unterbrochen …
Sie: … nein, das war ich, ich habe aufgelegt …
P: … was? Du hast aufgelegt? Warum? …
Sie: … ich mag mir das ewig gleiche Gejammer nicht mehr anhören …
P: …
Sie: …
P: … nun, wenn das so ist, wenn ich nicht mehr gut genug bin für dich, dann muss ich dich ja nicht mehr anrufen …
Sie: … du wirst mir fehlen …
P: … gut, dann eben tschüß …
Sie: … tschüß …

3. Schritt: Feiern Sie diesen ersten Sieg wie Sie noch nie im Leben etwas gefeiert haben. Freuen Sie sich, wie einfach es war. Malen Sie sich die Telefonate aus, die jetzt Andere ertragen müssen. Über ein Thema können Sie absolut sicher sein:

Die Undankbarkeit von Freundinnen, die man jahrelang anruft und die dann auf einmal auflegen.... usw. usf.

Sie werden sehen, wie einfach das geht. Sie müssen nicht drohen, nichts erklären, nichts begründen. Es sind keine Ausreden notwendig und keine Hilfe von außen. Sie allein können das schaffen. Bisher hatten Sie wahrscheinlich vor genau diesem Ergebnis Angst. ... *sie wird mich nicht mehr anrufen ... sie wird es allen erzählen* .... Jetzt aber sehen Sie, dass genau das die Lösung ist: Sie wird Sie nie mehr anrufen und sie wird es allen erzählen. Die Vampire werden sich neu orientieren müssen. Die Energie, die Ihnen selbst dadurch bleibt, wird Sie überraschen und wird Sie zu neuen Freunden führen, die weniger jammern und mehr zuhören, die sich für Ihre Träume und Ziele interessieren und Ihnen sogar bei der Umsetzung helfen.

Jetzt ist der richtige Zeitpunkt für einen kleinen Test gekommen. Was würden Sie tun, wenn am nächsten Tag das Telefon klingelt und eine bekannte Stimme sagt ... *ich bin bereit, dir zu verzeihen und dich wieder anzurufen* ...?

Erst weiter lesen, wenn Sie sich gefragt haben, ... *was würde ich in diesem Fall tun?* ....

Okay, Sie sind so weit?

Wenn Sie innerlich geantwortet haben, ich bin total froh, dass sie mir nicht böse ist und dass jetzt alles anders werden wird, dann sollten Sie das gesamte Kapitel nochmals durcharbeiten. Sie haben nichts - oder vielleicht sollte ich höflicher sagen: wenig - begriffen. Denn erstens ändert sich ein Vampir nicht, außer durch Schmerz und zweitens gibt es keinen Grund, warum jemand auf Sie böse sein sollte. Sie wurden jahrelang ausgenutzt und Sie haben sich zum ersten Mal in dieser Zeit gewehrt! Sie sollten stolz auf sich und auf die Tatsache sein, dass Sie den Mut gefunden haben, sich zu wehren und das noch dazu friedlich.

Stellen Sie sich das Ganze einmal so vor: Jemand wird verprügelt und erwischt mit viel Glück einen Stock, mit dem er sich wehren kann und den Angreifer in die Flucht schlägt. Und am nächsten Tag ruft der Angreifer an und sagt, … *ich bin bereit, dir die Gegenwehr mit dem Stock zu verzeihen* …. Klingt ziemlich durchgeknallt, finden Sie nicht? Und jetzt stellen Sie sich vor, der Angerufene und Verprügelte antwortet dann … *oh danke, ich hab mir schon solche Sorgen gemacht, dass du mir böse bist weil ich mich gewehrt habe* …. Klingt auch nicht viel besser, oder?

Wenn Sie so reagieren wie gerade beschrieben, dann wird sich nichts ändern, überhaupt nichts! Sie haben sich dann wieder als Opfer deklariert.

Eine interessantere Antwort auf meine Frage müsste daher in die Richtung gehen, dass Sie sehen, ob sich wirklich etwas geändert hat. Das Gespräch könnte dann etwa so laufen:

P: … ich bin bereit, dir zu verzeihen und dich wieder anzurufen …
Sie: … aha …
P: …
Sie: …
P: … also ich muss schon sagen, du traust dich ja allerhand. Da rufe ich dich an, um dir die Hand zu reichen und was kommt? Nichts. Das ist typisch für …

Schade, dass Sie nicht mehr hören können, wofür das typisch ist, aber da haben Sie den Hörer schon wieder aufgelegt.

Auf diese Weise bekommen Sie viele Vampire aus Ihrem Leben. Diese suchen sich sofort neue Opfer und das Verwunderliche daran ist, dass sie immer wieder Menschen finden werden, die sich emotionell ausrauben lassen.

Aber einen Vampir werden wir alle nicht so einfach los. Dieser Energievampir in unserem Leben sind wir meistens selbst. Wir killen einen Großteil unserer Ideen, noch bevor sie jemand Anderer überhaupt gehört hat. Wir haben Angst vor unserem eigenen Erfolg. Nicht unsere vermeintliche Kleinheit macht uns Angst, sondern unser tief innen verborgenes Wissen um unsere tatsächliche Größe. Nicht unsere Schwachheit ängstigt uns, sondern unsere Verbindung zur größten Kraft des Universums. Nicht vor unserem Unglück fürchten wir uns, sondern vor unserem Aufstieg.

Wenn wir uns zu unseren eigenen Freunden entwickeln, wird das weitreichende Auswirkungen haben. Wenn wir es nicht tun, ebenfalls. Im Kapitel über den inneren Dialog habe ich das ausführlich dargestellt und auch Maßnahmen zu einer Veränderung empfohlen.

Freund: Das Energieniveau ist hoch, die Einstellung ist positiv

		Energieniveau	
		Niedrig (=geringe Expressivität)	Hoch (=starke Expressivität)
Einstellung	positiv	Haubentaucher	**Freund**
	negativ	Haubenvampir	Energievampir

Ein Freund ist meinem Verständnis nach wesentlich mehr als das, was gemeinhin darunter verstanden wird. Normalerweise sprechen wir von einem Freund, wenn wir die Leute meinen, mit denen wir uns gerne treffen, mit denen wir gerne sprechen, mit denen wir - allgemein gesagt - in unserer Freizeit mehr zu tun haben als mit anderen Menschen.

Sie werden vielleicht beim Lesen der bisherigen Seiten schon bemerkt haben, dass einige Ihrer Freunde in Wahrheit diesen Begriff gar nicht verdienen, weil sie Haubentaucher oder sogar Vampire sind.

Wir meinen also nicht einfach unsere guten Bekannten, wenn wir von einem Freund sprechen.

Aus der Fordern-Fördern-Matrix können Sie entnehmen, dass ein Freund durch drei Elemente gekennzeichnet ist:

1. Seine Einstellung der Welt gegenüber ist positiv. Deshalb finden wir ihn im rechten Teil der Fordern-Fördern-Matrix.

2. Er verfügt über eine hohes kommunikatives Energieniveau. Er ist damit hoch expressiv. In der Fordern-Fördern-Matrix bedeutet das einen langen Pfeil vom Ursprung bis zum Bereich, in dem wir Freunde einzeichnen.

3. Er vereint Fordern und Fördern in ausgewogener Weise. Dadurch ist ein Freund in der Nähe oder sogar direkt auf der Ideallinie zu finden.

Freunde sind fast immer angenehm für uns. Die angenehme Seite ist eine Folge ihres starken Interesses am "Fördern" anderer Menschen. Sie sind interessiert an uns und unserem Leben.

Sie erkennen unseren Bedarf an Hilfe und Unterstützung und sind durch ihr hohes Energieniveau auch bereit, etwas zu tun und sich einzubringen.

Das ist zugleich die Achillesferse des Freundes. Er ist sensibel für die Bedürfnisse anderer Menschen und hat eine hohe Bereitschaft, diese Wünsche zu erfüllen, auch wenn er dafür gar nicht verantwortlich ist. Es ist dazu nicht wichtig, ob diese Wünsche berechtigt sind und ob sie überhaupt vernünftig sind und wenigstens einer oder vielleicht sogar beiden Parteien nützen werden. Durch diese intensive Ader für die Gefühle anderer Menschen spürt ein Freund Begeisterung und Freude genauso schnell wie Frustration, Enttäuschung und Verärgerung und kann durch seine hohe Expressivität darauf auch schnell und intensiv reagieren. Freunde wirken daher oft wie Gefühlsverstärker. Sie bringen Gefühle und Wünsche an die Oberfläche, die den Betreffenden vorher gar nicht bewusst waren.

Dadurch wäre ein Freund der Paradetyp des Überförderers, wäre da nicht seine zweite Stärke, die genauso starke Ausprägung der Dimension "Fordern". Nur durch sie kann er seine intensive Hilfsbereitschaft steuern und zu einer für beide Seiten hilfreichen Symbiose aus ... *ich helfe dir* ... und ... *das kannst du selber* ... weiterentwickeln.

Dadurch wirken Freunde oft zwiespältig. Sie sind begeistert dabei, uns bei unseren Projekten zu unterstützen und sind dann plötzlich zornig und unduldsam, wenn unser eigener Beitrag zum Fortschritt zu gering erscheint. Denn ein Freund ist auf der Fordern-Dimension genauso sensibel und empfänglich wie auf der Seite des Förderns. So wie unsere Wünsche und Gefühle sich dem Freund schnell und eindringlich vermitteln, so ist es auch mit unseren Fähigkeiten und Potentialen.

Ein Freund weiß, was wir könnten, wenn wir dazu bereit wären. Oft wissen wir das zu diesem Zeitpunkt selbst noch nicht. Oft wollen wir es auch gar nicht wissen. Es ist kurzfristig so viel einfacher, zu Hause vor dem Fernseher zu sitzen als etwas zu unternehmen - laufen oder ins Fitnessstudio zu gehen zum Beispiel. Es ist kurzfristig so viel einfacher, ... *ich kann es nicht* ... zu sagen, statt sich in eine Sache tief hinein zu hängen, mit aller Kraft nach einer Lösung zu suchen und nicht aufzugeben, auch wenn es so viel leichter scheint.

Typische Dialoge in dieser Richtung zwischen einem Freund (F) und seinem Partner (P) können so aussehen:

P: ... hilf mir bitte ...
F: ... machst du Witze? Das kannst du selber ...
P: ... ich kann es aber nicht, also hilf mir endlich ...
F: ... wenn du es versucht hast und es klappt nicht, dann helfe ich dir ...
P: ... ich brauch es gar nicht versuchen, ich weiß, ich kann es nicht
F: ... wenn du es nicht versuchst, dann ist es sicher nicht wichtig, dann brauche ich auch nicht helfen ...

Ein Freund sagt und denkt selten ... *ich mag nicht* .... Es ist sein gutes Gefühl für mangelnde Energie auf der Seite der Gesprächspartner, das einen Freund veranlasst, etwas für einen anderen nicht zu tun.

Wenn jemand wirklich Hilfe braucht, wird ein Freund immer helfen. Er wird es aber nicht tun, wenn es nur darum geht, einen Dummen zu finden, der einem die eigene Mühe abnimmt. Freunde agieren nach der im Abschnitt über Pales© beschriebenen Regel, wonach wir für niemanden etwas tun sollen, was dieser selber tun kann.

Das bedeutet, dass Freunde nicht immer "ja" zu uns sagen. Sie fordern, dass auch wir unser Bestes geben. Wenn wir unter unseren wirklichen Möglichkeiten bleiben, dann werden Sie das ernst und eindringlich mit uns besprechen. Wenn wir kneifen und wenn wir Angst haben, werden Sie uns aus diesen Gefühlslagen heraushelfen. Wenn wir dabei sind, uns zu schaden, dann werden Sie uns das klar machen; wenn es sein muss, mit eindeutigen Worten.

Freunde werden sogar die Trennung von uns in Kauf nehmen, bevor Sie zusehen, wie wir uns vernichten, verbrauchen oder unter unserem Wert geschlagen geben.

Freunde sind dadurch gekennzeichnet, dass Sie uns dabei unterstützen, unsere Potentiale zu entwickeln. Sie unterstützen uns dabei, Gewinner zu werden.

Ein Gewinner ist eine Person, die tendenziell Verhaltensweisen wählt, die ihre Potentiale zur Entfaltung bringen.

Üblicherweise versteht man unter einem Gewinner einen Menschen, der es geschafft hat. Darum halten sich so wenig Menschen für Gewinner und viele, die besonders auffällig "auf Winner machen", tun das auch nur, weil sie sich tief innerlich schlecht fühlen. Wenn man erst dann ein Gewinner ist, wenn man am Ziel angelangt ist, dann ist das Leben grausam, denn die viel längere Zeit des auf das Ziel Hinarbeitens wäre dann eine Zeit, in der man sich als Loser, als Verlierer, zu fühlen hätte.

Tatsächlich sind Sie aber ein Gewinner, solange Sie dabei sind, aus sich etwas zu machen. Viele berühmte Leute waren schon lange vor der Zeit ihrer Berühmtheit fantastische Gewinner, weil sie an sich geglaubt haben und nicht aufgegeben haben.

Es ist typisch dafür, dass Lance Armstrong, der mehrfache Tour de France Sieger, sich nicht als den Mann sieht, der die Tour so oft hintereinander gewonnen hat, sondern als den Mann, der den Krebs besiegt hat. Dieser Sieg, den er allein, nur begleitet von seinen besten Freunden, errungen hat, zählt für ihn mehr als die umjubelten Siege auf dem Fahrrad.

Wenn jemand einmal berühmt ist, dann strömen ihm die Massen zu. Das bedeutet nicht, dass diese Person dann nicht ihr Versprechen auf eine herausragende Leistung einhalten muss, aber dieselbe Leistung, erbracht von einem unbekannten Neuling, brächte naturgemäß nicht einmal das um die Hälfte kleinere Nachbarstadion voll.

Sie sind ein Gewinner, solange Sie an sich glauben. Sie sind ein Gewinner, solange Sie auf die Realisierung Ihrer Träume hinarbeiten. Sie sind ein Gewinner, solange Sie wieder aufstehen, wenn Sie wieder einmal auf Ihrem Weg gestolpert sind. Gewinner fallen gleich oft wie Verlierer, aber sie stehen schneller wieder auf.

Das bedeutet, dass Sie in dem Augenblick, in dem Sie es geschafft haben, neue Ziele suchen müssen. Denn sonst sind Sie nicht mehr erfolgreich. Sie verwalten sonst nur noch das Erbe Ihrer erfolgreichen Vergangenheit. Deshalb suchen erfolgreiche Menschen immer neue Herausforderungen. Die Masse der Fernseher, der Zuseher, versteht das selten. *… hat der denn nie genug? … jetzt könnte er aber wirklich Ruhe geben … in dem Alter!* …. Erfolg ist eine Gewohnheit wie Misserfolg und ist wie jede Gewohnheit nicht leicht zu ändern. Beim Erfolg kommt - im Gegensatz zu schädlichen Gewohnheiten - noch dazu, dass es keinen vernünftigen Grund gibt, nicht mehr erfolgreich sein zu wollen. Gewinner lieben es daher, Neues zu lernen, denn Neues verspricht neue Herausforderungen mit neuen Erfolgschancen.

Genau in diese Schiene drängen Freunde ihre Umgebung. *...du kannst das ... gib nicht auf! ... ich glaube an dich! ... es dauert nicht mehr lange, halt durch ...*, das sind typische Aussagen von Freunden.

Freunde machen uns Mut und geben uns Kraft. Sie lassen nicht zu, dass wir in Selbstmitleid und Depression versinken. Sie halten viel von unseren Ideen und oft mehr von uns, als wir selbst es tun, weil Sie das Positive im Leben im Allgemeinen und an uns im Besonderen sehen. Sie sehen Chancen, wo andere nur Probleme sehen können. Einen wirklichen Misserfolg gibt es nicht, weil es immer eine neue Chance gibt.

SO GEWINNEN SIE EINE POSITIVE GRUNDEINSTELLUNG

Eine negative Einstellung dem Leben gegenüber ist Gift. Sie tötet den Betroffenen und auch seine Mitmenschen langsam aber sicher. Sie nistet sich anfangs als nur ganz schwacher Zweifel ins Herz der Befallenen ein. ... *bin ich liebenswert? ... kann ich meine Träume verwirklichen? ... ist mir ein gutes Leben bestimmt?* .... Damit beginnt dann eine immer intensiver werdende Reihe an Überlegungen, die alle damit zu tun haben, ob es richtig und erlaubt ist, ein gutes Leben zu führen.

Sie werden vielleicht verblüfft sein, dass ich die beiden Worte "richtig" und "erlaubt" verwende. Tatsächlich gibt es aber mehr Menschen als man annehmen möchte, die das Gefühl haben, dass die Welt eine Bewährungsprobe ist, ein lebenslanger Test, ob man imstande ist, zu leiden und sich trotzdem gut zu fühlen.

Vielleicht glauben auch Sie persönlich irgendwo tief in Ihrem Inneren, dass Sie hier Ihr Leben lang auf Herz und Nieren geprüft werden, ob Sie es überhaupt wert sind, zu leben.

Gott sei Dank irren Sie sich. Die Erde ist kein Labor, in dem wir herumtappen wie Tiere, die man in ein Labyrinth gesperrt hat, um zu sehen, ob und wie sie herausfinden. Sie brauchen keinen Ausweg zu suchen. Sie sind nicht hier, um sich zu bewähren. Sie sind nicht hier, um zu bestehen. Sie werden nicht geprüft. Es stimmt nicht einmal, dass Sie etwas lernen müssen. Das Wunderbare ist, dass Sie lernen DÜRFEN, wenn Sie möchten. Sie können jetzt sofort damit aufhören, sich permanenten Druck zu machen.

Vielleicht glauben Sie, dass das Gefühl von Glück bedeutet, dass Sie versagt haben, dass Sie irgendwie nicht richtig aufgepasst haben, dass Sie irgendetwas übersehen haben. Vielleicht glauben Sie, dass es besser und richtiger ist, sich Sorgen zu machen. Vielleicht glauben Sie, dass es unanständig ist, sich gut zu fühlen, so richtig gut, ja mehr als gut, glücklich, überschwänglich, begeistert, hoffnungsvoll und sicher. Vielleicht haben Sie ein schlechtes Gewissen und empfinden sich als gefühllos, wenn Sie sich einmal eine Stunde lang nicht über irgendetwas sorgen.

Vielleicht glauben Sie, dass Sie die Pflicht haben, über die Fehler in Ihrer Vergangenheit nachzudenken. Vielleicht glauben Sie, dass das eine Art Sühne dafür ist, so nach dem Motto … *ich habe eine Menge Mist gebaut im Leben, aber wenigstens bereue ich es seitdem die ganze Zeit* …. Das ist vollständiger Unsinn. Solange Sie bereuen, erleben Sie Ihre Fehler immer wieder neu. Jedes Mal, wenn Sie an irgend etwas mit schlechtem Gewissen zurückdenken, führen Sie Ihren damaligen Erlebnissen neue Energie zu. Sie halten damit die Schatten Ihrer Vergangenheit aufrecht, die sich sonst schon längst im Licht der Gegenwart aufgelöst hätten. Sie ändern durch Ihre Sorgen die Vergangenheit nicht, sondern fixieren sie und lassen ihnen keine Chance, aus Ihrem Leben zu verschwinden. Machen Sie Schluss damit. Erkennen Sie, dass jeder Mensch Handlungen gesetzt hat, die er heute nicht mehr in derselben Weise setzen würde. Das ist normal. … *wer keinen Fehler hat, werfe den ersten Stein* …. Hören Sie auf, auf sich selbst Steine zu werfen. Machen Sie Schluss damit. Wenn Sie glauben, Sie sollten noch etwas tun, um die Vergangenheit abzuschließen, dann tun Sie es. Tun Sie es noch heute. Wenn es nichts mehr gibt, was Sie tun könnten oder sollten, dann ist es eben erledigt. Hören Sie auf daran zu denken.

Neben dem schlechten Gewissen, das sich auf die Vergangenheit bezieht, gibt es auch noch die Sorge über die Zukunft. … *was wird werden?* … *werde ich alles schaffen, was ich zu erledigen habe?* … *was ist, wenn ich versage?* …. Auch das wird von vielen Menschen als notwendig angesehen. Sie denken, … *wenn ich schon nichts tun kann für meine ungewisse Zukunft, dann kann ich mich wenigstens sorgen* …. Dahinter steckt die Hoffnung, dass einem die Sorgen angerechnet werden könnten so wie einem Verurteilten die Zeit der Untersuchungshaft auf die Strafe angerechnet wird. Irgendwie hoffen wir, dass eine höhere Instanz, die über unser Leben urteilt, uns zugute hält, dass wir uns wenigstens Sorgen gemacht haben.

Seien Sie sicher, dass diese Anrechnung nicht stattfinden wird. Sie werden argumentieren wollen … *ich gebe zu, ich habe es nicht geschafft, aber ich habe mich ehrlich und aus tiefstem Herzen gesorgt* …. Sie werden Augen machen, wenn Sie die Antwort hören … *das war nicht notwendig. Du hättest die Zeit ruhig genießen können* …. Statt sich wegen der Zukunft Sorgen zu machen, was schief gehen könnte, denken Sie einmal daran, wie es sein wird, wenn alles gut geht!

Hören Sie jetzt Ihre innere Stimme dagegen argumentieren? *... wenn es gut geht, dann ist ja alles in Ordnung, aber wenn etwas daneben geht, darauf muss ich mich vorbereiten ....* Sie müssen gar nichts vorbereiten. Sie sind Gast auf der Erde, ein eingeladener Gast. Sie überschätzen sowohl Ihre Verantwortung als auch Ihre Möglichkeiten. Sie können kein Haar weiß machen. Das Leben sorgt für Sie, nicht Sie selbst. Und wenn Sie aufhören, sich einzumischen, alles besser zu wissen, sich permanent sorgenvoll aufzuplustern wie ein kleiner Vogel in der Winterkälte, dann kann das Leben alles so regeln, dass die Dinge gut verlaufen. Wozu sich sorgen, wenn alles gut ausgeht?

Die Welt ist ein fantastischer, wunderbarer und vollkommen friedlicher Ort. Sie ist das versprochene Paradies. Sie brauchen dazu nicht an das Gute zu glauben.

Sie glauben auch nicht daran, dass am nächsten Morgen die Sonne wieder aufgehen wird. Sie wissen es. Sie sind überzeugt davon. Sie können es nicht beweisen, denn nie kann man etwas beweisen, das erst in der Zukunft liegt. Eigentlich könnten Sie nur sagen, dass der Sonnenaufgang ziemlich wahrscheinlich ist, einfach weil die Sonne bisher immer aufging. Trotzdem sind Sie völlig sicher. Sie zweifeln nicht daran.

Und was noch besser ist: Auch wenn Sie daran zweifeln, geht die Sonne trotzdem auf. Das sogenannte positive Denken hat viele Menschen in tiefe Verzweiflung gestürzt, weil sie daraus ableiteten, dass sie an ihren Sorgen und Problemen selbst schuld sind. *... würde ich positiver denken, dann wäre alles anders ....* Gott sein Dank sind wir nicht imstande, das Leben zu ändern. Das Leben geht seinen wunderbaren Gang, den Sie sofort zu erkennen beginnen, sobald Sie aufhören, sich Vorwürfe und Sorgen zu machen.

Sie können damit beginnen, die folgenden Anregungen in Ihr Leben zu übertragen und auszuprobieren. Sie werden umgehend die Unterschiede zu Ihrem aktuellen Lebensgefühl und Lebenserfolg feststellen. Dann können Sie entscheiden, wie Sie weitermachen möchten.

So etwas wie richtig und falsch gibt es nicht. Es kommt auf Ihre Entscheidung an. Und die treffen Sie am besten nicht durch bloßes Nachdenken, sondern durch Experimentieren.

Ihr Leben macht einen Unterschied

Ich könnte auch sagen, die Art wie Sie es leben, macht einen Unterschied. Oder ich könnte sagen, die Frage, ob Sie es überhaupt leben, macht einen Unterschied.

Sie fühlen sich vielleicht innerlich nicht wichtig. Sie denken, *... es ist egal, was ich tue ... wenn ich es nicht mache, macht es eben jemand Anderer ....* Sie denken das wahrscheinlich im Guten und im Schlechten. *... wenn ich nicht betrüge, dann tut es ohnedies ein Anderer, also kann es genauso gut ich tun ... wenn ich nicht helfe, dann tut es sicher jemand Anderer, also kann ich vorbeigehen ....*

Dieses Gefühl der Unwichtigkeit führt zu einem Aufplustern, zu einem völlig verständlichen Sich-Wichtig-Machen. Denn wer kann leben mit dem Gefühl der völligen Bedeutungslosigkeit? Wozu dann die vielen Kämpfe? Wozu dann sein ganzes Leben sich bemühen, ewig weiterlernen und sich anstrengen?

Aber das Sich-Wichtig-Machen bringt keine innere Befriedigung. Im Gegenteil, es ist ein ständiger Stachel, der uns zu zeigen scheint, dass wir in Wahrheit unwichtig sind, belanglos, zu vergessen. Es scheint uns zu zeigen, dass wir einmal ohne Spuren gehen werden müssen, ausgelöscht wie eine Sternschnuppe, die zwar mit prächtigem Leuchten verglüht, deren Licht aber nur die Dokumentation eines tragischen Todes ist, Unterhaltung nur für die Zuseher, nicht für die Sternschnuppe selbst.

Gott sei Dank ist dieses Sich-Wichtig-Machen unnötig. Sie sind wichtig. Sie hinterlassen eine Spur. Nicht dort, wo Sie es wahrscheinlich vermuten würden, nicht dort, wo Sie arbeiten und sich abmühen. Diese Spur hinterlassen Sie durch jedes auch noch so kleine Zeichen von Liebe, durch jedes Zuhören, durch jedes positive Wort, jeden Zuspruch, jedes Mut gebende Wort, jede liebevolle Geste, jeden Blumenstrauß, jedes Geschenk, jeden liebevollen Brief, jedes eMail, jedes SMS. John Nash im Film "A Beautiful Mind" erklärt am Schluss seiner Nobelpreis-Rede, dass er in den Mysterien der Mathematik nichts gefunden hätte im Vergleich zu dem, was er in den Mysterien der Liebe fand. Ob seine Theorien wirklich - so wie behauptet wird - etwas zum Ausgang internationaler Verhandlungen beigetragen haben oder nicht, sei dahingestellt. Zu viele große wissenschaftliche Revolutionen stellten sich später als kleine Schritte heraus, viele davon sogar in die falsche Richtung. Aber seine Erkenntnis über die Leistung seiner Frau, der er diese Worte widmet, wird bestehen bleiben.

Gleiches gilt für uns alle. Wir sind wichtig. Ob wir betrügen oder nicht, ob wir helfen oder nicht, ob wir Mut machen oder nicht, das hat entscheidenden Einfluss auf die Entwicklung der Welt, die wir erleben.

Wenn Sie das erkennen, könnte es sein, dass Sie sehen, dass Sie so wichtig sind, dass es für Sie belanglos werden könnte, wichtig zu erscheinen.

... wer sein Leben verliert, wird es finden .... Genau der hier geschilderte Zusammenhang ist mit diesem Satz gemeint. Wenn wir die aufgebauschte Wichtigkeit unseres Lebens hinter uns lassen finden wir die tatsächliche Größe in uns selbst. Bedeutung und Wichtigkeit kommt nicht aus dem Vergleich mit den Leistungen anderer Menschen. Ob Sie besser sind als andere, das ist völlig unwichtig.

Die Frage, die zählt, ist diese: Sind Sie Sie selbst?

Leben Sie Ihr eigenes Leben? Oder imitieren Sie irgendwelche Vorstellungen von dem, wie man sein sollte?

Sie sind eine einzigartige Persönlichkeit. Sie sind hier, um eine ganz bestimmte Idee des Lebens umzusetzen. Sie sind ein Prototyp, von dem es nur ein einziges Exemplar gibt. Wenn Sie Ihre Aufgabe finden, dann werden Sie erkennen, dass Sie wie ein Puzzlestein perfekt in diese Welt passen, dass nichts reibt, dass nichts schmerzt, dass Sie sich nicht mehr an tausend vermeintlichen Ecken stoßen werden.

Wenn Menschen das erste Mal hören, dass Sie eine Aufgabe zu erledigen haben, dann wird meist spontan angenommen, diese Aufgabe müsse unangenehm sein, leidvoll und voller Verzicht. Man glaubt, auf alles verzichten zu müssen, was man sich wünscht und was man sich erträumt. Das kommt aus unserem tief verwurzelten Glauben an einen strengen Gott, an eine sonderbare Hassliebe dieser Kraft gegenüber uns Menschen. Der Verzicht scheint vielen Menschen das wahre Ideal. Wer nichts mehr braucht, der scheint das höchste Ideal verwirklicht zu haben.

Nichts könnte weniger der Wahrheit entsprechen. Das Leben liebt uns, jeden einzelnen von uns, Sie, mich, jeden Menschen und alles was ist. Es beschenkt uns und es wünscht sich nichts mehr als dass wir seine Geschenke annehmen mögen. Genau darin besteht unsere Aufgabe: Das Leben so umfassend zu genießen wie wir es vermögen. Unsere Träume sind die Befehle des Lebens an uns. Das was wir ersehnen, das ist unsere Aufgabe!

Für viele Menschen ist das schwer zu akzeptieren. Sie können sich nicht vorstellen, dass es eine Kraft auf der Welt gibt, die uns Angenehmes befiehlt. Aber genau so ist es. Der Meister sagte, dass wir wie Gott sind. Er sagte nicht, dass Gott wie wir sei! Erkennen Sie das Wunderbare an dieser Tatsache:

Wir sind wie Gott, aber Gott ist - Gott sei Dank - nicht wie wir!

Also ist es falsch, wenn wir unsere kleinlichen Gedanken als Muster für das nehmen, was die Kraft denkt, die hinter allem steht. Es ist - weil wir kein Muster, kein Beispiel dafür haben - schwer einzusehen, dass es unsere Aufgabe sein soll, das Leben zu genießen. Aber genau das ist Ihr Job. Befolgen Sie die Aufträge Ihrer Träume.

Es ist eine gute Idee, damit ein Experiment zu starten. Verwirklichen Sie innerhalb der nächsten sechs Monate einen Ihrer Kindheitsträume. Setzen Sie etwas um, das Ihnen schon ewig im Kopf herumspukt. Vielleicht wissen Sie schon jetzt, genau in diesem Augenblick, wo Sie diese Zeile lesen, was Sie tun sollten.

Das was Ihnen jetzt durch den Kopf geht, genau das ist es! Zögern Sie nicht, die Sache in Angriff zu nehmen. Und dann überprüfen Sie die Auswirkungen auf Ihr Lebensgefühl. Sie können diese Auswirkungen nicht jetzt schon überprüfen, sozusagen als gedankliche Vorwegnahme, sondern erst, wenn Sie es wirklich getan haben, wenn Sie wirklich einen Ihrer Träume erfüllt haben. Was Sie nicht erlebt haben, das können Sie nicht beurteilen.

Wenn Sie jetzt noch keine Idee haben, was Sie umsetzen könnten, dann sollten Sie sich ab sofort täglich ein paar Minuten gönnen, in denen Sie Ihre Träume wieder ausgraben. Sie haben Träume, mit völliger Sicherheit. Aber es kann sein, dass diese verschüttet sind unter zu viel Arbeit, unter dem Gefühl großer Verantwortung, unter dem Eindruck, zu alt geworden zu sein.

Wir leben oft wie in einem Wartesaal. *... wenn ich einmal so weit bin ...* oder *... wenn es einmal passt ...*, mit diesen Phrasen verschieben wir alles auf unbestimmte Zeit. Nehmen Sie als Beispiel das Gefühl, für irgend etwas zu alt zu sein. Mit großer Wahrscheinlichkeit hatten Sie früher das Gefühl, genau für dieselbe Sache zu jung gewesen zu sein. Sie hofften auf einen Zwischenraum, in dem es genau passen würde. Aber wenn Sie ehrlich zurückblicken, dann erkennen Sie wahrscheinlich, dass dieser Zwischenraum nie da war, dass immer irgendetwas nicht passte, zuerst das Alter, dann das fehlende Geld, dann die Sorge um den Job, um die Familie, um die Zukunft und dann wieder das Alter. Nie passt es.

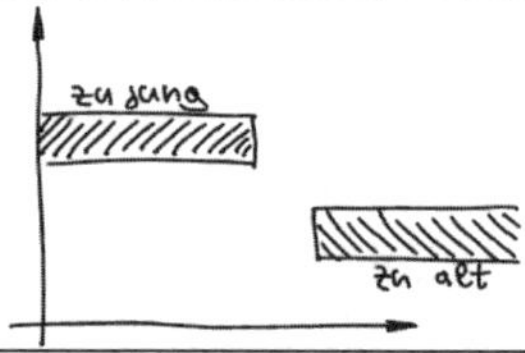

Im Zwischenraum glauben wir alles erledigen zu können, was wir erträumen

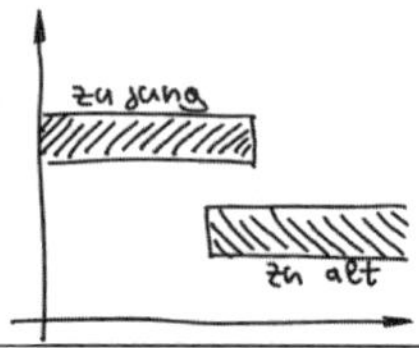

Aber leider existiert der Zwischenraum nicht

Es gibt einen einzigen Ausweg aus diesem Dilemma. Er besteht darin, dass Sie sich zu irgend einem Zeitpunkt, egal wann, entscheiden, dass jetzt der Zeitpunkt zum Handeln da ist. Warten ändert nichts. Ihre Entscheidung dagegen ändert innerhalb von Sekunden alles. Sie können sich also zum Beispiel JETZT entscheiden und von da an ist nichts mehr wie vorher. Dafür ist keine riesige mentale Revolution notwendig, nur die Entscheidung, einen Ihrer Kindheitsträume zu realisieren.

Das ist nicht richtiger, als wenn Sie weiterhin zuwarten. Es hat andere Konsequenzen. Sie müssen sich nicht entscheiden. Sie können weiter warten. Vielleicht haben Sie eine Menge Argumente, warum es jetzt gerade ungünstig ist. Vielleicht haben Sie den Eindruck, es hätte die Lücke schon gegeben in Ihrem Leben, aber Sie hätten sie übersehen und darum ginge es jetzt nicht mehr. Im Endeffekt bedeutet das, dass Sie weiterhin nicht entscheiden, es JETZT anzugehen.

Ob Sie etwas tun oder nicht, das ist nur für Ihr eigenes Lebensgefühl wichtig, für den Eindruck, den Sie persönlich vom Leben haben. Er ist subjektiv und hat mit der tatsächlichen Welt so wenig zu tun wie das Bild eines Apfelbaums mit einem wirklichen Baum. Die tatsächlich erschaffene Welt ist von Ihren Aktivitäten völlig unberührt. Glauben Sie wirklich, das Leben hätte Millionen Jahre lang alles gelenkt und dann plötzlich kommt der Moment, in dem Sie, Sie ganz persönlich, die Verantwortung auf den Schultern tragen? Glauben Sie wirklich, das Leben hat so lange Zeit alles geregelt und dann plötzlich, kommt es darauf an, was Herr oder Frau X entscheiden werden? Glauben Sie wirklich, das Schicksal Ihres Partners, Ihrer Kinder, Ihrer Mitarbeiter, Ihrer Patienten oder - wenn Sie Politiker sind - Ihrer Wähler hängt von Ihnen ab, weil das Leben diese Verantwortung in Ihre Hände gelegt hat?

Das Leben wacht über Sie, über Ihren Partner, über Ihre Kinder, Ihre Mitarbeiter, Ihre Patienten, Ihre Klienten, Ihre Wähler. Das ist eine wunderbare Erkenntnis, die Sie frei machen wird. Sobald sie aufhören, sich für alles verantwortlich zu fühlen, wird eine ungeheure Last von Ihren Schultern genommen. Sie werden dann beginnen, sich aufzurichten und Ihre wahre Größe zu erkennen.

Sie werden plötzlich erkennen, dass die Kraft, die hinter allem steht, auch Sie geschaffen hat. Sie werden erkennen, dass das nicht selbstverständlich ist. Ich denke, Sie würden es als Zeichen von Anerkennung empfinden, wenn eine Person, die Sie persönlich schätzen, sich die Zeit für ein Gespräch mit Ihnen nimmt. Für manche Menschen wäre es eine Audienz beim Dalai Lama, für manche der amerikanische Präsident, für andere der Papst, dessen Zeit sie für so wichtig ansehen, dass es eine Ehre wäre, davon ein paar Minuten geschenkt zu bekommen.

Nichts davon ist auch nur im Entferntesten damit vergleichbar, dass die Kraft, die die Sterne an Ihrem Platz hält, sich die Zeit genommen hat, um Sie persönlich zu erschaffen. Eine andere Begründung dafür, warum Sie wichtig sind, ist nicht notwendig. Eine bessere Begründung ist auch gar nicht möglich.

Sie brauchen nicht Recht zu haben

Wir glauben oft, dass wir recht haben müssen, um erfolgreich zu sein. Überraschenderweise ist das nicht der Fall. Recht haben, das ist nur der sinnlose Versuch, eine Schlacht zu gewinnen, wenn es in Wahrheit darum geht, den Kampf zu vermeiden.

Wir glauben oft *... hier kann ich nicht nachgeben ... das wäre Feigheit ... wie sieht das aus, wenn ich hier nicht hart bleibe? ... jetzt muss ich zeigen, wer hier das Sagen hat ....* Und dann beharren wir auf jedem nur denkbaren Unsinn, nicht weil die Sache wichtig wäre, sondern weil wir Angst haben, unser Gesicht zu verlieren. Wahrscheinlich haben Sie einige Bekannte, deren Dialoge sich immer wieder in Kleinigkeiten festfahren, die völlig gleichgültig sind, die aber zur Chefsache erklärt werden, wenn der Partner nicht sofort nachgibt.

Er: ... gestern sind wir schon um ½ 10 Uhr schlafen gegangen ...
Sie: ... nein, es war kurz nach 10! ...
Er: ... nein, ich kann mich gut erinnern, dass die Nachrichten noch nicht begonnen hatten ...
Sie: ... das Radio war ja gar nicht an. Es war schon 10 Uhr vorbei. Am Abend kriegst du ja nichts mehr mit ...
Er: ... was soll das heißen, ich krieg nichts mehr mit? Das musst gerade du sagen ...

Wann es jetzt wirklich genau war, ist offensichtlich überhaupt nicht wichtig, weder für die beiden Sprecher selbst und schon gar nicht für die Zuhörer, denen die Sache nur peinlich ist. Aber die beiden Kampfhähne haben sich bereits im Ring versammelt und sind nicht bereit, den Kampf abzubrechen, koste es was es wolle.

Kann es sein, dass Sie selbst manchmal dieser Versuchung erliegen, um jeden Preis recht haben zu wollen? Auch dann, wenn es einen schönen Abend kostet oder sogar eine Freundschaft?

Experimentieren Sie einmal damit, den Vampir in sich nicht zu Wort kommen zu lassen. Auch das ist weder richtig noch falsch, sondern eine Entscheidung mit unterschiedlichen Konsequenzen, je nachdem welche Alternative Sie wählen.

Der Großteil der Menschen ist überzeugt, dass wir in einer einheitlichen Welt leben, dass wir grundsätzlich dasselbe wahrnehmen und dass es daher eine einzige Weltsicht geben müsse. Der Großteil der Streitigkeiten, Kämpfe und Kriege kommt aus diesem Irrtum.

In Wahrheit leben wir in unterschiedlichen Welten. Unsere Ohren mögen zwar dieselben Schwingungen aufnehmen, aber die Bedeutung fügen wir dann individuell hinzu. Unsere Augen mögen zwar dieselben Lichtfrequenzen wahrnehmen, aber das, was diese Frequenzen für uns bedeuten, das fügen wir selbst hinzu. Nie hören und sehen wir das, was wirklich ist. Wir konstruieren unsere individuelle innere Welt. Die Reize der Außenwelt sind bestenfalls Auslöser dafür.

Es ist also bedeutungslos, Recht haben zu wollen. Die Dinge sind nie, was sie uns zu sein scheinen. Wir übergießen sie mit Bedeutung wie eine Torte mit Zuckerguss. Die wahrscheinlichste Annahme ist, dass wir uns alle irren, dass wir gemeinsam und einheitlich unrecht haben. Das macht uns bescheidener, lernwilliger und zu angenehmeren Gesprächspartnern. Erstaunlicherweise kann dadurch das eigentliche Wesen der Welt deutlicher zu uns durchdringen. Sobald wir aufhören,

Recht haben zu müssen, werden wir aufnahmefähiger für die Botschaften, die die Dinge für uns beinhalten.

Die Außenwelt ist ein Spiegel unserer inneren Verfassung. So wie ein Spiegel uns unsere Frisur zeigt, so zeigt uns unser Leben unser Inneres. Dadurch wird jedes Ding, jedes Ereignis, jedes Erleben zu einer Botschaft, zu einer Information. "An den Früchten werden wir uns erkennen", das ist derselbe Inhalt in anderer Formulierung. Wenn wir unglücklich sind (das sind die Früchte), dann machen wir etwas falsch (das ist die Selbsterkenntnis). Normalerweise sehen wir das anders. Wir glauben, wenn wir unglücklich sind, dann machen die anderen etwas falsch. Durch diesen Irrtum übersehen wir die einzige Stelle, an der wir etwas ändern müssten, um glücklich zu werden, nämlich uns selbst.

Weil wir immer die Reflexionen unseres Innenlebens wahrnehmen, sind die Botschaften, die das Leben uns sendet, individuell. Derselbe Spiegel zeigt jedem Menschen seine eigene Frisur. So zeigt das Leben jedem Menschen sein eigenes Schicksal. Und wir brauchen uns darüber nicht zu einigen!

Daher können Sie alle Gespräche in Ihrem Leben entspannt führen. Sie brauchen sich meistens nicht zu einigen. Der eine sieht die Dinge so und der andere sieht sie anders. Wenn jemand die Dinge negativ und schwierig sieht, dann ist das nicht mehr und nicht weniger als seine private Weltsicht. Es hat mit den Dingen, mit den tatsächlichen Problemen nicht das Mindeste zu tun. Wenn jemand sagt, *... das schaffst du nie ...*, dann ist das keine Bemerkung über uns, sondern eine Kurzgeschichte, in der dieser Jemand uns einiges über sein Leben, seine Frustrationen, seine eigenen Versagensängste erzählt. Dasselbe gilt für positive Bemerkungen. Sie sind die Folgen seiner persönlichen inneren Einstellung und geben seine Ansicht über das Leben wieder.

Angenehmer sind positive Bemerkungen. Sie schaffen sowohl für den Sprecher als auch für den Zuhörer eine angenehmere Welt. Und sie sind der Welt, wie sie erschaffen wurde, angemessener. Die Welt ist positiv und entspannt. Gott ruht.

Ersetzen Sie Toleranz durch Lernen

Toleranz ist ebenfalls ein viel verwendeter Begriff, der so richtig schön nach Nachsicht und Großmut schmeckt. Leider handelt es sich bei diesem Begriff um eine der zahlreichen Attraktionen auf der "sentimental journey", der "sentimentalen Reise" des ego. Toleranz gibt den Anspruch nicht auf, es besser zu wissen, also recht zu haben. Aber aus lauter Edelmut verzichtet man darauf, den Dummköpfen, die anderer Meinung sind, den Schädel einzuschlagen.

Kommunikationstechnisch betrachtet führt die Toleranz eines Menschen zu einem eigentümlichen Zustand eines kalten Krieges. Der Tolerante wird die Umgebung aus der lichten Höhe seines Verstandes betrachten und auf das unvermeidliche böse Ende der Irrenden warten. Weil er aber eben tolerant ist, verzichtet er auf die Durchsetzung dieses Wissens.

Hören Sie auf mit diesem Unsinn. Hören Sie zu, was Andere denken, lernen Sie daraus, wo immer es geht und sagen Sie Ihre Meinung ohne Anspruch auf Richtigkeit. Sehen Sie darin keinen kommunikativen Trick, sondern eine Grundtatsache des Lebens. Niemand weiß, was wirklich und endgültig richtig ist, erstaunlicherweise auch Sie nicht! Vielleicht entsteht daraus ein Gespräch, in dem man sich näher kommt, in dem man beginnt, sich zu verstehen. Und vielleicht lernen beide Gesprächspartner daraus. Entscheiden können Sie das nur für sich selbst.

Übernehmen Sie die Verantwortung für Ihr Leben

Verantwortung ist ein missverstandener Begriff. Wenn jemand sagt, er übernimmt für etwas die Verantwortung, was heißt das üblicherweise schon? Meistens überhaupt nichts. Tote werden dadurch nicht lebendig, Fehler werden dadurch nicht ungeschehen. Die Rache der scheinbar Unbeteiligten an den Verantwortlichen macht auch nichts wie es vorher war.

Die Verantwortung übernehmen heißt erkennen, dass unsere Gedanken und Handlungen Konsequenzen haben. Es heißt nicht, sich schlecht und schuldig zu fühlen wegen der Situation des Lebens, so wie es jetzt ist.

Es gibt keine Schuld. Es gibt Verantwortung.
Es gibt keine Strafe. Es gibt Konsequenzen.

Die Konsequenzen treten nur so lange ein bis man die Ursache beseitigt hat. Das erfordert aber, die Verantwortung für das eigene Schicksal zu übernehmen. Sobald die ursächlichen Einstellungen und Gedanken beseitigt sind, verschwinden die Konsequenzen.

Wenn Sie die Verantwortung für Ihr Leben übernehmen, für jeden kleinsten Aspekt desselben, ohne sich zu verurteilen, ohne es zu bewerten, einfach als Tatsache, dann werden Sie zuerst eine subtile und dann eine immer machtvollere Transformation erleben. Sie werden klarer sehen und Sie werden erleben, dass niemand, auch Sie selbst nicht, absichtlich Fehler macht. Fehler sind immer die Folge mangelnden Wissens um die Zusammenhänge des Lebens. Wenn wir immer wüssten, wohin unsere Gedanken und Handlungen uns führen werden, würden wir alle klug und richtig entscheiden.

Nehmen wir an, ein Jugendlicher möchte sich mit Tätowierungen verzieren. Seine jugendlichen Bekannten schätzen das, seine erwachsenen Ratgeber weniger. Sie machen ihn oder sie auf die möglichen Folgen aufmerksam, auf gesundheitliche Probleme und auf soziale Konsequenzen. Aufgeschreckt durch die Pläne erheben sie im Internet die Rate derer, die mit viel Geld und weiteren Belastungen der Haut sich das Ganze wieder entfernen lassen. Wenn die Tätowierungen trotzdem gemacht werden, dann hat der Jugendliche daran nicht schuld. Wüsste er, dass er später in Probleme geraten wird, würde er es lassen. Niemand schadet sich selbst bewusst. Aber den Menschen, die ihm abraten, traut er nicht. Sie scheinen ihn nicht zu verstehen. *... wenn sie wirklich Bescheid wüssten (so wie ich selbst und meine Freunde!), würden sie mir nicht abraten ...*, das ist der Gedanke, der jede Warnung abprallen lässt.

Dieser Jugendliche ist an seinem späteren Schicksal nicht "schuld". Das ändert aber an den Konsequenzen nichts. Sie brauchen ihm keine Vorhaltungen machen. Sie brauchen ihn aber auch vor den Folgen nicht zu beschützen.

Sobald Sie das an sich selbst erkannt haben, sobald Sie Ihre vergangenen Entscheidungen diesbezüglich durchschaut haben, werden Sie keine Schuld mehr empfinden, sondern Verständnis. Sie werden verstehen was der Meister meinte, als er sagte, *... sie wissen nicht, was sie tun ....*

Sie werden die Konsequenzen Ihrer Fehleinschätzungen dadurch vollständig akzeptieren. Nicht im Sinne duckmäuserischen Entgegennehmens sondern im Sinne der klaren Einsicht in Ursache und Wirkung. *... ich habe damals gedacht, dass die Dinge so und so liegen ... und deshalb habe ich so und so entschieden ... ich habe mich geirrt und erlebe jetzt die Konsequenzen ... ich habe keine Schuld, denn ich habe es nicht besser gewusst ... aber jetzt weiß ich es besser ... ich entscheide jetzt anders ...* Und genau dadurch beginnen sich Ihre Probleme aufzulösen. Sie werden im Wortsinne erlöst.

QUELLENHINWEISE

Über Kommunikation gibt es eine Vielzahl fantastischer Veröffentlichungen. Dazu gehören die Arbeiten des großen Carl Rogers, die Erkenntnisse von Robert Freed Bales und die Bücher von Thomas Gordon. Blake und Mouton haben mich mit ihrem 9x9 Verhaltensgitter zur Entwicklung der Fordern-Fördern-Matrix inspiriert. Die Trilogie von Robert Anton Wilson über Schrödingers Katze zeigt in unnachahmlicher Weise die Relativität unserer Wahrnehmung. Die Forschungen von Cziksentmihalyi über Flow haben mir eine wunderbare Basis für mein eigenes Verständnis bestimmter mentaler Zustände des Alltags geliefert.

Friedmann, Riggio und anderen verdanke ich die Erkenntnisse über Expressivität, den Hinweis auf die diesbezüglichen Forschungen entnahm ich dem Buch von Malcolm Gladwell "The Tipping Point". Dieses wiederum erhielt ich von Peter Mörtl geschenkt, einem in Schweden lebenden Österreicher, der die Gewohnheit hat, von jedem Buch, das ihm gefällt, zahlreiche Exemplare zu kaufen und an seine Freunde zu verschenken.

(1) Winterheller, Manfred, Start living!
Eine aussergewöhnliche Anleitung zu sich selbst zu finden, Graz 8. Auflage, 2003

(2) Friedmann, Riggio, Effect of individual differences in nonverbal expressivness on transmission of emotion in Journal of Nonverbal Behavior 6(2), 1981, Seiten 96 - 104

(3) Friedmann et mult alt, Understanding and assessing nonverbal expressivness: the affective communications test in Journal of Personality and Social Psychology Vol. 39, Nr 2, 1980, Seiten 333-351

FREUNDE, DIE ZUM ENTSTEHEN DIESES BUCHES BEIGETRAGEN HABEN

Ich kann mich nicht namentlich bei allen bedanken, die zu den Inhalten dieses Buches beigetragen haben. Tausende Seminarteilnehmer und Studenten haben mir gezeigt, was es heißt, offen und ehrlich zu kommunizieren. Viele haben von ihren Sorgen und Wünschen gesprochen und mehr als einmal heimliche Tränen bei ihren Zuhörern ausgelöst, die sich denselben Mut gewünscht haben.

Ich durfte lernen, dass man nicht immer perfekt sein muss, dass Fehler zum Leben gehören, dass man nie allein ist, dass unsere Ziele und Wünsche wichtig sind und dass wir einen Unterschied machen mit dem, was wir denken und tun.

Eine Reihe von Menschen haben mich direkt beeinflusst. Am meisten meine Frau Uli, die alle Kapitel nicht nur diskutiert, sondern auch praktisch ausprobiert hat. Ihr nie erlahmendes Interesse hat mir immer wieder geholfen und hat dem Projekt immer wieder Energie gegeben. Sie hat mich durch ihren Wunsch nach klaren und direkt umsetzbaren Beispielen unermüdlich auf Lücken im ursprünglichen Text hingewiesen und immer wieder gefordert, alltägliche Situationen darzustellen, in denen sich die Leserin und der Leser wieder erkennen können. Sie war es auch, die von Anfang an die Idee unterstützt hat, Dialoge in den Text aufzunehmen.

Irmgard Weinhandl, Partnerin in unserem Unternehmen WINTERHELLER management, hat mit dem Lichtschwert in der Hand die Fertigstellung des Textes gefordert. Ohne ihre Begeisterung für dieses Projekt und ohne ihre genialen Anmerkungen wäre das Buch nie fertig geworden und vor allem wäre es weniger systematisch und viel schwerer verständlich.

Claudia Jiménez Arboleda ist ebenfalls Partnerin in unserem Unternehmen und eine fantastische Kommunikationstrainerin. Ihre praktische Erfahrung bei der Vermittlung vieler der hier besprochenen Techniken waren eine wesentliche Bereicherung, wenn es um Fragen der Systematik und der Darstellung ging. Sie hat den gesamten Text mehrfach gelesen und zahlreiche Hinweise auf Verbesserungen gegeben. Durch ihren intensiven Wunsch nach tiefem Verständnis des Umganges von Menschen miteinander hatten wir zahllose Diskussionen über einzelne Begriffe und Zusammenhänge und ich verdanke ihr einige Einsichten, die ich ansonsten viel später gewonnen hätte, wenn überhaupt.

Alonso Jiménez Arboleda besorgte, wie auch bei meinen Auftritten, wo er die Bühnenbilder verantwortet, die optische Gestaltung. Er hat die seltene Fähigkeit, aus Ideen und Konzepten wunderbare optische Erlebnisse zu machen, die immer wieder deutlicher zeigen was gemeint ist als es mir selbst vorher bewusst war. Seinen genialen Ideen verdanke ich immer wieder Klarheit in meinen Gedanken.

Meine Kinder Julia, Michael, Cornelia und Katharina haben immer wieder Geduld bewiesen, wenn es darum ging, mich noch ein paar Seiten schreiben zu lassen.

Dass ich überhaupt imstande bin, ein Buch zu schreiben und dass es Menschen gibt, die davon profitieren, das verdanke ich der Kraft, die hinter allem steht. Der Meister spricht davon, dass diese Kraft für die Vögel des Himmels sorgt und für die Lilien auf dem Felde. Ohne jeden Zweifel sorgt sie auch für mich und für jeden anderen Menschen. Ohne jeden Zweifel.

Zur 3. Auflage

Frau Christa Baresch hat die grafische Gestaltung des Umschlages übernommen. Ich freue mich über diese neue optische Interpretation des Themas und hoffe, dass sie auch die Leser anspricht.

Die Ideen des Buches haben sich in Vorträgen, Seminaren und Diskussionen mit vielen tausenden Zuhörern bewährt und daher konnte ich die Inhalte des Buches ohne Überarbeitung bestehen lassen. Ich hoffe, dass auch von dieser optisch neugestalteten Auflage viele tausende Leser wieder profitieren mögen.

Wenn Sie mehr wissen wollen...

Schreiben Sie uns,
- wenn Sie Mut brauchen,
- wenn Sie Erfolge zu berichten haben,
- wenn Sie ein Exemplar dieses Buches verschenken wollen,
- wenn Sie die Kommunikation nach der WINTERHELLER methode© live erleben wollen,
- wenn Sie Fragen/Wünsche/Anregungen haben.

an: **office@start-living.com**

WINTERHELLER management
Villefortgasse 13
A-8010 Graz
Telefon: +43/316/8010-680
Fax: +43/316/711557
office@start-living.com

Noch mehr zur WINTERHELLER methode© und zum Thema Kommunikation finden Sie unter **www.start-living.com.**

In diesem Verlag sind bisher erschienen:

Wie Sie Berge versetzen
Kommunikation nach der
WINTERHELLER methode©

Claudia Jiménez Arboleda
EUR 19,90
ISBN 3-902148-03-9

start living 1
Das 6 Wochen Training
Dr. Manfred Winterheller
EUR 15,90
ISBN 3-902148-00-4

start living 2
...die zweiten 6 Wochen
Dr. Manfred Winterheller
EUR 15,90
ISBN 3-902148-12-8

start living für Jugendliche
Dr. Manfred Winterheller
2 CDs
EUR 14,90
ISBN 3-902148-11-X

Über die Wirksamkeit
ausbleibender Ratschläge
Gespräch mit Manfred Winterheller
Teil 1
Dr. Manfred Winterheller
1 CD
EUR 14,90
ISBN 3-902148-10-1

Winterheller LIVE CDs aus dem Vortragszyklus von Dr. Manfred Winterheller

Teil 1: Endlich leben! statt überleben

Dr. Manfred Winterheller
4 CDs + Booklet (193:75 Min.)
EUR 34,90
ISBN 3-902148-04-7

Teil 2: Erfolgreich sein! statt recht haben

Dr. Manfred Winterheller
4 CDs + Booklet (166:91 Min.)
EUR 34,90
ISBN 3-902148-05-5

Teil 3: Beharrlich sein! statt keine Fehler machen

Dr. Manfred Winterheller
4 CDs + Booklet (166:85 Min.)
EUR 34,90
ISBN 3-902148-06-3

Dr. Manfred Winterheller LIVE in Graz

Dr. Manfred Winterheller
1 CD + Booklet (41:56 Min.)
EUR 9,90
ISBN 3-902148-07-1

Erschienen im Verlag Dr. Manfred Winterheller
Bestellen online unter www.start-living.com